北京外国语大学学术著作系列

美国主流报刊中的

北京社会形象

Beijing Society Image in the Mainstream
Newspapers of the U.S.

张颖 著

时事出版社

图书在版编目（CIP）数据

美国主流报刊中的北京社会形象/张颖著.—北京：时事出版社，2015.10

ISBN 978-7-80232-845-7

Ⅰ.①美…　Ⅱ.①张…　Ⅲ.①社会—形象—研究—北京市　Ⅳ.①D671

中国版本图书馆CIP数据核字（2015）第088545号

出版发行：时事出版社
地　　址：北京市海淀区万寿寺甲2号
邮　　编：100081
发行热线：（010）88547590　88547591
读者服务部：（010）88547595
传　　真：（010）88547592
电子邮箱：shishichubanshe@sina.com
网　　址：www.shishishe.com
印　　刷：北京市昌平百善印刷厂

开本：787×1092　1/16　印张：17.5　字数：219千字
2015年10月第1版　2015年10月第1次印刷
定价：75.00元

目　　录

绪　论

研究意义

北京是名扬中外的历史文化名城，是世界上具有重要影响力的国际化大都市，是中国的首都，是中国的政治和文化中心。全球传媒巨头国际新闻集团董事长默多克这样评价北京："也许你是这里的常客，也许你还是第一次造访，不管怎样，你会被北京——这座魅力四射的城市所深深吸引。"[①]北京也是首善[②]之区，就是指天下最好的地方。

国家形象、城市形象是人们经由各种媒介，对某一国家、某一城市产生的兼具客观性和主观性的总体感知。建构主义为形象的研究提供了一个全新视角，认为形象是社会构建的结果，建构性是形象的根本属性。国家形象、城市形象在根本上取决于国家或者城市的综合实力，但不能简单地等同于

① 霍增龙、周大海编著：《魅力北京》，旅游教育出版社2002年版，序言。

② "首善"这个词出自《汉书·儒林传序》："故教化之行也，建首善自京师始。"是说要教化全国，必自京师开始，京师应当为天下各地之楷范。

国家、城市的实际状况，形象具有可塑性，是被建构的产物。新世纪以来，国家间的交往互动、城市间的交往互动越来越被置于大众传播之下。国家形象、城市形象的建构更多的是在大众媒介的参与下完成的。

作为当今世界上最大的经济体，同时也是媒介产业最为发达的国家，美国媒体在全球的巨大影响力是毋庸置疑的。在美国，新闻媒体是“第四种权力”，尽管新闻媒体不可避免地受到其持有人的左右，但它仍然对广大读者的政治取向和政府的决策产生不可低估的影响。[①] 在对外政策方面，媒体起着两方面作用。一方面，媒体会直接影响总统的态度；另一方面，媒体会间接地吸引公众对某个事件的注意。[②] 美国公众对于外部世界的了解，在很大程度上取决于主流新闻媒体的报道。同时，美国媒体在国际传媒中占有绝对优势地位，这些媒体的报道也影响着美国社会对北京的了解。

美国学者加布里埃尔·阿尔蒙德在对大量数据和历史案例进行分析和研究之后，曾经得出过这样的结论：美国民众对外交事务和相关国际事务的基本知识所掌握的信息量十分有限，甚至可以说是近乎无知。[③] 因此，一般公众对外交事务的了解大都是从新闻媒体而来。媒体可以说是影响民众去关心什么议题以及形成何种意见的重要社会工具。[④] 正因如

---

① Ulianne Schultz, *Reviving the Fourth Estate: Democracy, Accountability and the Media*, Cambridge: Cambridge University Press, 1998, pp. 1 – 22.

② 夏尔 – 菲利普·戴维、路易·巴尔塔扎、于斯丹·瓦伊斯著，钟震宇译：《美国对外政策：基础、主体与形成》，社会科学文献出版社 2011 年版，第 279 页。

③ 韩召颖：《美国政治与对外政策》，天津人民出版社 2007 年版，第 383 页。

④ David L. Protess & Maxwell McCombs eds., *Agenda Setting: Reading on Media, Public Opinion, and Policymaking*, NJ: Lawrence Erlbaum Associates, Inc, 1991，转引自韩召颖：《美国政治与对外政策》，第 378 页。

此，新闻媒介对公众舆论的形成起着决定性的作用，“战后以来，美国历届政府对公众舆论都十分重视。在国务院内设有专门收集、分析公众舆论的办公室，定期向总统和国务卿提出分析报告，作为政府决策时的参考。”[①]

一方面，公众不能亲历国际热点事件，而只能通过媒体的新闻报道了解国际社会，即媒体提供的信息是公众认知世界，在头脑中建构“我们”和“他们”的重要基础[②]；另一方面，新闻并不是社会现实的镜子，而是强行聚焦某一方面的报道。[③] 媒体的新闻报道直接影响公众观点。

对材料的分析主要依据媒体的“议题设定”（agenda setting）理论。关于媒体何以能够塑造一国形象并对政府决策发挥影响，科恩最早提出了“议题设定”的观点，即媒体虽然无法控制人们头脑中产生的观点、不能影响公众对事件的具体看法，但可以对新闻进行过滤，通过选择报道什么、不报道什么而设定议题，公众注意力集中到某一事件或政策上来，以潜移默化的方式影响公众意识和对政治事务的认识。换言之，对于公众，包括政治精英来说，“真正起作用的政治地图是由记者和编辑绘制的。[④]

“议题设定”理论后来得到证明和发展。麦克库布斯和肖的实证性研究显示，媒体报道的重心不可避免地成为公众

① 赵学功：《当代美国外交》，社会科学文献出版社 2001 年版，第 361 页。

② Douglas Kellner, *Media Culture: Culture Studies, Identity and Politics between the Modern and the Postmodern*, London: Routledge, 1995, pp. 25 - 32.

③ Walter Lippmann, "Public Opinion", David L. Protess & Maxwell McCombs eds., *Agenda Setting: Readings on Media, Public Opinion, and Policymaking*, New Jersey: Lawrence Erlbaum Associates, Inc., 1991.

④ Bernard C. Cohen, *The Press and Foreign Policy*, Princeton, New Jersey, Princeton University Press, 1963, p. 4.

关注的焦点。[1] 这说明媒体不仅能设定议题，而且能影响人们对这些议题认识和关注的程度。媒体设定了哪些议题并对其给予多少关注将引导公众去更注意一些问题，同时忽视另一些问题。正如里普曼所认为的那样，当媒体过分强调某事件或政策时，公众可能形成某种“虚构意识环境”，让媒体所强调的片面代替完整的真实画面。[2] 而一旦某种认识模式形成了，人们会对相反的一面视而不见，于是很容易对一个国家形成“明显的态度倾向”。[3]

媒体通过有选择地强调某些社会现实，弱化其他部分。如美国媒体对中国国内政治选举的解读报道，潜移默化地影响着中国在美国公众心目中的形象，从而影响政府决策者对两国关系的审视和定位。“知彼知己，百战不殆”，了解国外舆情的解读视角，对为本国营造正面的国际环境方面具有重要的参考意义。

报刊是最传统又是最重要的新闻媒体的平台，尤其是在理性思考方面，其他媒体无法替代它的功能。美国的主流媒体都有相关的网站，有电子版，且即时更新。主流报刊以其在权威性、公信度、影响力等方面的优势，对建构一个国家乃至一个城市的形象具有重要的作用。

电视已经成为公众主要的新闻和信息来源，但却不可能

---

① Maxwell E. McCombs and Donald Shaw, “The Agenda Setting Function of the Press” in Doris A. Graber ed., *Media Power in Politics.* Washington D. C.: Congressional Quarterly. Inc., 1984, pp. 63 – 72.

② Walter Lippmann, *Public Opinion*, New York: Harcourt, Brace, 1922, (reprint, 1998, New Brunswick, New Jersey: Transaction Publishers), p. 25.

③ Howard J. Wiarda, *American, Foreign Policy*: Actors and Processes, New York: HarperCollins College Publishers, 1996, p. 81.

取代报刊的地位。电视新闻关注的范围比较广泛，但内容却表面化，而报刊在整合不同的事件并将它们连结成为一个故事的能力要比电视新闻强。报刊还能提供较为详细的背景分析，报道的内容更容易被受众所理解和接受。据美国报纸协会（Newspaper Association of America）2012年2月份的数据显示，“美国报纸网站在2011年第四季度的访问量已经达到每月1.11亿访问用户，同比2010年增加超过六百万。”数据还表明，“在45—54岁的人群中，访问报纸网站的网民已达到67%”。该协会CEO还称，“70%家庭收入达到60万美元的网民会浏览报纸网站，而将近75%收入在100万美元以上的家庭会访问报纸网站。”[①] 对那些从来没有到过中国，没有亲历过中国的社会和真实生活的美国民众来说，他们对中国的看法大部分来源于媒体报道。

《纽约时报》、《华盛顿邮报》和《基督教科学箴言报》是美国三大主流报纸，是在美国具有重大影响力的大众媒介，其主流报纸地位已经为世界新闻界所公认。中国学者李希光曾经指出：“世界上没有中国的声音。所谓中国的声音最终还是美国的声音。因为中国的声音最终还是要通过美国媒体来体现，中国的形象就是美国媒体上的中国形象。”[②] 随着中国实力的增强和世界影响力的提升，美国媒体对中国问题的关

① Marina Hendricks. Growth Trend Continues for News - paper Websites; More Visitors Stayed Longer in Q4 2011 vs. 2010 [EB / OL]. http: / / www. naa. org / News - and - Media /Press - Center / Archives /2012 / Growth - Trend - Continues - For - Newspaper - Websites. aspx, 2012 - 04 - 05。转引自《美国媒体眼中的中国人权问题——以《纽约时报》和《华盛顿邮报》的报道为例》，《内蒙古大学学报》（哲学社会科学版）2013年第3期，第98页。

② http: //www. media. tsinghua. edu. cn，访问日期：2003年12月26日。

注度越来越高。

无疑，美国媒体对世界舆论具有压倒性影响。迄今为止，有关中国国际形象的报道主要集中在美国媒体中。

北京的形象很大程度上代表了中国国家形象。因此加强对北京形象的研究既是出于北京自身发展的需要，也是中国提升国家形象的重要内容。美国媒体对北京形象的认知与塑造直接影响到国际社会对北京的舆论导向。研究美国主流报刊对北京形象的认知与塑造有助于了解北京作为世界城市在国际媒体中的形象，对于北京有针对性地改善自身形象，让世界了解一个真正的北京，提升北京城市软实力，具有重要的现实意义。同时，他山之石，可以攻玉，本书力图根据一个特殊视角的认知体验，通过剖析美国主流报刊对北京城市发展中出现的问题的批评和提出的建议，更好地促进北京现代化国际大都市的建设。

国内外研究现状

新世纪以来，随着北京成功举办奥运会和中国国际地位的提升，作为中国首都的北京被美国主流报刊广泛报道。这些报道既有消极的报道，也有积极的报道，并在一定程度上影响了美国民众对北京形象的认知，进而影响了中国国家形象和中美关系。

国家形象是学术界研究的一个热点问题，“美国主流媒体涉华报道”作为国际关系与国际传播学学科交叉的研究选题，一直具有旺盛的学术生命力。关于国家形象的研究较多，已有一大批研究成果出版。刘继南教授等所著的《国际传播与国家形象》（2002 年版）一书开辟了从国家形象研究国际关系的新视角，堪称我国第一部将国际传播与国家形象二者结合起来进行研究的理论著作。龙小农的《从形象到认同：社会传播与国家认同建构》（2012 年版）、中国外文局对外传播研究中心的《对外传播中的国家形象设计》（2012 年版）、胡晓明的《国家形象：探究中国国家形象构建新战略》（2011 年版）、李正国的《国家形象构建》（2006 年版）、张昆的《国家形象传播》（2005 年版）、管文虎的《国家形象论》（2000 年版）等运用多种研究方法、从不同的角度描述了中国国家形象的现状及中国应采取的对策。清华大学李希光的《妖魔化中国的背后》（1996 年版）对美国媒体中的中国形象进行了研究，认为美国媒体一直在"妖魔化"中国，这部著作引起了学术界的争论，客观上推动了学术界对国家形象问题的研究。孙有中的《解码中国形象：〈纽约时报〉和〈泰晤士报〉中国报道比较（1993—2002）》（2009 年版）、潘志高的《〈纽约时报〉上的中国形象：政治、历史及文化成因》（2003 年版）全面揭示了《纽约时报》上中国的国家形象。何辉、刘朋等的《新传媒环境中国家形象的构建与传播》（2008 年版）从新传媒环境的角度研究国家形象构建与传播问题。戴维·L. 帕雷兹的《美国政治中的媒体：内容和影响》（2010 年版）、张巨岩的《权力的声音：美国的媒体和战争》（2004 年版）揭示了美国的媒体和权力之间鲜为人知的关系。国外学者的此类研究著作主要有：Carola McGiffert, *Chinese Images of the United States* (2005); Jonathan

Goldstein, *American Views China: American Images of China Then and Now* (1995); David Copeland, *The Media's Role in Defining the Nation* (2010) 等。

目前学术界关于美国主流报刊对于北京形象的认知与塑造的研究较少，仅有的几部关于北京形象的中文著作主要研究的是北京形象的识别系统和西方文学作品中的北京形象。文学作品中的北京描写可谓汗牛充栋。主要的代表作有：李兴国等的《北京市城市形象识别系统（CIS）及舆论导向》、吕超的《东方帝都：西方文化视野中的北京形象》。关于北京形象的学术论文也不是很多，多是论述西方文学作品中的北京形象，如吕超的《20 世纪初期西方文学中的北京形象》等。国外学者的此类研究著作主要有：Carola McGiffert, *Chinese Images of the United States*; Jonathan Goldstein, *American Views China: American Images of China Then and now*; David Copeland, *The Media's Role in Defining the Nation* 等。论文包括：Ascensión Andina - Díaz , Reinforcement vs. Change: The Political Influence of the Media; Eytan Gilboa, Mass Communication and Diplomacy: A Theoretical Framework 等。这些成果为进一步深化相关研究奠定了初步的研究基础。

通过对已有的学术成果进行分析，我们发现：

第一，现有的研究北京形象的成果多是从文学著作中的北京形象这个角度进行阐释的，关于美国主流报刊对北京形象的认知与塑造的研究，学术界却乏善可陈，几乎处于空白状态。

第二，目前学术界关于国家形象的研究较多，但大部分是基于传播学的角度研究美国媒体对中国国家形象的塑造，对美国主流媒体文本的计量分析不够，对美国主流媒体的报道规律、报道倾向等进行的具体分析较少，对北京的专门研究更少。

主要内容、基本思路、研究方法

《纽约时报》、《华盛顿邮报》和《基督教科学箴言报》是美国三大主流报纸，是在美国具有重大影响力的大众媒介。《纽约时报》创办于1851年，经过一个多世纪的发展，该报已成为美国乃至全世界最具权威性的报纸之一。《纽约时报》是历史悠久的美国大报，常常因为夺得最多的普利策奖项而享誉报界，在美国众多报刊媒体中处于领袖地位。一直享有“档案记录报”的美誉，是美国历史最悠久，流程最完备的日报，也是美国最有影响的高级报纸。美国学者丹尼利恩和瑞斯在研究了美国各主流媒体80年代对毒品问题的报道后发现，“媒体之间议程设置的影响力一般是从《纽约时报》流向其他媒体。”① 另一位美国记者的调查表明，其他美国媒体的记者都从《纽约时报》记者的肩膀上往下看，看他们怎么

① ［美］沃纳·赛佛林、小詹姆斯·坦卡德著，郭镇之等译：《传播理论：起源、方法与应用》，华夏出版社1999年版，第264页。转引自孙有中：《解码中国形象：〈纽约时报〉和〈泰晤士报〉中国报道比较（1993—2002）》，世界知识出版社2009年版，第3页。

写导语，然后如法炮制。[①]“至少在所有西方人眼中，《纽约时报》是一个偶像。无论是它的商业伙伴，还是它的竞争对手；无论是在野的政客，还是执政的领袖；无论你的主张是激进还是保守，人们惊人的一致是对《纽约时报》的景仰之情。这是一张即使是它的对手和敌人也会对它表示敬意的报纸。”“因为在《纽约时报》身上，最大限度地体现着西方主流传媒的职业精神和专业主义理想。”[②]《纽约时报》的权威地位还表现为对国家决策者和社会精英的影响力。美国很多社会精英每天都读它。《纽约时报》被公认为有能力“影响有影响力的人”。[③]

《华盛顿邮报》是继《纽约时报》后美国最有声望的报纸，也是世界上最有影响力、最受关注的媒体之一。《基督教科学箴言报》是美国面向全国的颇有影响的四开日报，不仅受到美国中上层知识分子的欢迎，而且还为美国国会、政府部门以及海外研究国际问题的人士所广泛重视。

本书将“北京”作为研究对象，而形象建构的主体是作为一个整体的“美国主流报刊”；形象的认知范围则包括涉及城市建设的一些较大的议题。本书的研究样本是美国三大主流报纸《纽约时报》、《华盛顿邮报》和《基督教科学箴言

① ［美］沃纳·赛佛林、小詹姆斯·坦卡德著，郭镇之等译：《传播理论：起源、方法与应用》，华夏出版社1999年版，第264页。转引自孙有中：《解码中国形象：〈纽约时报〉和〈泰晤士报〉中国报道比较（1993—2002）》，世界知识出版社2009年版，第3页。

② 喻国明：《一个主流媒体的范本——〈纽约时报100年〉读后》，人民网，http：//www.people.com.cn/GB/14677/21966/1803428.html，访问时期：2015年5月1日。

③ 孙有中：《解码中国形象：〈纽约时报〉和〈泰晤士报〉中国报道比较（1993—2002）》，世界知识出版社2009年版，第3页。转引自刘勇：《大追寻：美国媒体前沿报告》，上海远东出版社2002年版，第145页。

报》，时间节点选取为2000—2012年底，检索LexisNexis－Academic学术大全数据库[①]《纽约时报》、《华盛顿邮报》和《基督教科学箴言报》中的相关报道，界定以新闻标题中含有单词Beijing为准，获取研究样本，结合定性分析方法、定量分析方法与文本分析法、内容分析法等多种研究方法。

本书对相关报道的文本进行领域归类、议题归类、倾向性分析、内容分析，分析这三大报纸对北京的关注度的变化、报道倾向的变化、报道的重点的变化等，揭示这三大主流报纸所描绘的北京形象，剖析它们在北京报道上存在的共性与差异及其规律，分析其深层原因，并依据世界新闻界普遍认同的真实、客观和公正三项基本原则，对这三种报纸对北京报道的整体质量做出评价，指出这种形象认知和建构对美国民意的影响，并深入论述这种民意如何影响美国对北京形象的认知，进而影响对华政策以及中美关系的，也将深刻剖析影响美国媒体报道的诸多因素以及面对这一形势北京在建设世界城市过程中应采取的策略。本书的结尾，笔者不揣冒昧地提出了若干关于如何改善美国媒体对华报道的想法。

本书研究时间段是2000—2012年，绝大部分观点认为21世纪是从2001年开始，但也有些学者认为2000年是新世纪的开始，本书为了在时间段上体现全面性，所以选取从2000年1月1日开始。2000年以来，北京在很多方面有了新的变化，2012年是申报课题的截止时间，力求本课题能分

① 《LexisNexis－Academic学术大全数据库》是美国LEXIS－NEXIS公司出品的面向大学和学术研究机构的综合性信息资源数据库，收录内容涉及新闻、法律、政府出版物、商业信息及社会信息等相关领域。该库在法律法规方面的信息收藏独具特色，且即时更新，在业界具有非常大的影响力。

析、解读到这三份报纸关于北京的最新的报道。

本书首先对这三大主流报纸进行总体评价，然后，全面解析北京形象的现状与深层次问题，考察理想的北京形象应有之丰富内涵，及其付诸对外传播实践的可循路径。本项研究是对现有研究的进一步深化。

本书的研究重点在于通过分析美国三大主流报纸对北京的报道文本，剖析它们在报道上存在的共性与差异及其规律，并分析其深层原因，揭示美国媒体所描绘的北京形象，指出这种形象认知和建构对美国民意的影响和对北京现代化国际大都市建设的借鉴意义。难点在于研究样本的选择时间跨度较大，文本数量众多，工作量较大，需要项目组成员耐心地工作及细致地分析。

创新之处在于，结合了统计学和国际关系学的研究方法，在动态分析、计量分析和实证研究的基础上进行学理分析，并在此基础上就如何促进美国主流报刊更加公正客观地认知北京形象，提出了具有前瞻性的建议。课题组希望通过本项研究，服务于北京首善之区的繁荣与发展，为北京建设中国特色世界城市提供政策咨询；通过了解国外媒体对北京的认知与塑造的特点，有针对性地做好北京对外形象的宣传工作，提升北京的国际影响力；通过了解国外媒体对北京的批评和建议，克服和预防北京市在向现代化国际大都市迈进过程中可能出现的种种问题，促进北京现代化国际大都市建设。

第一章

国家形象与北京形象

第一节　形象与国家形象

一、形象

何谓“形象”？西方学者菲利普·科特勒认为形象是“人们所持有的关于某一对象的信念、观念和印象”。[①] 这里面包含两层意思，一是形象必须以某种对象物的存在为前提，二是形象是施动主体对该对象物的主观认知。“形象”一词，《辞海》中是这样解释的，“用有效和生动的语言刻画和描写的有形或可见的表现”。英语词典中“image”的含义列了五个，与本书主题比较相关的两层含义包括：一是，一个人、组织或产品等公众展示的印象；二是，你对某人或某事像什么（like）或者看起来像什么（looks like）所构成的一幅头脑中的图画。[②] 中英文辞典关于“形象”的定义有共通的地

---

① 孙有中：《国家形象的内涵及其功能》，《国际论坛》2002 年第 3 期。

② 《牛津高阶英汉双解词典》（第 6 版），商务印书馆、牛津大学出版社 2004 年版，第 877 页。

方，即形象不是客观的存在，是主观性的；形象不是事物的本质，而是其表征；形象是被描述出来的，是被加工的信息。“like”一词比较好地反映了形象与客观事实之间的距离。这个距离，就是主观认知和描述的结果。与“形象”一样，城市形象同样具有主观的、被加工的特点，不是客观事实本身，在很大程度上是主观描述的结果。在分析和认识外部世界时，我们并不总是客观地看待事物，而总是从我们自己的角度出发来看待事物，即人并不是冷冰冰的信息加工机器。形象的主观性可能导致主观认知与客观事实的背离。

二、国家形象

何谓“国家形象”？美国政治学家布丁认为：国家形象是一个国家对自己的认知以及国际体系中其他行为体对它的认知的结合；它是一系列信息输入和输出产生的结果，是一个“结构十分明确的信息资本”。“国家形象”作为反映在媒介和人们心理中的对于一个国家及其民众的历史、现实，政治、经济、文化、生活方式以及价值观的综合印象，“是国家的外部公众和内部公众对国家本身、国家行为、国家的各项活动及其成果所给予的总的评价和认定”，其中既包含着对于国家的认识，也包含着理性评价和感性态度，“具有极大的影响力、凝聚力，是一个国家整体实力的体现。”[①] 全球化大背景下，在中国正在成为一个世界性大国的进程中，“国家形象”已经并仍将成为中国政治、经济、文化乃至每

① 百度百科：《国家形象》，http：//baike. baidu. com/view/1112777. htm，访问日期：2014年1月8日。

一个中国人必然遭遇的现实问题。有学者认为国家形象是“一国在他国新闻媒介的新闻言论报道中所呈现的形象”。[①]按照前面的形象定义，国家形象的内涵不止于此。国家形象认知的对象物是作为一个实体的国家，包括该国的政治、经济、社会、地理、文化、民族性格等方面，而其感知主体则既可以是该国国内公众，也可以是外部公众。于是，“国家形象”就可以理解为“一个国家的内部和外部公众对该国的政治、经济、社会、文化、民族性格等方面所形成的信念、观念和印象”。但如果遵循这样的理解，“国家形象”的定义则又显得过于宽泛，任何涉及到一国大至决策者的施政决策、小至普通民众的日常行为等事件，都可以上升至国家形象的高度来认识。[②] 为适应主题的需要，将宏观意义上的“国家”（中国）作为形象认知的对象物，而形象的认知主体是作为一个整体的“美国”；形象的认知范围则缩小至涉及国家决策的一些较大议题，如政治、经济、外交、安全等。

几十年来，在国际社会中，国家形象以前所未有的重要性提上了每一个民族国家的国际战略乃至全球战略议程。国家形象是人们经由各种媒介，对某一国家产生的兼具客观性和主观性的总体感知。建构主义为国家形象的研究提供了一个全新视角，认为国家形象是社会构建的结果，建构性是国家形象的根本属性。国家形象在根本上取决于国家的综合实力，但不能简单地等同于国家的实际状况，国家形象具有可塑性，是被建构的产物。社会建构理论认为，意识形态的、

① 徐小鸽：《国际新闻传播中的国家形象问题》，见刘继南：《国际传播——现代传播文集》，北京广播学院出版社 2000 年版，第 27 页。

② 陈宗权：《布什政府眼中的中国形象》，《国际论坛》2007 年第 3 期。

经济的、政治的以及新闻组织的政策与限制对国际新闻的形式、内容与数量产生重大影响，具有建构作用；反过来，经过建构的新闻又为特定的社会制度与价值体系提供合法服务。社会建构说的奠基学者如伯格和勒克曼都认为，我们所谓的“真实”并非完全直接来源于现实，而是被我们有关“真实”的既有看法所过滤或重构。[①] 简言之，新闻乃是对现实的社会建构，它必然受到新闻采集者的历史的、地理的、政治的、组织的、意识形态的、社会的等综合因素的制约。新世纪以来，国家间的交往互动越来越被置于大众传播之下，由此，国家形象的建构更多的是在大众媒介的参与下完成的。

对于一个国家的广大民众而言，想逃避媒体的影响基本上是不可能的。因为他们不可能到世界的每一个角落去亲自了解每一个国家、每一个城市，所以他们对外国的城市的印象只能来自于各类媒体。因此，研究一个国家或一个国家的城市在另外一个国家媒体上的形象就显得尤为重要。

在美国，新闻媒体被称为“第四种权力”，作为当今世界上最大的经济体，同时也是媒介产业最为发达的国家，美国媒体在全球的巨大影响力是毋庸置疑的。有学者统计，美国人口只占世界人口的5%，但目前传播于世界的90%的新闻都是由以美国为主的西方通讯社垄断的。[②]

美国公众对国际事务的了解，在很大程度上取决于主流新闻媒体的报道。同时，美国主流媒体在国际传媒中占有绝

① Peter Berger and Thomas Luckman, *The Social Construction of Reality: A Treatise in the Sociology of Science*, Harmodsworth: Penguin, 1981.

② 司国安、苏金远：《2006中国国家形象——基于〈纽约时报〉涉华报道的文本分析》，《新闻知识》2007年第5期。

对优势地位。《纽约时报》、《华盛顿邮报》和《基督教科学箴言报》是美国三大主流报纸，是在美国具有重大影响力的大众媒介，其地位也已经为世界新闻界所公认。《纽约时报》一直享有“档案记录报”的美誉，是美国历史最悠久、流程最完备的日报，也是美国最有影响的高级报纸。《华盛顿邮报》是继《纽约时报》后美国最有声望的报纸，世界上最有影响力、最受关注的媒体之一。《基督教科学箴言报》是在全美都具有重要影响力的四开日报，以“平和客观而友好”的报道理念而闻名。从内容上看，它擅长报道国内国际重大事件，其述评和分析见解独到，不但享誉报界，受到知识界的推崇，还是美国白宫、国会领导人和高等学校、研究机构学者的必读之物。

第二节　北京城市形象

一、城市形象

国家（城市）形象是一个国家（城市）综合实力及国际地位的反映，是国家（城市）软实力的重要组成部分与直观体现，是国家（城市）极其重要的无形资产。有学者说，在当今这个信息全球化时代，信息就是权力，形象就是力量。[①]可以说这是一种恰如其分的表述，国家形象的力量日益渗透

① 李希光、周庆安主编：《软力量与全球传播》，清华大学出版社2005年版，第30页。

于经济、文化、社会等各个领域，参与构成了城市的软实力。“国家形象”在全球化时代显得特别重要，已经成为国家利益的重要内容。损害国家形象，实际上就是损害国家利益，反之亦然。凡是关心国家形象的人，势必要关注国家形象。城市形象亦然。形象，对于一个城市而言，如同对一个人一样，是很重要的。良好的城市形象，是一种无形的力量，是吸引力、感召力和影响力。一个城市的国际形象是由诸多因素构成的，包括地理环境、文化传统、经济状况、政治制度等。

二、北京城市形象定位

北京是中国的首都，是中国的政治和文化中心，也是世界历史文化名城和古都之一，它有着3000多年的建城史，800多年的建都史，曾为辽、金、元、明、清五朝帝都。如今的北京，随着经济结构的快速转型，政治和文化体制改革的不断深入，已经成为在世界上具有重要影响力的国际化大都市。进入21世纪，飞速发展的信息技术已将世界联结成一个整体，北京国际化的步伐进一步加快。在北京，既可以看到以罗马、开罗、雅典为代表的西方传统文明中心的影子，也可以领略纽约、伦敦、东京这样的以国际建筑、高新科技、商业经济为主要特征的国际都市的风采。西方一位名人说：“在北纬40度上下世界各大城市中，只有北京是历经3000年而不衰的都城。古迹之多，胜过罗马；气魄之大，胜过巴黎。”①

① 梅松主编：《走近北京——北京100讲》，首都师范大学出版社2008年版，第10页。

北京是首善之区，是指天下最好的地方。首善这个词出自《汉书·儒林传序》："故教化之行也，建首善自京师始。"这句话是说要教化全国，必自京师开始，京师应当为天下各地之楷范。

2005年1月12日，时任国务院副总理的温家宝主持召开国务院常务会议，讨论并原则通过了《北京城市总体规则(2004—2020)》。《北京城市总体规则（2004—2020)》提出北京的发展目标之一是：以建设世界城市为努力目标，不断提高北京在世界城市体系中的地位和作用，充分发挥首都在国家经济管理、科技创新、信息、交通、旅游等方面的优势，进一步发展首都经济，不断增强城市的综合辐射带动能力；弘扬历史文化，保护历史文化名城风貌，形成传统文化与现代文明交相辉映，具有高度包容性、多元化的世界文化名城，提高国际影响力；创造充分的就业和创业机会，建设空气清新、环境优美、生态良好的宜居城市；创建以人为本、和谐发展、经济繁荣、社会安全的首善之区。①

建设世界城市是"中国梦"首都篇章的重要内容。2014年2月，习近平总书记考察北京，为首都明确了全国政治中心、文化中心、国际交往中心、科技创新中心的城市战略定位，提出了国际一流的和谐宜居之都的建设目标。②

三、北京形象的独特性

目前从事中国国际形象研究的学者，多把中国作为一个整

① 《北京城市总体规划（2004—2020）》，2005年3月1日，http：//www. bjdch. gov. cn/n5687274/n778739/n8155939/n8155969/n8205387/8205834. html。

② 《北京发展打开新局面》，《人民日报》2014年7月26日。

体来研究。其实，中国的每一座城市在外国人眼中的形象都是不一样的，其中以北京最为特殊。

如法国人谢阁兰这样描写1909年的中国之旅："我的行程先是经过香港，英国式的，然后是上海，美国味的，再就是顺着长江到汉口，以为可到了中国，但岸上的建筑仍然是早已眼熟的德国或英国或别的，最后我们上了开往北京的火车，坐了30个小时，才真正终于到了中国。北京才是中国，整个中华大地都凝聚在这里。"①

"北京当之无愧为世界上同时代城市规模最大、延续时间最长、布局最完整、建设最集中的封建都城。"② 数百年来，北京是中外交流的中心城市之一，在融入外国文化的基础上孕育着博大精深的包容精神。诚如林语堂所言："不问是中国人，日本人，或是欧洲人——只要他在北平住上一年以后，便不愿再到别的中国城市去住了。因为北平真可以说是世界上宝石城之一。除了巴黎和维也纳，世界上没有一个城市像北平一样的近于思想，注意自然、文化、娇媚，和生活的方法。"③

2001年，全球传媒巨头国际新闻集团董事长默多克这样评价北京："也许你是这里的常客，也许你还是第一次造访，不管怎样，你会被北京——这座魅力四射的城市所深深吸引。"④

北京是中国的首都，中国重要的政府部门都在北京，外媒

---

① 华新民：《法国诗人和老北京》，《人民日报》2000年7月8日。

② Wu Liangyong, *A Brief History of Ancient Chinese City Planning*, Kassel, Germany, Ubs et Regio, 1985.

③ 《大城北京》，http://baike.baibu.com/link?url=6dnen8Lxq5V2AETkbFmPV-cozaOMlM4gferUzsEKNYzfcAk_5tLa3L5YkGl-HlmRlghLQkzuX803hJ7bI3Rk，访问日期2013年5月6日。

④ 霍增龙、周大海编著：《魅力北京》，旅游教育出版社2002年版，序言。

以北京代指中国政府。北京也是中国对外交往的重要窗口，北京代表着中国的形象，外国领导人来访经常或者一定会访问北京。北京也常作为重大国际会议、重大会谈的举办地。经常举办重大国际会议和会谈，是国际城市的标志之一，也体现着这个城市的重要性。北京是六方会谈的举办地。《纽约时报》报道六方会谈时就会提及北京。如 2003 年 4 月 25 日的《朝鲜说它现在拥有核武器》一文称："朝鲜官员在 2003 年 4 月 25 日在北京举行的会议上告诉美国外交官，他们已经拥有核武器。"北京能发挥的作用是其他中国城市无法匹敌的，对外形象非常重要。北京也是世界许多重要国际组织的办事处所在地，如世界卫生组织。

四、北京形象在很大程度上代表中国的国家形象

北京是中国的首都，是中央政府的所在地。根据英语的语言习惯，首都常用来代指一国中央政府。美国这三种主流报纸在很多报道中就以北京指代中国，可以说，北京形象在很大程度上代表着中国的国家形象。

2005 年 8 月，北京市政府外办和信息办联合举办首届"我眼中的北京"征文大赛。参赛选手以在北京高校的外国留学生为主体。他们就北京的方方面面发表了自己的意见，大到城市的，小到衣食住行等。这项活动不仅调动了外国人对北京的热情和关注，也为北京相关决策机构提供了一种全新的信息渠道。借助外国人不同的审美视角和价值判断，我们可以看到北京颇具特色的文化。在调查北京举办奥运会的优势时，有 45% 的留学生认为北京能举办奥运会的原因是由

于它最能代表中国形象。①

《纽约时报》、《华盛顿邮报》和《基督教科学箴言报》在报道中外关系，如中美关系、中欧关系、中非关系、中日关系、中朝关系等时，在报道重大国际问题如朝核问题，在报道中国主权和领土完整的重大问题如台湾问题、香港问题、西藏问题以及中国重大经济问题如人民币汇率问题，社会问题如知识产权问题、宗教问题时，常常会用北京来指代中国。

《纽约时报》在报道中国这些重大问题时，经常会用北京来指代中国，可见北京的重要地位。利用 LexisNexis - Academic 学术大全数据库进行检索，② 在检索出的《纽约时报》关于北京的 471 篇报道中，用北京指代中国的比例相当高，有 122 篇，占总篇数的 25%，约占总报道篇数的四分之一。《华盛顿邮报》很多时候也用北京指代中国。在检索出的 398 篇报道中，用北京指代中国的有 147 篇，占总篇数的 37%，北京在很大程度上代表中国。在检索出《基督教科学箴言报》关于北京的 280 篇报道中，用北京指代中国的有 174 篇，约占总篇数的 62%。可见，美国主流媒体在很多时候用北京指代中国，这是《纽约时报》、《华盛顿邮报》、《基督教科学箴言报》三份报纸所具有的共性，其中，《基督教科学箴言报》以北京指代中国的比例是这三种报纸中比例最高的。

① 吕超：《东方帝者：西方文化视野中的北京形象》，山东书画出版社 2008 年版，第 257—258 页。

② 本书中所列的报道均出自该数据库中《纽约时报》、《华盛顿邮报》和《基督教科学箴言报》报道原文文本。

（一）《纽约时报》

《纽约时报》在对北京报道中，其中有很多篇报道虽然提的是北京，但是实际上说的是中国，是用北京指代中国，报道的是中国国家发生的事情。

在检索出的 471 篇报道中，用北京指代中国的比例相当高，有 122 篇，占总篇数的 25%，约占总报道篇数的四分之一。这可以说明北京对中国的重要性和在国际上的重要地位。北京在很大程度上可以代表中国。

1. 对外关系

（1）中美关系

美国是世界上最大的发达国家，仍是世界上唯一的超级大国。中国是世界上最大的发展中国家。中美关系是当今最重要的双边关系之一，也是最复杂的双边关系。中美关系的稳定发展关系到中美两国乃至世界的和平与稳定。

在 471 篇报道中，有 20 篇报道了中美关系，涉及中美之间的政治、经济、外交、军事等重大问题。在这几方面的报道中，《纽约时报》以北京指代中国，如 2002 年 1 月 25 日的《我们的人在北京》等。

（2）中日关系

如 2003 年 8 月 12 日的《战争遗物加剧了北京与东京的紧张关系》。

2. 重大国际问题

朝核问题。如 2010 年 11 月 29 日的《北京就朝鲜危机举行紧急会谈》。

3. 中国主权和领土完整的重大问题

如报道台湾问题、香港问题和西藏问题等时，用北京指代中国。在471篇报道中，报道台湾问题的有25篇。在这些报道中，《纽约时报》均以北京指代中国。如2000年5月21日的《台湾政权变化后北京的反应温和》。

（二）《华盛顿邮报》

在报道中，《华盛顿邮报》很多时候也用北京指代中国。

在检索出的398篇报道中，用北京指代中国的比例相当高，有147篇，占总篇数的37%。这足可以说明北京对中国的重要性及其在国际上的重要地位，北京在很大程度上可以代表中国。

与《纽约时报》相同的是，《华盛顿邮报》在报道中外关系，如中美关系、中欧关系、中非关系、中日关系、中朝关系等时，在报道重大国际问题如朝核问题，在报道中国主权和领土完整的重大问题如台湾问题、香港问题、西藏问题以及中国重大经济问题如人民币汇率问题、知识产权问题，重大政治问题如人权问题等时，常常会用北京来指代中国。北京在很大程度上代表中国，可见北京的重要性。

1. 对外关系

（1）中美关系

在398篇报道中，有24篇报道了中美关系，涉及中美之间的政治、经济、外交等重大问题。在这几篇报道中，《华盛顿邮报》用北京指代中国，如2003年2月4日的《北京不情愿令美国不满；北京没有表现出愿意介入朝鲜危机的意向》、2010年6月3日的《盖茨去亚洲，但是中国不在行程中，北京没有邀请的理由是美国向台湾出售武器》等。

（2）中欧关系

在报道中欧关系时，《华盛顿邮报》用北京指代中国，如2005年2月20日的《给中国提供食物，伤害了联盟，为什么欧洲期待向中国出售武器》。

（3）中日关系

在报道中日关系时，《华盛顿邮报》用北京指代中国，如2012年6月16日的《由于岛屿争端日本从中国召回大使》。

（4）中朝关系

朝鲜是中国的邻国，中国对朝鲜有重大的影响，因此，美国媒体也非常关注中朝之间的关系。如2012年1月5日的《中国领导人为朝鲜寻求稳定》等。

2. 重大国际问题

在报道重大国际问题时，《华盛顿邮报》用北京指代中国，例如2006年10月15日的《中国购买软性推销》。

3. 中国主权和领土完整的重大问题

（1）台湾问题或者两岸关系

在398篇报道中，报道台湾问题的有46篇，约占12%，可见比例还是比较高的。在这些报道中，《华盛顿邮报》均以北京指代中国。如2000年4月28日的《北京向台湾强调一个中国的政策；当选“总统”说接受“平等会谈”的关键模式》和2000年6月29日的《台湾领导人接受“一个中国”的观点，向美国来访者所做的声明被看作是走向北京非常重要的一步》等。

（2）香港问题

在398篇报道中，报道香港问题的有41篇，约占10%。

在这些报道中，《华盛顿邮报》均以北京指代中国，如 2003 年 7 月 27 日的《给北京的口信》等。

（3）西藏问题

在 398 篇报道中，报道西藏问题的有 7 篇。在这些报道中，《华盛顿邮报》以北京指代中国，如 2001 年 1 月 2 日的《在西藏问题上的立场》等。

4. 中国经济

在 398 篇报道中，报道中国经济的有 4 篇。在这些报道中，《华盛顿邮报》以北京指代中国，如 2001 年 6 月 10 日的《中国赞同加入世界贸易组织的言论》。

（三）《基督教科学箴言报》

在检索出的 280 篇报道中，用北京指代中国的比例相当高，有 174 篇，约占总篇数的 62%（《纽约时报》占 25%，《华盛顿邮报》占 37%，《基督教科学箴言报》是这三种报刊中比例最高的）。

《基督教科学箴言报》在报道中外关系，如中美关系、中朝关系、中日关系等时，在报道重大国际问题如朝核问题、伊朗问题、达尔富尔问题、阿富汗问题等，报道涉及中国主权和领土完整的重大问题如台湾问题、香港问题、西藏问题以及中国的国际贸易，报道中国的重大政治问题如人权问题、腐败问题、宗教问题等，在报道社会问题如自然灾害、食品问题时，常常会用北京来指代中国。《基督教科学箴言报》在报道这些重大问题时，北京在很大程度上代表中国，可见北京的重要性。

1. 对外关系

（1）中美关系

在280篇报道中，有42篇报道了中美关系，涉及中美之间的政治、经济、外交等重大问题。在这几篇报道中，《基督教科学箴言报》均用北京指代中国，如2012年8月23日的《美国总统大选中的争论：奥巴马和罗姆尼听起来在如何影响北京方面更加现实》等。

（2）中日关系

共6篇，如2007年12月14日的《中国纪念南京大屠杀，为死难者默哀》和2010年9月16日的《北京向日本施加压力要求释放被拘留的船长》等。

（3）中朝关系

共有11篇，包括朝鲜难民问题等。如2000年6月9日的《朝鲜希望中国在难民遣返问题上与他们合作》和2006年7月10日的《美国希望中国在朝鲜发挥影响》等。

（4）中国外交其他问题

共5篇，如2004年1月27日的《国外的中国年》和2012年9月4日的《北京在亚太地区的利益》等。

2. 重大国际问题

（1）朝核问题

有4篇，如2003年4月17日的《朝鲜危机中，中国主导》和2004年6月22日的《六方会谈中的朝鲜》等。

（2）阿富汗问题

如2012年6月6日的《中国可能会更多地卷入阿富汗的原因；过去的几十年来，中国在阿富汗没有起到重要的作用，但是随着北约开始撤出，阿富汗的安全将影响邻国中国》。

（3）达尔富尔问题

如 2007 年 5 月 30 日的《达尔富尔的种族灭绝外交》和 2008 年 2 月 25 日的《中国在达尔富尔危机中大胆地说出》。

3. 中国主权和领土完整的重大问题

（1）台湾问题或者两岸关系

在 280 篇报道中，报道台湾问题的有 31 篇，约占 11%，可见比例还是比较高的。在这些报道中，《基督教科学箴言报》均以北京指代中国，如 2000 年 3 月 17 日的《北京对台湾的选民：民主胜出》和 2004 年 7 月 21 日的《台湾令北京不安》等。

（2）香港问题

在 280 篇报道中，报道香港问题的有 20 篇，约占 7%。在这些报道中，《基督教科学箴言报》均以北京指代中国。

（3）西藏问题

在 280 篇报道中，报道西藏问题的有 7 篇。在这些报道中，《基督教科学箴言报》均以北京指代中国。

4. 中国社会问题

（1）自然灾害

报道汶川地震的报道有以下两篇，如 2008 年 5 月 13 日的《在震区中国快速反应》和 2008 年 5 月 27 日的《中国享受少有的全球支持的时刻》。

（2）食品安全

如 2007 年 5 月 31 日的《由于猪肉价格上升，中国控制用玉米制做乙醇》和 2010 年 7 月 29 日的《中国食品、漏油、化工厂排放凸显国家的危机反应能力的改善》等。

（3）毒品走私问题

毒品走私问题，如 2010 年 1 月 6 日的《英国一位精神病患者被判犯有毒品走私罪而被执行死刑》等。

5. 安全问题

如 2009 年 10 月 20 日的《中国发誓要营救被索马里海盗劫持的船员》等。

6. 中国经济

如 2000 年 4 月 11 日的《施加压力以终止对中国一年一度的评论》和 2001 年 4 月 24 日的《在中国，生意如常》等。

7. 对外贸易

如 2010 年 4 月 9 日的《中国货币升值，北京期望让中国的货币升值 3%；那将对中国消费者有利，并且有助于减少美国的贸易赤字》和 2005 年 7 月 25 日的《中国的牛市》等。

第二章

《纽约时报》对北京形象的认知与塑造

《纽约时报》(*The New York Times*)创办于1851年9月18日，是一份在纽约出版、向全世界发行的大报，迄今有百余年历史，被称为美国历史最悠久、最有影响力的报纸，一直享有“档案记录报”的美誉，长期以来拥有良好的公信力和权威性。该报的编辑方针是“一切适于刊印的新闻”(All the News That's Fit to Print)。在这一方针的指导下，该报对国际国内大事，其完整和全面的报道程度，美国报纸无出其右者。[①] 作为当今美国乃至全世界最有影响力的报纸之一，《纽约时报》发行量巨大，与英国的《泰晤士报》同被称为报纸中的报纸。[②] 美国学者丹尼利恩和瑞斯在研究了美国各主流媒体80年代对毒品问题的报道后发现，“媒体之间议程设置的影响力一般是从《纽约时报》流向其他媒体。”[③] 另一位美国记者的调查表明，其他美国媒体的记者都从《纽约时报》记者的肩膀上往下

---

① 顾晓进:《走进美国大报》，南方日报出版社2004年版，第43页。

② 李瑛、何力:《全球新闻传播发展史略》，郑州大学出版社2004年版，第98—105页；刘勇:《大追寻：美国媒体前沿报告》，上海远东出版社2002年版，第145页。

③ 孙有中:《解码中国形象：〈纽约时报〉和〈泰晤士报〉中国报道比较(1993—2002)》，世界知识出版社2009年版，第3页。

看，看他们怎么写导语，然后如法炮制。[①]《纽约时报》的权威地位还表现为对国家决策者和社会精英的影响力。美国很多社会精英每天都读它，被公认为有能力“影响有影响力的人”。[②] 作为外交新闻方面的舆论领袖，无论从来源还是影响上来说，当然都是《纽约时报》。[③]“在华盛顿真正为外交政策制定日程的，不是在白宫，是在编辑和记者的屋子里。”[④]《纽约时报》作为美国外交官和议员们的必读物，他们在辩论中经常引用该刊物的信息。[⑤] 英国资深记者马丁·沃克曾经说过，“肯尼迪总统的新闻秘书皮埃尔·塞林格对报纸的作用有过这样的描写：‘华盛顿的最高决策者没有一个不是在一天的开始先读《纽约时报》’”。[⑥]

第一节 样本与研究方法

本书利用 LexisNexis - Academic 学术大全数据库进行检索，检索范围是《纽约时报》所有报道，界定检索的关键词为

① 孙有中：《解码中国形象：〈纽约时报〉和〈泰晤士报〉中国报道比较（1993—2002）》，世界知识出版社 2009 年版，第 3 页。

② 刘勇：《大追寻：美国媒体前沿报告》，上海远东出版社 2002 年版，第 145 页。

③ William A. Dorman & Mansour Farhang, *The U. S. Press and Iran*, Berkeley, CA: University of California Press, 1987.

④ 孙辉：《新闻媒体对美国外交政策的影响》，《国际论坛》2001 年第 6 期，第 63 页。

⑤ 夏尔 - 菲利普·戴维、路易·巴尔塔扎、于斯丹·瓦伊斯著，钟震宇译：《美国对外政策：基础、主体与形成》，社会科学文献出版社 2011 年版，第 277 页。

⑥ 马丁·沃克著，苏潼均、诠申译：《报纸的力量——世界十二家大报》，新华出版社，序言第 2 页。

"Beijing"，时间节点选取为2000年1月1日至2012年12月31日。据此，获得研究样本471篇，并对其进行了系统的梳理、研究和分析。本书采用文本分析法，对471篇涉及北京的报道进行领域归类、倾向性分析、议题归纳和内容分析。报道倾向分为正面、中性、负面。倾向性根据新闻报道标题和内容是否有利于北京良好的城市形象的塑造而定。报道领域分为：经济、政治、社会、文化与科技等。经济包括经济发展、知识产权等；政治包括对外事务、人权问题、法制、新闻自由等；社会包括环境污染及治理、交通、社会治安、网络安全、农民工问题、饮食、社会生活、自然灾害、医疗卫生、野生动物保护等；文化与科技包括教育、艺术、体育如奥运会、科技的进步、科研、文化遗产等。①

第二节　对北京的关注度分析

《纽约时报》作为有国际影响力的大报，十分关注国际新闻。中国是发展中大国，近年来在国际舞台上日趋活跃，作为中国首都的北京，《纽约时报》也给予了密切关注。这一点在统计结果中得到了印证。

与美国另外两种主流报纸《华盛顿邮报》和《基督教科学箴言报》相比，《纽约时报》对北京的总的报道量最大。如

① 由于北京政治形象多与中国国家政治形象重合，所以本书重点论述北京社会、经济以及文化形象，略去了对政治形象的论述。

笔者也对同一时期《华盛顿邮报》和《基督教科学箴言报》对北京报道进行了统计，《纽约时报》从2000年1月1日至2012年12月31日间关于北京的所有新闻报道总篇数为471篇，《华盛顿邮报》为398篇，《基督教科学箴言报》为280篇。

在《纽约时报》对北京的471篇报道中，其中2000年32篇，约占总报道量的7%；2001年50篇，约占总报道量的11%；2002年18篇，约占总报道量的4%；2003年40篇，约占总报道量的8%；2004年42篇，约占总报道量的9%；2005年27篇，约占总报道量的6%；2006年28篇，约占总报道量的6%；2007年23篇，约占总报道量的5%；2008年87篇，约占总报道量的18%；2009年32篇，约占总报道量的7%；2010年32篇，约占总报道量的7%；2011年22篇，约占总报道量的5%；2012年38篇，约占总报道量的8%。

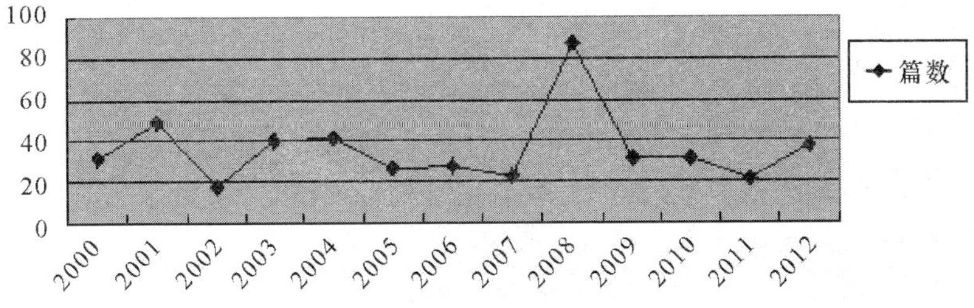

《纽约时报》历年报道篇数统计表

可见各年对北京的报道篇数有所波动，报道最多的年份是2008年，占18%。2001年次之，基本上这13年每年平均二三十篇，总的来说，对北京的报道曲线较平稳。

波峰的出现绝非偶然，报道频率的高峰与北京重大事件的发生存在着明显的对应关系。一个波峰是2001年，这一年是

2008 年奥运会申办城市角逐激烈和决战之时，而北京则是此次申办城市中最耀眼的一颗明星。北京在结果揭晓前备受瞩目，不负众望成功胜出，成为世界各大媒体竞相报道的焦点。2003 年发生了“非典”，《纽约时报》对北京的报道量大幅增加。2008 年北京举办了奥运会，世界媒体对奥运会的关注加大了对北京的关注，作为世界主流报纸的《纽约时报》自然也不例外。

国际学术界一般认为，根据国际性的大城市在国际化的程度所表现的差异，一般可分两个层级：第一层级是对全球有巨大国际辐射力和全面影响的国际化大都市，这一层级的城市全世界现在仅有四个：纽约、伦敦、巴黎和东京。笔者对同期《纽约时报》对其他闻名世界的三个城市伦敦、巴黎、东京（因为纽约是美国的城市，报道纽约为国内新闻，非国际新闻，将其排除）的报道数量进行了对比，发现同期《纽约时报》报道伦敦的篇数为 355 篇，巴黎为 396 篇，东京为 231 篇。相比较而言，《纽约时报》对北京的报道篇数最多，遥遥领先于其他三个闻名世界的大都市。可见《纽约时报》对这四个闻名世界的大都市关注度方面，对北京的关注度是最高的。这与这个时期《纽约时报》对中国的关注度增加密切相关。新世纪以来，包括《纽约时报》在内的国外主流媒体对中国的关注度增加，[①] 对中国的首都的关注度增加也成为自然。总体来说，《纽约时报》对北京保持了高度的关注。

---

① 张颖：《奥巴马政府时期〈纽约时报〉对中国国家形象认知与塑造的文本分析》，《国际关系学院学报》2011 年第 5 期。

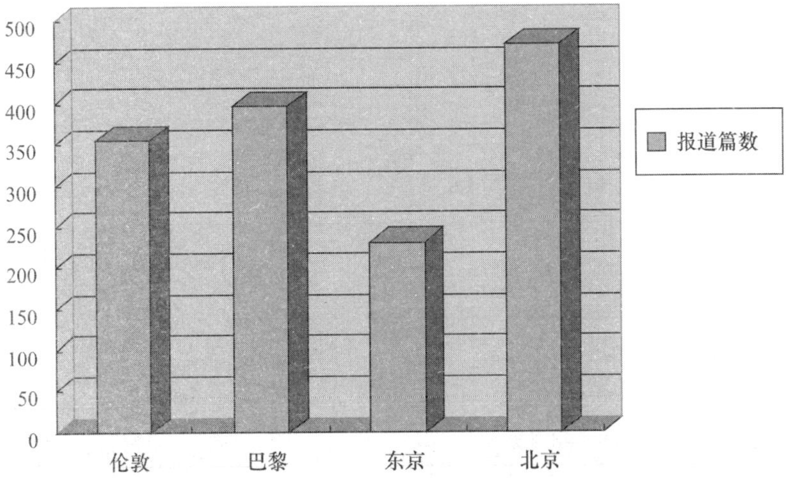

《纽约时报》对四大城市报道篇数统计图

第三节 对北京报道倾向性分析

报道倾向分为：正面、中性、负面，倾向性根据报道的内容是否有利于北京良好的城市形象的塑造而定。

2000 年以来，《纽约时报》对北京的报道以负面报道占多数，共有 241 篇，占 51%；正面报道有 34 篇，占 7%；中性报道有 196 篇，占 42%。当然，这符合西方媒体以负面新闻为主的职业惯例。《纽约时报》对于中国的报道与其主导的资本主义和自由民主的意识形态紧密相连，它所报道的中国有许多“严重的社会问题”，也有突出的社会变化与深远的社会变革，危机与机遇并存，希望与失望竞争。当然，也包含很多客观和全面的报道。笔者也对同期的美国另外两大主流报纸《华盛顿邮报》和《基督教科学箴言报》对北京报道倾向进行了统计，结果显示，《华盛顿邮报》对北京的报道中中性报道占多数，占总报道量的49%；正面报道占总报道量的5%；负面报道占总报道量的46%；《基督教科学箴言报》关于北京的报道中中性报道约占总报道量的51%；负面报道约占总报道量的49%；没有正面的报道。三种报纸对关于北京的负面报道量都比较大，其中《纽约时报》与《华盛顿邮报》、《基督教科学箴言报》相比，负面报道量所占比例是最大的。尽管如此，这三家报纸关于中国形象报道的分析结果，有令人欣慰的一面，就是与20世纪90年代充斥“妖魔化”内容的负面报道高达60%—70%相比，近年来西方主流媒体关于中国国家形象的报道已开始发生一些变化，尽管这些变化“远不尽如人意”。[①]

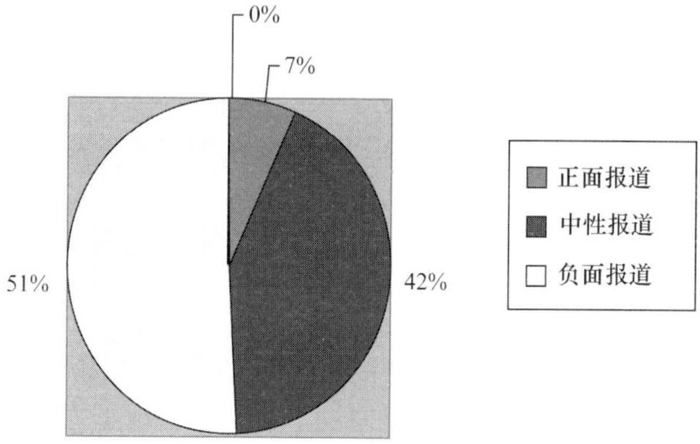

《纽约时报》对北京报道倾向性比例图

在国际新闻研究中，西方媒体对发展中国家的负面报道一

① 何辉、刘朋：《新传媒环境中国家形象的构建与传播》，外文出版社2008年版，第121页。

直是国际国内学术界关注的热点问题。为了便于讨论，这里有必要首先厘清“负面报道”这个概念。从常识的角度看，负面新闻就是“坏消息”。国内学者张威对这个概念下的定义比较全面，他写道：“负面报道聚焦于那些与现行社会秩序和道德标准相冲突的事件以及一切反常现象。一般说来，犯罪、丑闻、性攻击、事故以及自然灾害等一类事件往往是它注重的焦点。对于具有社会内容的负面报道来说，它的目的不是在于歌颂或倡导光明，而是在于反映和暴露社会敏感灰暗的一面，以使公众注目、警醒。在政治上，它往往站在与当局相反的一面来挑剔批评后者的政策；它强调‘变运’、‘反常’和‘冲突’。”[①] 负面新闻已成为西方自由主义商业化新闻媒体的聚焦点。正如西方学者比尔·伯尼所观察到的，对于新闻媒体来说，“最有市场价值的是交通失事、水灾、火灾、地震、谋杀、战争、行业纠纷以及死亡和伤害。具有负面因素的新闻题材对记者来说更加重要。”[②] 负面新闻到了如此重要的程度，以至于《今日美国报》的创始人、甘尼特公司的前董事长纽哈斯不得不感叹：“西方记者不写负面新闻，他们就会感到头痛。”[③] 早在20世纪70年代末，以联合国教科文组织为核心的“世界信息与传播新秩序”的倡导者们对西方媒体关于第三世界的负面报道进行了针锋相对的批判。马斯穆迪指出，西方媒体的国际新闻中大量充斥的是关于西方的报道，偶尔涉及第三世界国家的新闻则大力渲染“危机、罢工、街头示威、政变”等对这些

① 张威：《比较新闻学：方法与考证》，南方日报出版社2003年版，第347页。

② 张威：《比较新闻学：方法与考证》，南方日报出版社2003年版，第350—351页。

③ 李希光：《中国有多坏?》，江苏人民出版社1998年版，第104页。

国家不利的事件。[①]

国际新闻不但是国际重大事件的直接反映，还是新闻媒体根据本国国家利益、意识形态、本国公众舆论等各个方面对国际事件进行选择性报道的结果。[②] 美国有很强烈的反共政治文化传统。虽然美国自诩为一个多元化的社会，各种思想五花八门，但占主导地位的意识形态却是排斥共产主义的。深受反共意识形态影响的一些美国记者对中国抱有深厚的成见，无法对中国进行全面的报道。

由于媒体报道在时间和空间上的限制，记者和编辑在报道前就已经过滤掉了大部分也许同样重要的新闻故事。“新闻具有的选择性是媒介可以影响公众的重要原因之一，这种选择在一定程度上决定了公众接触什么信息，从而影响到公众的态度。”[③] 肯特·奥诺等对《纽约时报》有关中国的89篇报道进行研究，对“旧中国”和“新中国”形象进行对比，以三个假设作为研究的开端，并对一系列重大事件进行了详细解读：在对奥运会的新闻叙事中，许多报道都强调了对奥运圣火的抵制，有关地震的报道并不仅仅是同情受伤或者死亡的人，还对政府建设的不合格的学校建筑进行批评，却没有将此与美国的建筑或者美国飓风灾害所带来的伤痛相比较的报道。由此看出，《纽约时报》对于中国整体上持否定态度，尽管承认中国

① Mustapha Masmoudi, “The New World Information Order”, *Journal of Communication*, 26 (3), p. 174.

② 李良荣：《新闻学概论》，复旦大学出版社2001年版，第262页。

③ 范士明：《政治的新闻——美国媒体上的西藏和“西藏问题”》，《太平洋学报》2000年第4期，第46页。

的进步，但新闻叙事中仍然持有一些否定的角度。[①]

2003 年 12 月 3 日，国务院新闻办公室主任赵启正在一次报告中更加明确地指出，应区别对待国外媒体对中国的负面报道。他指出："正面报道还是负面报道，我们需要辨别什么是正面，什么是负面。说我们的不好就是负面消息吗？不是。判定这个报道的正面负面问题，应该从是否有利于我国人民的根本利益方面来考虑。"[②] 赵启正的表述意味着，中国官方和学术界对负面报道的认识上升到了一个新的高度：负面新闻本身报道的可能是一个"坏消息"，但它带来的国际影响并不必然有害于中国的国际形象。

种种事实表明，以美国为代表的西方国家的主流新闻媒介的确对中国存在着根深蒂固的偏见和敌意。它们对中国的报道，与它们自己的新闻原则都是违背的，更谈不上客观公正了。[③]

美国媒体的这种歪曲做法，有着多方面的原因：[④]

第一，最主要的是意识形态因素导致了这种误读。社会认知理论和话语分析理论发现，人的行为应该从团体成员的社会信念、态度、意识形态、目标、利益、语境和制度的局限等方面进行分析，因而"认知从根本上是社会性的"。[⑤] 话语制作

---

① Kent A. Ono & Joy Yang Jiao, "China in the US Imaginary: Tibet, the Olympics, and 2008 Earthquake", *Communication and Critical/Cultural Studies*, 2008, 5 (4), pp. 406 –410.

② 《新京报》2003 年 12 月 4 日。

③ 李希光、刘康等：《妖魔化中国的背后》，中国社会科学出版社 1996 年版，第 136 页。

④ 何辉、刘朋：《新传媒环境中国家形象的构建与传播》，外文出版社 2008 年版，第 173—174 页。

⑤ ［荷］梵·迪克著，曾庆香译：《作为话语的新闻》，华夏出版社 2003 年版，第 111 页。

不仅是认知模式或者个人观点的表述和传播，而且每个说话人作为团体的一员进行着传播活动，并实践着他所属团体的范式和价值体系、利益、权力关系和意识形态。[①]

美国媒体受这种意识形态的影响，长期以来对中国存在刻板印象，往往在报道中有意无意地加入“先见之明”，带着有色眼镜来看待中国社会的一切问题，而不是建立在客观真实的基础上，认真分析问题，进而得出公正全面的评价。

第二，商业化因素也起着非常重要的作用。主流的商业性媒体往往追求新闻的煽动性和爆炸性，因为这最符合其市场对象对中国事务的偏爱，有利于其获得最大关注度，增加竞争力。

第三，为了考虑新闻的价值，美国媒体往往选择那些具有新异性的事件和议题进行报道，如灾难、动乱，而对那些平常的现实发展的积极动向加以省略。

第四，国际信息传播的失衡导致误读。长久以来，中国在世界的声音是很弱的。面对美国媒体大量的负面报道，我国的对外传播缺乏有效的信息平衡，即没有及时地加以正面、客观、真实的报道去抵消这些报道的负面影响。可以说，很大程度上是我们的低效传播和无所作为导致本国形象任人诋毁。

第五，我国长期以来的信息不透明和应对国际传媒的能力低下客观上助长了美国等西方媒体对中国形象的扭曲和误读。“非典”期间西方媒体的负面报道是这种情况的一个证明。应该承认，大部分西方记者的新闻从业道德是没有问题的，主观上是没有刻意歪曲中国形象的意图的。但是，许多西方记者由于采访遭遇限制或者无法获取相关的背景资料，无法针对事实

① 李希光：《中国有多坏》，江苏人民出版社 1998 年版，第 114 页。

进行现场的客观报道，而只能借助于自己的已有认识、二手资料或者所谓的专家的意见，进行间接性的报道，这就难免会发生隔岸观火的现象，自然容易产生带有偏见的报道。而长久以来，我国政府应对国际媒体的努力不足，也容易给西方记者留下肆意扭曲的把柄。①

笔者认为，美国媒体负面报道中国，除了媒体本身偏好负面这一原因之外，还有：（1）美国文化及其限定下的美国主流社会的价值观。（2）中美关系的大势。美国媒体的对北京报道随着中美关系的变化而起伏。当中美关系好转时，美国媒体对华报道中负面成分会大大降低，反之，则负面成分呈上升趋势。冷战后中美关系时好时坏的现实决定了美国媒体的对北京报道不可能太好。

2000 年以来，《纽约时报》对北京进行正面报道的新闻有 34 篇，各年分布如下：2000 年 4 篇；2001 年 4 篇；2002 年 0 篇；2003 年 2 篇；2004 年 1 篇；2005 年 1 篇；2006 年 2 篇；2007 年 3 篇；2008 年 8 篇；2009 年 3 篇；2010 年 1 篇；2011 年 1 篇；2012 年 4 篇。

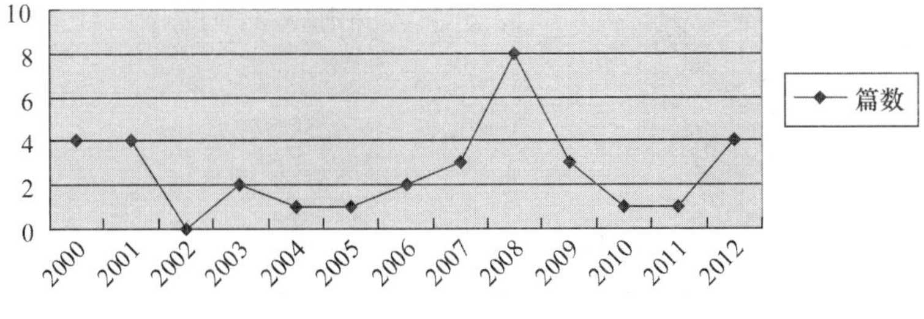

各年正面报道篇数统计图

① 吴秦岛：《中国国家形象构建的实证研究》，南昌大学硕士论文，2010 年。

中性报道有196篇，各年分布如下：2000年13篇；2001年27篇；2002年8篇；2003年17篇；2004年12篇；2005年13篇；2006年10篇；2007年12篇；2008年35篇；2009年13篇；2010年16篇；2011年10篇；2012年10篇。

负面报道有241篇，各年分布如下：2000年15篇；2001年19篇；2002年10篇；2003年21篇；2004年29篇；2005年13篇；2006年16篇；2007年8篇；2008年44篇；2009年16篇；2010年15篇；2011年10篇；2012年25篇。

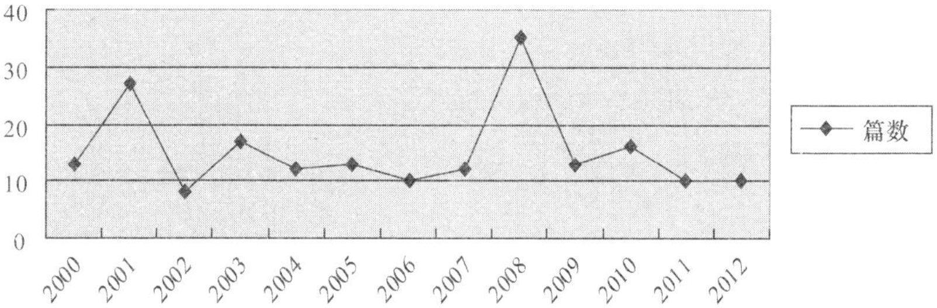

各年中性报道篇数统计图

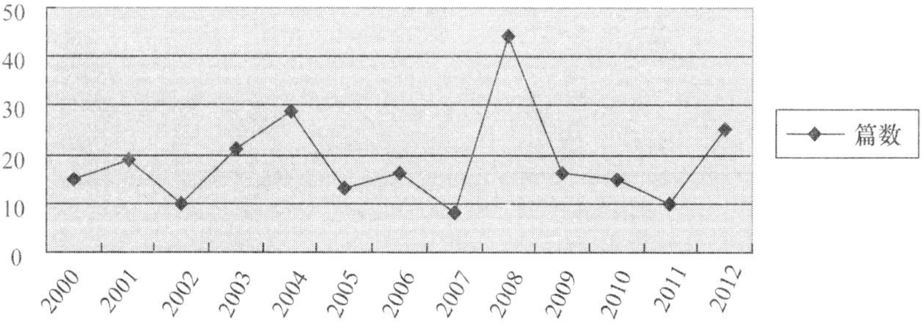

各年负面报道篇数统计图

一、对正面报道的分析

从统计结果可以看出，从2000年1月1日至2012年12月31日，《纽约时报》对中国的正面报道较少，大部分年份不超过5篇，最多的2008年也只有8篇。虽然正面报道的数量较少，但这些正面报道对于宣传北京的良好城市形象是非常有裨益的。

（一）报道了北京为改善环境污染所做的努力

如2007年7月24日的《京杭大运河：难看让位于壮丽》报道了北京对京杭大运河的治理。以前的状况是“水都黑了”。这篇报道指出：“开始于2001年的2亿5千万美元的改造资金已经改善了水的质量。今天小鱼已经在水里游。运河两侧出现了人行道和公共场地，中国一些最昂贵的公寓出现在了两侧，成为高档住宅。最为引人注目的是，这条运河不再发出臭味了。我们不把它仅仅看成是一条运河。”

如2001年6月23日的《中国宣布大量的计划应对水资源短缺》指出：“中国政府宣布了数十亿美元的计划，希望挽救日益恶化的水源。这个计划包括建设新的污水处理厂，关闭污染严重的工厂，改变农耕方式，实行阶梯水价，旨在使北京在从另外一个宏大项目——南水北调中获益前缓解水短缺的压力。北京位于平原，没有大的河流或者高的瀑布，并且北京的人口已经超过1400万，没有多少储备，短缺也许是不可避免的。城市用水飙升。同时，周边地区有成千上万的工厂，那是污染源，许多水源被认为是不能饮用的。水利部副部长张基尧说，直到近来，北京从两个水库中引水。但是自1997年以来，污染已经迫使这座城市停止使用其中的官厅水库。为了弥补不足，北京已经过量提取了地下水。污水设备没有与城市一起发展。由于工厂排放废水，这里的一些河道已经变成了污水沟。在北京，只有22%的废水得到处理，但是政府表示到2005年新的污水净化厂的建立将使这一数字提高到90%。”

2009年10月17日的《北京的空气质量在逐渐改善，但是战争远没有胜利》指出：“北京有世界大城市的通病，这让糟糕的空气污染问题不足为奇。但令人惊讶的是：北京的空气实际上变得更好了。中国也许有长期忽视环境的问题，但是作为中国的首都，北京正在努力使被污染的空气变得清洁。专家指出，即使空气不好，但是向着好的方向发展的趋势是不可否认的。北京大学环境科学与工程学院教授朱彤在接受采访时说，‘我们已经监测空气污染近10年，现在的污染在减轻。’”该报道还指出：“自1999年以来，北京就逐渐将标准提高到欧四标准，该标准是欧盟国家现在的标准。北京也禁止重型卡车白天进入市区。最老式的、污染最为严重的汽车——黄标车，在挡风玻璃上粘贴了标志后，也被禁止进入北京。北京市的空气近年来比以前更加清洁了，有很大改善，尽管不是彻底改善。”

（二）报道了北京为缓解交通拥堵所采取的措施和努力

北京是世界上最拥挤的城市之一，北京的交通拥堵问题一直是影响市民生活的一个重大的社会问题，北京居民一直抱怨北京的交通状况日益恶化。北京市政府为缓解交通拥堵状况一直在进行不懈的努力。对于这种情况，《纽约时报》给予了密切关注。如2010年11月5日的《中国：北京计划新建的地铁线路》报道了北京新建地铁线路将缓解交通拥堵的消息。该报道指出："中国最长的地铁线年末将进行试验。新建的14英里的线路连结现有线路，北京计划到2010年开通四条新的线路。"

（三）报道了北京在知识产权方面取得的进步

2007年1月6日的《中国媒体战暗示知识产权方面的变化》报道了《新京报》起诉中国Tom. com网站侵犯了它的版权，引起了媒体战的消息。《新京报》向Tom. com网站索要40万美元的赔偿，声称自2003年以来，该网站在没有获得授权的情况下复制并且再版了25000篇文章和照片。这篇报道指出："一直以来，中国被认为是知识产权的真空地带：一些公司自由地抄袭外国公司的设计，而无需担心被惩罚。然而这一案子显示出执法机关保护版权和知识产权的努力进一步增加的迹象。"这篇报道引用国家版权局的一位副局长的话说："为了推进国家的发展，我们更加强调知识产权，我们已经在法律方面取得了进展。过去传统媒体可以互相抄袭，现在禁止这样做。"该报道还指出："随着这一案子的展开，传统媒体正在向电子媒体释放一个非常明确的信号，即它们的免费午餐结束了。"

（四）报道了北京筹办奥运会所采取的措施及奥运会给北京带来的好处等

如2001年4月11日的《奥林匹克：僵局不可能影响北京申办奥运会》指出："国际奥委会不是政治，这个时候，侦察机僵局将不会影响国际奥委会的决定。现在国际奥委会中最有影响的美国人德弗兰兹强烈反对美国20世纪80年代的联合抵制活动，‘我强烈认为运动员有比赛的权力。’国际奥委会中来自美国的另一位官员詹姆斯·伊斯顿说联合抵制只会伤害运动员。”

如2001年7月8日《对北京申办奥运会的支持和反对》一文指出：“是奥运会来到中国的时刻了。如果说乒乓外交是中美关系的体育和政治基础的话，那么奥运会是中国得到全球承认的更新的、更现代的方式。中国国家支持体育的姿态对于它得到全世界的接受来说是至关重要的。作为占世界经济份额日益增加的国家，中国显然有机会重新定义奥林匹克，并且将为这一参与人数最多的比赛注入积极的文化和经济因素。”

为了改善奥运期间的空气污染和交通拥堵状况，北京市政府采取了许多措施。如2007年8月14日的《在北京，奥运会给予中国美好的憧憬》报道了北京市政府为了减少空气污染、交通拥堵，采取了单双号的限制小汽车上路的措施。

如2008年3月30日《奥运前，大公司的挺进》报道了北京市政府在基础设施方面的投入和外国大公司扩大在北京的业务的做法。该报道指出：“自2001年申奥成功以来，北京已经在基础设施方面投入了400亿美元。”该报道还指出：“更多的美国公司正向北京挺进，寻求在世界上增长最快的市场中扩大它们的存在。苹果公司计划今年夏天在北京建立在中国的第一家分店，将有30000平方英尺，将建在前门大街。去年8月，耐克公司在市中心、繁华的王府井大街开了一家旗舰店。大约有12000平方英尺，这家店是耐克公司在中国最大的一家。当然，吸引力是显而易见的：中国的经济正在以每年两位数的数字增长，中国人正变得更加富有。2001年，北京第一家大型购物中心开业，但是这一概念已经抓住了消费者和零售商。仲量联行酒店集团中国区负责人安瑞达（Andreas Flaig）指出：‘他们想要参与北京的长期发展。国际赛事只是为京沪酒店市场发展提供了契机，中国经济的强劲增长才是酒店市场近年来迅猛发展及未来可获强劲增长的主要支撑。’”

《纽约时报》还报道了奥运会期间环境污染状况得到改善的消息。如2008年8月18日《赛程过半，在北京鲜见的是：呼吸新鲜空气》报道了赛程已经过半，奥运会一直顺利进行，污染水平保持很低的水平的情况。该文指出：“两位美国三项全能比赛运动员朱莉·厄特尔和马特·列德在开幕式前一天到达了北京，停留了两个晚上，到外面有时戴口罩。之后去往韩国。当他们周末返回北京时，惊讶地发现空气质量已经改善了很多。列德说：‘令人惊讶，很晴朗。’对于北京居民来说，清洁的空气是奥运会给予他们的奖赏，即使只是暂时的。”

2008年9月21日的《奥运会促进了中国旅游业的大发展》报道了北京奥运会促进了中国旅游业繁荣的消息。该报道指出：“北京奥运会，作为美国电视史上关注最多的事件，成了中国旅游业最好的宣传。美国太平洋快乐旅游公司总裁杰里·皮说：‘我们的客户群现在希望体验他们在电视中看到的奥运会运动员所体验到的。’建筑学爱好者现在也想到北京去看看那些开创性的项目，如鸟巢、北京首都机场第三航站楼。旅游部门每年7月和8月进行的秋季旅游倾向调查表明：北京上升了7个点，在旅游目的地中列第16位，上海上升了13个点，列20位。联合国世界旅游组织副秘书长杰弗里·李普曼称，在世界旅游收入排名中，中国处于第15位，去年有5500万人到中国旅游，消费了420亿美元。世界旅游组织预测到2015年中国将成为全球最有吸引力的旅游观光目的地。美国航空公司计划在2010年增加一次芝加哥和北京之间的直航。这个月，海南航空公司将开始一周四次的柏林和北京的直航。李普曼先生说：‘我第一次来中国是在1981年，机场就是一个军事小屋，没有汽车，只有自行车。现在，令人难以置信的中国变成了一个充满生机，发展迅速的工业化国家。’”

（五）报道了北京艺术的繁荣

《纽约时报》报道了北京798艺术区的发展。如2003年2月6日的《一家工厂被房地产艺术改变》指出：“许多新的承租人今年春天自发地建造了一系列袖珍工作室、美术馆、音乐俱乐部和具有现代风格的办公室。这将是这个城市最酷的地方，这增加了土地的价值。”

如2008年4月29日的《在亚洲艺术繁荣中，曼哈顿美术馆在北京设立了分支机构》报道了北京798艺术区繁荣的景象，该报道指出：“这里大约有200家画廊，是切尔西的10倍。2005年克利斯蒂拍卖行成为第一家在北京取得许可证的拍卖行。苏富比拍卖行自1995年以来已经在中国大陆举办了展览，2007年在北京建立了一个办公室。”“这里的展品销注亚洲的其他地区。”“798地区是北京第三大观光地（仅次于长城和故宫）。”

（六）报道了北京的美景、美食和北京人的休闲生活以及服务等

如2000年3月12日的《北京记忆》一文报道了钟楼、鼓楼、后海，包括恭王府的美丽景色，京剧爱好者聚集在公园进行娱乐的场景。再如2012年6月3日的《北京的饭店》报道

了北京一家饭店的美食，该报道指出："该饭店的服务是非常完美的，无瑕疵。"

2012 年 8 月 2 日的《欧洲落在亚洲后面的领域：机场经历》对德国慕尼黑机场和北京首都机场进行了比较，认为旅客对慕尼黑机场的服务不满意，"在欧洲一些地方碰到无礼的行为令人惊讶。""当我们带着小孩子旅行的时候，北京的友好的工作人员总是非常耐心，乐于助人。我的孩子和我'非常满意'。"

（七）报道了北京科技的进步

如 2006 年 12 月 5 日的《中国寻求在粒子物理学起主导作用》指出很多留学海外的科学家回到中国，其中很多人回到北京，促进了北京科技的进步。

中国"神七"太空行走之后，《纽约时报》及时详细地报道了这一消息，对中国在科技方面取得的成就给予了高度的肯定。2008 年 9 月 28 日的《宇航员进行第一次太空行走》指出："中国宇航员绕地球航行，2008 年 9 月 27 日下午'神七'进行了中国的首次太空行走——中国航天史的又一个里程碑。北京时间下午 4：40 翟志刚将自己拉出轨道舱。对于中国政府来说，这一成就是建立一个经济和技术超级大国的又一重要举措。"

（八）报道了中关村科技园区的发展

2000 年 8 月 4 日的《在北京的一部分地区，硅谷精神继续》指出："任何人想寻求硅谷精神都可以在这里找到。北京中关村是这个国家最好的大学和中国政府指定的高技术工业区。中关村在北京西北部的海淀区，是许多新生的因特网企业、计算机和电信公司之家。中关村是非常好的孵化器。这里的高新技术企业发展迅速。因特网在中国发展迅速，中国因特网信息中心7月的数据表明中国因特网用户的数量仅在7个月内就已经翻了一番，从890万人增加到1690万人。”

（九）报道了北京对古建筑、文物的保护

如2004年4月25日的《古老的土地走向现代》指出：“每一角落都有建筑工地以及小汽车数量的增加已经远远超出了道路的发展，北京不再是一个宁静的城市。幸运的是，北京正尽力建设一些绿洲，这其中有一些是名胜古迹。这个城市一个最古老的建筑财富是天坛。在高墙的后面，喧闹逝去，它是北京最受欢迎的庙宇。”

（十）注意到了北京市政府日益重视老百姓的想法

如开始允许燃放烟花爆竹。2006年1月27日的《北京燃放烟花爆竹变得合法》指出：“今年北京解除了燃放烟花爆竹的禁令。以前禁止的原因主要是烟花爆竹容易造成火灾、噪音和污染，但是公众要求取消禁令，因为燃放烟花爆竹更有过节的气氛。一位57岁的男士说，在农历新年，北京人只做两件事情：做好吃的和燃放烟花爆竹，‘禁止燃放烟花爆竹，也带走了过节的气氛。’在北京，586个临时烟花爆竹销售点已经开张，据报道，北京五环内至少需要1000个这样的销售点。取消禁令的过程去年开始，这反映出北京市政府在非政治问题上日益考虑老百姓的想法。实际上，禁止也是无效的，因为许多人在燃放烟花爆竹。北京允许燃放是在包括上海等100多个

城市已经取消禁令之后。”

（十一）报道了北京给予毕业生更多的就业机会

如《纽约时报》指出上海和北京正成为面临两位数的失业率的美国国内大学毕业生的新的机会之地。2009 年 8 月 11 日的《新的毕业生在中国找到工作》指出：“除了中国蓬勃发展的经济和较低的生活成本，还有一项因素吸引着他们：在美国，大学生毕业后的首次就业需要缴纳若干税费，而在中国，他们可以省去这笔开支。中国最大的零部件公司亚新科技公司创始人杰克·潘考夫斯基说：‘在过去几年中，我看到许多人来中国工作。’2007 年毕业生、北京耶鲁俱乐部会长葛瑞丝·谢夫说，她看到来中国工作的耶鲁毕业生的数量比两年前她来中国时上升了许多。中国也给予这些来华的美国人更好的工作和更多的升迁机会。”

二、对负面报道的分析

在检索出的 471 篇报道中，负面报道有 241 篇，占总报道量的 51%。这些负面报道塑造了北京的负面形象，描述了北京的经济、社会、文化艺术等方面的问题，影响了北京在美国乃至世界的形象。

（一）经济问题

《纽约时报》认为虽然中国经济发展迅速，但是也出现了一系列的问题。其报道了北京知识产权问题，也就是假货、盗版问题，塑造了北京“缺少知识产权保护、假货流行”的城市形象。

2006 年 10 月 1 日的《北京：眼镜》报道了中国假名牌眼镜泛滥的情况。该文指出："北京眼镜城，出售各种各样的假名牌眼镜。有的眼镜很便宜。不会说汉语，也可以买到好的品牌，如范思哲和普拉达也有。但是中国对外国品牌征收高关税，所以它们并不便宜。有廉价的普拉达是假的普拉达。"

2005 年 1 月 23 日的《北京关闭秀水街，假货中心离开假货》报道了北京著名的"假货街"秀水街假货盛行的状况。

（二）社会问题

如空气污染问题、北京交通拥堵问题、拆迁问题、宠物政策等。

1. 环境污染问题

《纽约时报》的报道指出，2012 年冬天的严重的雾霾天气和越来越多的环境污染事件遭到曝光后，政府治理环境的压力越来越大。对于相关企业来说，污染治理将增加他们的成本，甚至造成一部分工人失业，因此政府治理环境面临经济上的阻力。

世界卫生组织的一项测量世界各地城市污染程度的行动发现，空气污染状况恶化了，尤其是在较贫穷的国家，从而把城市居民置于罹患癌症、中风和心脏病风险更高的状况下。世卫组织认为，空气污染在 2012 年造成全球约 700 万人丧生，成为世界最大的环境健康危险。

在 20 座空气污浊最严重的城市中，有 13 座在印度，新德里、巴特那、瓜廖尔和赖布尔位居前四，新德里 PM2. 5 的年平均值为每立方米 153 微克。北京 PM2. 5 年平均值为 56 微克，是新德里污染指数的三分之一多一点，排在第 77 位。一些来自英语国家的居民戏称北京为“灰京”。

世界卫生组织专家说，中国的数据取自 2010 年，是中国提供给他们的最近年份的数据。北京市政府从 2012 年 1 月起开始公布 PM2.5 数据。据“绿色和平”组织说，在开始公布数据一年后，北京的空气质量跌至最糟糕的水平。北京市相关部门称，2013 年北京年均 PM2.5 浓度为每立方米 89.5 微克，超标 156%。

世卫组织公共卫生和环境司司长玛丽亚·内拉说，调查的目的是“挑战”城市，她认为这项调查结果将有助于这些城市在空气污浊的问题上更加公开。她驳斥了中国可能作弊的说法，称收集空气污染数据变得越来越复杂。她说：“我们正在与中国进行大量的讨论，把空气污染的问题摆到桌面上。我们的总干事陈冯富珍女士宣布，中国是空气污染严重的国家之一。我们将继续有关这一问题的讨论，以确保相关措施落实到位，减少空气污染。”①

环境污染问题对北京来说是一个亟待解决的重要问题，解决这一问题需要相关措施落实到位。

《纽约时报》较早注意到北京的空气污染问题及北京空气污染的严重程度，并对这个问题给予了持续的关注。《纽约时报》指出北京环保局认为北京的空气质量得到了改善，是因为北京对空气污染的监测“不科学、不合理”，认为北京的空气质量的改善是因为改变了测量方法。如 2008 年 1 月 10 日的《北京声称空气将更加清洁》指出：“一项新的研究已经对北京的空气质量是否真正改善提出了质疑”，并且得出的结论是

① 《参考消息》2014 年 5 月 9 日。

这座城市的测量空气污染的系统是“不符合规则”的。该报援引一位美国环境顾问进行的研究，发现北京空气质量监控台蓝天系统表有“瑕疵”，并且指出这个城市2006年改变了测量污染的方式。2008年1月9日下午，北京环保局副局长杜少中对这项研究进行了回应，认为北京仍需要在空气污染治理方面取得进展，但不可否认这个城市的空气质量已经得到了改善。

《纽约时报》称北京是世界上污染最为严重的城市之一。该报报道说，北京奥运会期间，北京的空气污染问题已经引起了许多参赛国的重视。2008年1月24日的《奥林匹克代表团在与北京的雾霾做斗争》一文指出：“美国奥委会的首席运动生理学家兰迪·威尔伯建议，为了保护运动员，应在别处训练，并且尽可能晚地到达北京。”2008年3月11日的《提到污染：格布雷西拉西耶选择不参加奥运会马拉松比赛》称：“34岁的世界纪录保持者海勒·格布雷西拉西耶在接受路透社的采访时说，中国的污染对他的健康来说是个威胁。格布雷西拉西耶患有运动性哮喘，担心北京的空气条件会损害他的身体状况，使其不能在比赛中取得好的成绩。美国一些奥运代表队计划在韩国和日本训练，而不是在中国。”

2011年时《纽约时报》指出北京政府在监控空气质量，发布空气质量报告时不包括PM2.5的数量，而PM2.5对人的身体的危害是非常大的，这种做法是不正确的。2011年12月9日的《现在你能看到雾吗?》报道了由于浓雾迫使高速路关闭，北京的航班取消的消息。

《纽约时报》2012年1月28日的《不只北京，香港也令人窒息》指出：“北京和中国其他城市的污染水平已经开始令许多人担心和不满。”。2012年12月28日《纽约时报》刊登了一位在北京生活的美国人的文章《中国的雾霾》，该文指出："我在北京，早晨经常这样度过：起床，泡咖啡，查看空气质量指数。感到有点失望。""在北京，所谓的蓝天是很少的，大部分时间是雾霾笼罩。"伦敦曾经因"杀手迷雾"而闻名。"在数十年的工业化中，英国政治家们以经济发展为由忽视了对污染的忧虑。只有当灾难降临，成千上万人死亡后，政府才采取行动。"对于伦敦而言，灾难是1952年的大雾，60年前的这个月这场大雾打击了这座城市。由于气温接近冰点，导致家庭烧煤取暖，伴随着大风，能见度只有几英尺。公共交通，电影院、剧院和运动场所关闭。估计有4000人死亡。中国应该吸取英国的教训。雾霾是灾难，英国在1956年的改善措施包括1956年清洁空气条例。当然，北京也采取了一些措施，如政府暂停了一些工业项目。

2. 交通问题

《纽约时报》多篇文章指出由于中国经济的快速发展，人们生活水平的提高，很多家庭能够买得起小汽车，尤其是北京、上海、广州等大城市，小汽车数量激增。小汽车数量激增也带来一系列社会问题，如交通堵塞、交通事故等问题。

如2004年3月12日的《中国人不顾一切地拥有汽车》一文指出："中国经济的繁荣已经使中国成为世界上增长最快的汽车市场。2003年，仅在北京，小汽车的数量就增加了40万辆，几乎增加了25%。但是新汽车和初次开车的驾驶员的涌入导致在过去的20年里，死亡率增加了5倍。交通安全法被忽视。2003年，超过10.4万人死于交通事故，比美国高出2.5倍，尽管中国拥有的车辆的数量比美国少很多。中国正在疯狂修建高速公路，但是交通设施仍是不充分的。一些城市如北京和上海的城市规划更便于自行车出行，经常出现交通堵塞。北京就有63000辆出租车。一些驾驶员不遵守交通规则，例如在北京的郊区，许多驾驶员尤其是卡车的驾驶员任意闯红灯。”

交通拥堵问题一直是困扰北京城市发展的一个重大问题。《纽约时报》的多篇报道也揭示了北京的交通拥堵问题。如2001年6月28日以题为《交通是一团糟，司机寻找发泄的方式》的文章揭示了北京糟糕的交通状况。该文指出：“10年前，出租车司机羡慕更好的收入。现在，正如多话的司机说的那样，工作变得更加令人沮丧，可怕的交通堵塞，为了份钱得工作更长的时间。”

2010年9月25日的《中国：预计周末北京的车辆将特别多》指出：“中国官员警告说，这周末北京的道路可能会特别堵，因为大家在三天的中秋假期后返回工作。9月22日，是中秋节，由于不限行，北京市中心晚饭时间拥堵得很厉害。”

2010年11月5日的《中国：北京计划新建的地铁线路》指出：“近几个月来，北京居民一直抱怨北京的交通状况日益糟糕。报道说北京有400万辆车，北京是世界上最拥挤的城市之一。”

2010年12月30日的《中国的汽车购买者》指出：“2010年中国汽车的销售量增加了很多，结果是中国大城市交通堵塞，尤其是北京。”

3. 城市的基础设施条件差

《纽约时报》多篇文章讨论了北京的基础设施，认为北京的基础设施，如排水系统功能不健全，不是非常有效，尤其是遇到洪水、暴雨等自然灾害的时候，更显示出城市排水功能的薄弱。

2011年7月21日北京遭遇60年以来的最强降雨，《纽约时报》2012年7月23日的《北京暴雨造成至少37人死亡》指出："北京60年来最强降雨造成重大损失，至少37人死亡，5万人被迫疏散。根据新华社报道，首都机场被迫取消了500个航班，导致8万旅客滞留。北京的排水系统无效，这次降雨是1951年以来最大的一次。"2012年7月27日的《60年来最大降雨冲走了首都的光辉》指出："中国首都的中心是三里屯，外国人和中国的上层人士在那里用餐、喝酒和跳舞。这里有熠熠发光的弯曲的摩天大楼、一间房一晚要400美元到4000美元的高档酒店，烹饪法国菜、波斯菜和墨西哥菜的饭店。它所没有的是现代的排水系统。7月21日北京遭遇60年以来的最强降雨，街道上的浑浊之水达到膝盖。根据北京市政府7月26日的报道，至少77人死亡，其中许多是北京西南部农村的人。北京60年来最大的暴雨给2200万人口的城市提出了一个尖锐的问题，在它的光鲜的外表下面的问题。"

4. 饲养宠物的政策

由于经济的发展、居民生活水平的提高和生活方式的改变，许多北京居民开始饲养宠物，主要以饲养狗和猫居多。在中国，狂犬病有上升的趋势，只有3%的狗接种了疫苗。2006年9月，狂犬病夺去了318人的生命。2004年，有2651人死于这种疾病。为了抵制狂犬病的蔓延，并最终灭绝狂犬病，北京市出台了一系列宠物政策，这些政策对饲养狗实行了诸多限制，引起了一些市民的不满，引发了一系列社会问题。对此《纽约时报》给予了报道。2006年11月9日的《北京制定了"一只狗"政策来应对狂犬病》指出："2006年11月8日北京宣布'一只狗政策'，作为灭绝狂犬病的一项措施。新华社报道说这一限制将适用于北京的九个区，在这些地区一家只允许饲养一只宠物狗，危险的、大型的犬类将被禁止饲养，任何人饲养没有许可证的宠物将被起诉。”该文对北京市政府公布的这一政策提出了批评，指出：“联合国动物保护协会说中国政策没有体现狂犬病危机的根本原因。焦点应该是接种狂犬病疫苗，而不是限制家庭拥有狗的数量。该组织的主席韦恩·派瑟莱说，‘旨在减少和灭绝狂犬病的大规模的接种疫苗项目在许多国家非常有效。’”

再如2006年11月14日的《法律规定男人只允许有一个“最好的朋友”》一文指出：“北京是一个至少拥有1200万人口的城市，至少有100万只狗，其中一半没有注册，警方禁止不同的宠物拥有者组织抗议行动。……冲突与北京限制家庭饲养犬的规定有关，该规定要求一些地区一家只能饲养一只宠物狗，并且禁止拥有大型犬，如金毛猎犬和爱斯基摩犬。……11月7日，北京的报纸发布了一条通知，‘有多只狗或者大型犬的家庭在10天内须重新安置这些宠物。’从本质上讲，狗的主人们有10天的时间处理这些狗，否则警方将为他们处理。忧虑和不满迅速在狗的主人中蔓延。……狂犬病是导致这一行动的主要原因。据报道，全国范围内，在1—8月间有1735人死于这种疾病，比去年同期增加了29%。国际爱护动物基金会亚洲区负责人葛芮说，该组织赞成狗的主人为宠物接种疫苗并注册。但是，她说，北京目前对大型犬的禁止是错误的。”

5. 性别歧视问题

1949年以来，新中国已基本上形成了以《中华人民共和国宪法》为依据，以《妇女权益保障法》为主体，包括《婚姻法》、《母婴保健法》、《劳动法》、《继承法》等在内的一整套保障妇女权益、促进妇女发展的法律体系，标志着妇女权益保障法律体系的全面建立。1995 年“男女平等”成为中国的基本国策。北京也制定了一系列提高妇女地位、促进男女平等的相关法规。

《纽约时报》报道了北京存在的性别歧视问题，如 2006 年 5 月 30 日的《翻译的发现：金的梦想在北京实现》指出：“近来在北京大学进行的讨论中，一些人感到外来务工人员受到歧视，另外一些人谈到妇女低下的社会地位。”

当然，性别歧视问题是一种全球现象，就连城市发展指数很高的四大国际城市纽约、伦敦、巴黎和东京①也有这个问题。这四大城市女性的年收入水平虽然都高于所在国其他地区女性的年收入水平，说明四大城市女性在经济上都处于全国领先的地位。但是，她们的平均年收入仍然低于男性的平均年收入。②

6. 部分市民的素质问题

部分北京公民的素质有待进一步提高。2008 年 3 月 18 日《纽约时报》的《棒球传统不好翻译》一文报道了北京市民观看棒球比赛乱扔垃圾、素质较差的消息，在外国公众中产生了不良影响。

（三）文化艺术

1. 农民工子女的教育问题

2001 年 10 月 31 日的《北京各区向移民关闭学校》报道了

---

① 根据 2012 年 4 月美国科尔尼咨询公司公布的最新世界城市排名指数，世界城市排名依次为纽约、伦敦、巴黎、东京，《全球最具影响力城市 深圳倒数第二》，http：//forum. home. news. cn/thread/96742124/1. html。

② 赵津芳、金莉主编：《世界城市妇女发展状况比较研究——纽约、伦敦、巴黎、东京》，社会科学文献出版社 2013 年版，第 168 页。

北京关闭农民工学校，使得一些农民工子女在北京失去受教育的机会，将北京塑造成一个“不能提供公平教育机会”的城市。该文指出：这些未经当局许可的私立学校近几年来激增以满足巨大的需求，对于成千上万外来务工人员的孩子来说这些学校代表最好的机会。大多数外来务工人员所受的教育很少，不顾一切地想给予他们的孩子更好的机会，但是却不能支付公立学校的费用，且自己的孩子由于缺少居住证明而不能进入公立学校上学。为了满足外来人口的需要，私立、费用较低的学校在中国的许多城市兴起。报道称，“关闭这些学校的命令不合理。如果强制执行这一指令，一些孩子将返回他们父母的村子，只有一小部分能进入公立学校，很大一部分孩子的结局将是根本没有学上。”

现在，这种状况已经有了很大程度的改善，北京市政府采取了一系列行之有效的措施来改善外来务工人员子女的就学条件，保障他们受教育的权力。

2. 北京古建筑遭到破坏的问题

北京是六朝古都，拥有数千年的历史，市内有许多古建筑，但是由于城市发展的需要，许多古建筑没有得到很好的保护。《纽约时报》报道了北京因城市发展、举办奥运会导致古建筑遭到破坏的情况。如 2006 年 7 月 12 日的《奥运会危及具有历史意义的北京古建筑》指出：“从天安门广场和人民大会堂走不远，在一个具有历史意义的被称为前门的地方是一个被破坏的、可怕的场面。古老的房屋躺在碎石中。……新的地铁和新的道路正在建设中，在这座城市的北部边缘，至少 25000 名工人正在建设奥林匹克体育场和奥运村。……过去十年，北京许多古老的胡同，已经渐渐被破坏，由办公大楼和高耸的公寓代替。提供住处已经变成这样一个严峻的问题以至于许多老北京人已经被迫搬到郊区，因为他们不能再居住在原地了。前门是最后的保存完整的胡同之一，是教师、店主、外来务工人员和其他工薪阶层的家。在前门，主要的街道前门大街正在被变成步行街——拥有饭店和商店的大街。”

《纽约时报》报道了北京老城区被破坏的问题。2010 年 7 月 21 日的《推土机面对具有历史意义的中国邻居，反应不同》指出：“在过去的两个月中，鼓楼北部的大量的老房子被推土机清除，来为附近将兴建的地铁站让路。”

《纽约时报》报道中国的负面新闻是最多的，几乎充斥着对北京的负面报道，这对于北京良好的城市形象的建立是不利的。

《纽约时报》是商业化的西方自由主义媒体，在报道中国时有偏好负面新闻的倾向。寻找和暴露社会阴暗面是自由主义新闻哲学的基本理念，同时，该理念又与媒体的商业主义追求不谋而合。基于这一“完美”结合，美国主流媒体几乎注定了要向负面新闻倾斜。这一倾向在西方国家的国内报道中显而易见，而在西方国家的国际报道中，由于缺少了受众的约束，则有可能变本加厉。

美国的媒体主要靠广告赚钱，对商业利益的追求常常决定新闻的选题和报道的视角。美联社北京分社社长韩村乐曾表示：“媒体是一种商业行为……尽管我们必须忠实地报道新闻，但是编辑们要把新闻编辑成读者爱看的报纸，发行商要把报纸卖出去，就是这么回事……”时任《华盛顿邮报》北京分社社长的潘文也说：“在美国，能引起大辩论的新闻就是‘好新闻’，而‘好新闻’才能提高报纸的销量，实现商业利益……"他们理解的"好新闻"往往就是追求轰动效应的负面新闻，这点同样体现在其对中国的报道中。[1]"我们报道中国的进步，他们也报道但很少；我们报道中国好的一面，他们也报道但很少；而中国坏的方面正是他们所谓有争议的刺激性的新闻，这些新闻能提高报纸的销量。"[2]

对于特定社会的受众来说，他们从本国媒体所获得的国内报道不管如何负面，不管如何扭曲，甚至不管如何不真实，媒体对受众的影响是有限的，完全误导更是不可能的，因为他们可能通过自己对本国现实的切身观察和体验、与他人的交流以及其他各种渠道所获得的多样化信息，对照、校正乃至否定媒体所提供的虚拟现实。但是关于国外的报道就不一样了，对于国内受众来说，媒体往往是他们及时了解其他国家情况的唯一渠道。在国内受众的头脑里，本国媒体描绘的外国"现实"就是该国的现实本身。因此，在缺少可资鉴别的信息的情况下，国内媒体的外国报道完全有可能误导国内受众；国内媒体对于某一外国过分负面的报道，必定使该国的负面形象深深扎根于某国国内受众的记忆乃至情感深处，最终成为某国国内受众对某一外国的全部判断。

鉴于此，我们有必要向国际媒体呼吁要求它们减少对发展中国家负面报道的比例。要解决《纽约时报》负面报道占多数的情况，改变我们的传播策略，改进北京的城市形象是非常重要的，我们应该在国际上树立一个好的形象，争取外媒更多地

① 陈晨：《〈华盛顿邮报〉关注中国"两会"及其报道趋向》，《新闻传播》2013年第7期，第133—134页。

② 肖欣欣、刘乐耕：《世纪末的一场对话——中美主流媒体记者、专家、学者座谈纪要》，《国际新闻界》2001年第1期，第5—12页。

正面报道北京。

西方媒体中国报道中追求负面效应的报道倾向，在可以预见的将来不大可能会根本改变。对此我们不必大惊小怪，因为重视负面新闻报道是西方新闻学一贯的传统。不必过分紧张，不必过度反应，关键要看它是否合乎事实，是否全面、公正。

第四节 报道领域和内容分析

1967 年马克斯韦尔·麦库姆斯和多恩·肖首次对议程设置下了一个简要的定义：“通过日复一日的筛选与编排，编辑与新闻主管影响着我们对当前什么是最重要的事件的认识。这种影响各种话题在公众议程上的显要性的能力被称为新闻媒介的议程设置作用。”[①]

在检索出的《纽约时报》471 篇报道中，除去用北京指代中国，实际上是在报道中国的有 122 篇报道，共有 349 篇关于北京的报道。报道北京政治方面议题有 96 篇，约占总报道量的 28%[②]；报道北京经济方面议题的有 30 篇，约占总报道量的 9%；报道北京社会方面议题的有 120 篇，约占总报道量的 34%；报道北京文化与科技方面议题的有 122 篇，约占总报道量的 35%（因个别报道涉及两个或者多个领域，所以总体超

① ［美］马克斯韦尔·麦库姆斯著，郭镇之、徐培喜译：《议程设置：大众媒介与舆论》，北京大学出版社 2008 年版，第 2 页。

② 因北京的政治形象多与中国的国家政治形象重合，故本书政治形象省略，不做论述。

出 100%）。

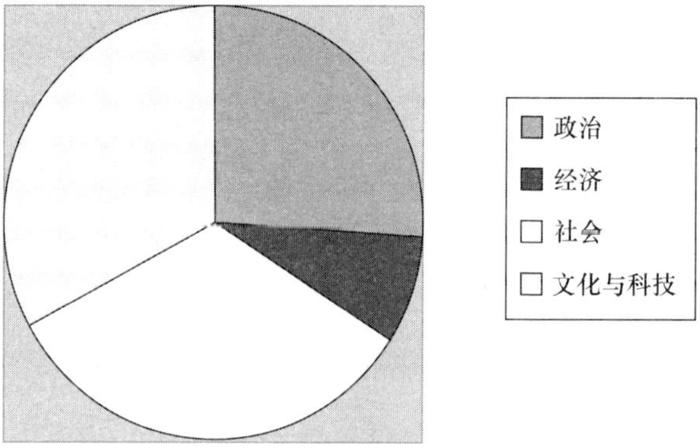

《纽约时报》对北京报道议题分析图

可见，相比较北京的政治和经济内容，《纽约时报》更偏重于报道北京的社会和文化方面的内容，尤其是不重视对北京经济的报道。这与《纽约时报》对中国国家形象的报道是有所不同的，有学者对 1993—2002 年《纽约时报》对中国报道所做的统计表明，《纽约时报》对中国报道的最重要议题是“政治”，接近全部报道的 1/3，经济议题在《纽约时报》上高居第二位，占 17%。[①] 笔者曾对奥巴马第一任期《纽约时报》对中国的报道进行了统计，发现从 2009—2010 年年底，《纽约时报》51 篇涉华报道中，经济类报道数量最多，有 21 篇，占总报道量的 41%；政治类报道次之，有 18 篇，占总报道量的 35%。[②] 20 世纪 80 年代中期，美国学者 D. 赖夫和 E. 肖曾研

① 孙有中：《解码中国形象：〈纽约时报〉和〈泰晤士报〉中国报道比较（1993—2002）》，世界知识出版社 2009 年版，第 26—27 页。

② 张颖：《奥巴马政府时期〈纽约时报〉对中国国家形象认知与塑造的文本分析》，《国际关系学院学报》2011 年第 5 期，第 114—120 页。

究过《纽约时报》和《芝加哥论坛报》十年间对第三世界国家的报道。他们发现，两份报纸对第三世界国家都存在刻板化的偏见，倾向于把第三世界国家描写为“充满冲突的政治制度”。[①] 80年代初，威尔霍伊特和韦弗曾研究过美联社和合众国际社的外国新闻，发现这两家通讯社的报道都集中在政治、军事行动以及犯罪问题等方面。

如果排除2008年奥运会的举办引起了《纽约时报》对北京体育的关注，那么社会是《纽约时报》关注最多的领域。可见，相对于北京的政治、经济问题，《纽约时报》更多地关注北京的社会问题、文化与科技的发展。这与北京是一个重要的历史文化名城，但也存在诸多的社会问题是密切相关的。1993年，北京的城市性质明确为“全国的政治中心和文化中心”，是世界著名的古都和现代国际城市。政治中心、文化中心、国际交往中心、科技创新中心——这是国家对北京的城市功能定位。[②]

对《纽约时报》的定量分析表明，这份报纸虽然关注北京在政治、社会和文化方面存在的一些问题，如人权问题、环境污染问题、古建筑物被破坏问题等，但总体上看，它比较全面地报道了北京的政治、经济、社会和文化等领域的动态。政治包括对外交往、人权问题、法制、网络管理、新闻自由、宗教问题等；经济包括北京经济发展、知识产权等；社会包括环境污染及治理、交通、社会治安、农民工问题、社会生活（饮

① D. Riffe and E. Shaw, “Conflict and Consonance: Coverage of the Third World in Two US Papers”, *Journalism Quarterly*, 63, Feb. 1986, pp. 315 – 321.

② 《京津双城欲破茧化蝶（京津冀协同发展·城市篇）》，人民网，http://politics.people.com.cn/n/2014/0816/c1001 – 25476775.html，访问时间：2015年4月20日。

食、休闲)、危机处理(减灾)、医疗卫生、野生动物保护等;文化与科技包括教育、科技进步、艺术、体育与古建筑的保护、旅游等。

国际新闻不仅是国际重大事件的直接反映,更重要的是新闻媒体根据本国利益、意识形态和读者兴趣对国际事件进行选择报道的结果。新闻报道中有五种公认的新闻价值:时效性、重要性、接近性、显著性和趣味性。其中,重要性和接近性都表明,国际事件要成为国际新闻,必须对特定媒体的国内受众显示出意义和密切联系,必须有可能影响其受众的切身利益,必须在心理上调动他们的兴趣和共鸣。《纽约时报》对哪些问题更加偏好?在政治议题这方面,《纽约时报》把"人权"议题放在了头等位置。在经济议题方面,《纽约时报》对北京的经济发展、对外联系的扩大做了报道。在社会议题中,正如研究者们常常预料的,有关社会问题,如空气污染、交通堵塞、社会治安事件等负面事件的报道成为《纽约时报》的突出议题。

一、经济

新世纪以来,随着中国经济的发展,作为首都的北京在经济领域有了比较大的进步,但也存在着一些问题,这些都得到了《纽约时报》的报道。这个时期《纽约时报》也很关注北京在经济领域的发展,如外国公司在北京扩大业务,但也注意到北京存在的问题,如广泛存在的假货问题,也就是知识产权问题。经济类报道总篇数为30篇,约占总报道量(349篇)的9%。

有学者研究了2000年12月20日—2003年12月20日三

年间《纽约时报》对中国的报道，发现《纽约时报》对中国经济的关注度高达22.1%，是该报在报道中国相关内容时所占比例最高的一个方面。[①] 笔者曾对2009—2010年《纽约时报》的涉华报道进行了统计，发现《纽约时报》对中国经济的报道是其涉华报道中最多的领域。[②] 《纽约时报》对中国经济的高度关注是不足为奇的。近年来，中国经济发展所取得的成就举世瞩目。在全球化的浪潮下，北京的经济国际化程度越来越高。目前，世界500强企业中已有100多家跨国公司登陆北京。但是《纽约时报》对北京的经济成就的关注度不如对北京社会和文化等领域的关注度高，这与《纽约时报》对中国整个国家的关注重点不同。

（一）关注北京的经济发展

1. 外国公司在北京业务的扩大

2001年11月9日的《经济新闻：沃尔玛称计划再建五家分店》报道称："沃尔玛公司将在北京再开五家分店，沃尔玛中国区官员昨天说，沃尔玛中国部11月7日签署了第一家店萨姆俱乐部租赁协议。在接下来的几年间，沃尔玛公司将再建一个萨姆俱乐部和三家超市。五家店的费用将达2500万美元。"

2003年9月9日的《戴姆勒克莱斯勒公司计划在中国生产梅塞德斯汽车》一文指出："外国公司扩大在中国的汽车生产。

① 刘继南、何辉等：《中国国家形象的国际传播现状与对策》，中国传媒大学出版社2006年版，第64页。

② 张颖：《奥巴马政府时期〈纽约时报〉对中国国家形象认知与塑造的文本分析》，《国际关系学院学报》2011年第5期，第118页。

为了赶上世界增长最快的汽车市场的发展，戴姆勒克莱斯勒公司今天决定扩大在中国的生产，包括梅赛德斯C和E型汽车、大卡车。随着中国汽车业的繁荣，其他外国企业在中国开了许多分公司，戴姆勒一直打算关闭现在的北京吉普，在北京另外建一个新厂。这与北京为了迎接奥运会将重工业搬离城区的努力有关。戴姆勒克莱斯勒公司主席尤尔根·施伦普今天在北京与这个公司的中国合作伙伴即北京汽车工业控股有限公司就生产梅赛德斯汽车签署了协议。”

2004年7月1日的《索尼、爱立信开始在中国建研究机构》一文也指出：“中国商务部允许索尼、爱立信公司在北京建立一些研发公司，在远东从事日益增加的研究和发展活动。”

2005年1月5日的《世界经济：中国需要大型购物中心》指出：“嘉德置地以3.45亿新加坡元（约合2.11亿美元）价格从一家零售商——北京华联集团控股投资公司购买了北京两个大型购物中心，进一步扩大在华业务。”

2005年3月26日的《北京银行需要资助》一文指出：“荷兰商业银行商定以1.66亿欧元（约合2.15亿美元）购买北京银行19.9%的股份。该银行负责人在签字仪式上说，如果这个交易得到中国监管部门的批准，该银行就能获得15人组成的董事会中的两个席位。世界银行的一个投资机构——国际信贷公司也将购买中国银行5%的股份。成立于1996年的北京银行，归北京市政府所有。荷兰商业银行董事长米歇尔·陶曼特称，这个交易将给予荷兰商业银行接触中国日益增加的零售银行业务的机会，尤其是北京的零售银行业务。”

2012年9月21日的《苏士比拍卖行与北京公司签署协议》指出，苏士比拍卖行与北京公司签署协议，允许苏士比拍卖行在中国举行拍卖仪式。2012 年 9 月 22 日的《苏士比拍卖行与中国公司达成协议》一文也指出："为了利用中国日益增长的艺术市场，苏士比拍卖行 9 月 21 日称已经与中国歌华艺术公司达成协议，成为中国大陆的第一家国际拍卖行。直到现在为止，中国政府才允许国际拍卖行在中国举办拍卖，香港除外。"

2. 北京与世界各地的联系越来越便利

《纽约时报》注意到了北京在这方面的变化。2002 年 7 月 26 日的《中国国际航空公司飞机飞往肯尼迪机场》报道指出："2002 年 9 月 27 日，中国国际航空公司将开始北京和肯尼迪国际机场之间的直航。"又如 2002 年 9 月 22 日的《从肯尼迪到北京开始直航》指出："这个星期中国国航将开始纽约和北京之间的直航，将飞行时间从 20 小时减少到 14 小时。9 月 27 日中国国航波音 747 飞机将从肯尼迪国际机场起飞，到达北京。"

2004 年 10 月 21 日的《国泰航空公司购买中国国际航空公司 9.9% 的股份》指出："2004 年 10 月 20 日国泰航空与中国达成初步协议购买中国国际航空公司 9.9% 的股份，航空专家称这是中国航空市场向国际竞争开放的一个重要步骤，也是中国航空公司进入全球市场的一个重要步骤。中国南方航空公司的一份声明说，国泰航空和中国国航计划调整其市场的举措会减少竞争，也可能会减少费用。英国太谷集团控制着国泰航空公司，但是这个航空公司在香港有中心。中国国航控制着北京和中国东北部地区的航空旅行，中国东方航空公司在中国上海和中国中东部有影响，中国南方航空公司控制广州和中国南部地区。国泰航空公司在香港很有影响力，已经得到增加飞往北京的航班的许可。"

2006年1月1日的《更友好的天空，直飞的服务》指出："中国看起来从来没有像今天距离我们这样近。美国航空公司2006年4月将提供从芝加哥至上海的直航服务。提供了大部分中美之间直航服务的美国联合航空公司增加了三班到香港的直航班机，达到一星期10班，并将从6月开始从芝加哥到北京的直航。同月，美国大陆航空公司也将开通纽瓦克和北京之间的直航。达美航空公司也正准备在2008年奥运会前开通亚特兰大和北京之间的直航。这些线路大大缩短了从美国东海岸到北京或者上海的旅行时间。"

北京经济的强劲增长吸引外国公司扩大在中国的业务，奥运会的举办为北京的发展提供了契机。如2008年3月30日的《奥运会前大公司的挺进》一文指出："耐克公司将在前门大街开设一个有30000平方英尺的分店。这家店将是耐克公司在中国最大的的分店，富克汉堡连锁饭店也打算在奥运会前在北京开一家店，该店去年在澳门开了第一家在中国的店。当然，吸引力是显而易见的：中国的经济正在以每年两位数的数字增长，中国人正变得更加富有。然而，没有几家中国品牌竞争奢侈品牌。仲量联行的研究人员本杰明·克里斯腾森说：'在某种程度上说，中国的消费市场是空白的。'2001年北京才开了首家大型购物中心，但是这一概念已经抓住了消费者和零售商，预计会吸引大约2百万的国内外游客的奥运会一直是强烈的跳板。但也有一些人担心，如果运动员和游客回去后将会怎么样。许多奥运会举办城市如1976年的蒙特利尔和2000年的悉尼，在奥运会后都经历了经济衰退。仲量联行酒店集团中国区负责人安瑞达指出：'北京的酒店客房的占有率也可能会下降，至少在奥运会结束后短时间会这样，这些酒店的目标是长期的，不是为8月的16天制定的，他们想要参与北京的长期发展。事实上，几乎没有哪家准备到北京来的公司担心这一点。’安瑞达说，国际赛事只是为京沪酒店的市场发展提供了契机，中国经济的强劲增长才是酒店市场近年来迅猛发展及未来可获强劲增长的主要支撑。高伟物业公司中国区总裁麦克·汤普森说：‘相比较而言，北京正在经历激动人心的增长，奥运会方面的投资主要集中在改善交通和基础设施，这将有助于北京未来的发展。’”

3. 北京的经济发展为许多外国人提供了就业机会

如2009年8月11日的《新的毕业生在中国找到工作》一文指出：“上海和北京正成为美国国内面临两位数的失业率的大学毕业生的新的机会之地。即使对于对中国了解有限或者根本不了解中国的人也正在等待召唤。除了中国蓬勃发展的经济和较低的生活成本外，还有一个因素正吸引着他们：在美国，大学生毕业后的首次就业需要缴纳若干税费，而在中国，他们可以省去这笔开支。中国最大的零部件公司亚新科技公司创始人杰克·潘考夫斯基说：‘过去几年中我已经看到许多人来中国工作。’中国的经济对企业家和找工作的人更具吸引力。政府的数据显示，城市的失业率是4.3%。北京耶鲁俱乐部会长葛瑞丝·谢夫，是2007年毕业生，说她看到来中国工作的耶鲁毕业生的数量比两年前她来中国时增加了，中国也给予这些来中国的美国人更好的工作、更多升迁的机会。”

4. 北京土地价格的上涨

2010年8月2日的《国有投标人助推中国的土地繁荣》指出：“中铁集团在北京赢得一大片地后，开始建居民楼。同样，中国军工集团为在北京修建奢侈住宅和零售店投资2.6亿美元。中国最大的房地产商之一的中国远洋地产去年12月和今年3月共投资13亿美元从北京市政府购买了大面积的土地来建居民楼。土地交易记录表明，今年北京拍卖的土地的82%被国有企业赢得，这些公司开价远远高于民营企业。剑桥的国家经济调查局近来的研究发现：北京的土地价格自2003年以来上涨了750%，住房价格也在飞涨。批评家说北京的中央政府通过5860亿美元的一揽子经济刺激计划，鼓励国有银行更多地贷款，助推了土地价格的疯涨。当然，北京也希望限制没有房地产经验的国有公司投资房地产业，但是分析人士指出政府很难阻止成百上千的国有公司和它们的下属公司参与中国最热门的行业。”

（二）北京的知识产权问题

知识产权的问题是美国主流报刊关注的一个重点，针对知识产权的报道大部分是负面报道。其实，知识产权问题是一个全球性的问题，并不仅仅只有中国有，在北京，杜绝侵犯知识产权的现象还有很长的路要走。

2000年11月20日的《中国由于出售假货而遭到批评》指出：“尽管中国已经关闭了一些仿制品店，但是在北京，很容易就可以买到带着假商标的汽车配件、运动服装。”2000年5月14日的《众多的古玩市场》指出：“在北京任何一家古董市场，出售的古董好多都不是真的。”

《纽约时报》也关注了北京在尊重知识产权方面所做的努力和采取的措施。如2005年1月23日的《北京关闭秀水街，假货中心远离假货》一文就报道了北京关闭北京假货的“象征”、以出售假货闻名的秀水街的消息。该文指出：“现在，秀水街销售商说他们的品牌被剥夺了，那个大商场将保留秀水的名字，但是将改变本质。政府说新的商场将更干净、更安全，更有利于维护北京的商业形象。官员们郑重宣告在这个新的商场开设新的商店后销售商只准卖真货，这是禁止侵犯外国知识产权方面的一个重大进步。搬到新的大楼的销售商只要同意遵守规章制度就可享有优惠税率。在北京有许多地方卖假货。一些地方卖得比秀水街少。然而，关闭秀水街标志着一个时代的终结。”2007 年 1 月 6 日的《中国媒体战凸显知识产权方面的变化》指出：“《新京报》，中国最大的报纸中的一家，对中国主要的互联门户网站提起了诉讼，声称其侵犯版权，这引起了媒体战，也凸显了这一迹象即对知识产权的政策可能发生变化。这一案件可能很快进入法律程序，《新京报》向被称为 Tom. com 的网站索要 40 万美元的赔偿，称其自 2003 年以来，在没有获得授权的情况下复制并且再版了 25000 篇文章和照片。一直以来，中国被认为是知识产权的真空地带，一些公司自由抄袭外国公司的设计，而无需担心受到惩罚。然而这一案子显示了执法机关正在努力保护版权和知识产权。这也是中国报业的重要时刻。与美国和许多其他国家一样，随着计算机的使用和宽带接入的繁荣，中国的报纸行业也正大量地失去读者。中国与其他世界地区不同的是，这些网站在复制来自报纸的信息时没有面临法律障碍。北京报业的竞争很激烈。据近来的研究，过去三年来，报纸所拥有的读者数量已经大大下降，一星期至少读一份报纸的读者所占比例从 2003 年的 26% 下降至 22% 。变化的主要原因是因特网提供商或者门户网站已经成为能提供各种信息的一站式来源。有许多案子与此类似，但是随着这一案子的继续，传统媒体正在向电子媒体释放出一个非常明确的信号，即他们的免费午餐结束了。”

（三）北京是重大经济会议举办地

《纽约时报》报道了在北京举行的许多重大国际会议，这些重大国际经济会议的召开对于提高北京的国际影响力是非常有益处的。

如2010年3月22日的《世界货币基金组织给予世界上最富有的国家贷款警告》就报道了在北京召开中国发展论坛会议的消息。如该文指出：“在北京举行的中国发展论坛上，世界货币基金组织第一副总裁约翰·普斯基为世界上最富有的国家做了预言。他说，对于美国来说，‘需要更高的公民储蓄率，以确保长期的财政可持续性。’”

二、社会

社会包括环境污染及治理、交通、社会治安、农民工问题、社会生活（饮食、旅游、休闲）、医疗卫生、野生动物保护等。新世纪以来，随着中国社会的发展，作为首都的北京在社会生活的诸多领域都有了比较大的进步，但是北京也存在着一些社会问题，这些都得到了《纽约时报》的报道。社会类报道总篇数为120篇，约占总篇数（349篇）的34%。

“社会问题”具有一定的普遍性，是社会中比较常见的现象。但“社会问题”具有破坏性，这些问题危害社会秩序，不利于社会的正常发展。最后，社会问题会像病毒一样，传染到社会的其他方面。所以，解决“社会问题”不是一朝一夕能够完成的，往往需要做好打持久战的准备，并且要动用大量的物质资源作为保障。

《纽约时报》报道北京的“社会问题”数量多，报道面宽，种类多，而且报道得很具体、深入，可见《纽约时报》对北京的社会问题非常关注。

对北京社会问题的报道从侧面反映出了中国客观存在的一些问题。这些问题可以说是经济超速发展的负面产品。为了发展经济，加快各方面的建设进程，有些地区忽视了环境的可持续发展问题，不惜破坏赖以生存的自然环境，这是西方媒体批评中国的主要方面。

（一）环境污染及治理

北京在建设世界城市的道路上，正面临着严峻的人口快速增长、资源环境破坏的压力。2000—2012 年间，北京市常住人口以年均近 60 万人的规模增长，2011 年人口突破 2000 万，人口压力不断增大；水资源短缺状况日益严重，人均水资源量仅 135 立方米，属于严重缺水的城市；雾霾天数明显增加，小汽车保有量超过 520 万辆，空气污染和交通拥堵成为全社会头疼的问题。[①]

1. 水资源污染及治理

《纽约时报》对北京环境的报道集中在北京的空气污染上。2000—2012 年底有相当多的报道谈到了北京的空气污染问题，可见对这一问题的重视程度。在这方面，《纽约时报》的报道基本符合事实。如 2012 年 7 月 19 日的《北京家庭享受不到无污染的假日》一文指出：“在森林里散步，我们能看到清澈的

① 《加强国土资源节约集约　支撑北京世界城市建设》，《人民日报》2013 年 12 月 27 日。

小溪流淌，我的女儿会把手伸到溪流里，捧一把水喝。这在北京是不可能的。事实上，这在中国的许多城市也是不可能的。拿人口将近2000万的北京的环境与澳大利亚的700人的小镇奥博特劳恩（Obertraun）相比公平吗？根据《中国日报》的报道，数亿中国人没有可持续的安全饮用水。”2007年8月22日的《在北京，奥维尔向奥林匹克行进》指出：“打算明年8月到北京的人几乎没有几个意识到他们住的五星级酒店水龙头流出的饮用水对于99%的北京市民来说是不可用的。事实上，这个城市的饮用水是不安全的；提供给运动员和游客的水将从北京邻近的省份河北省引入。”

《纽约时报》同时报道了政府为解决北京、天津等大城市的饮用水问题所采取的措施及引起的问题。2001年6月23日的《中国采取措施应对水资源短缺》一文称：“中国政府宣布了为挽救日益恶化的水资源将投入数十亿美元的计划。北部城市降水缺乏，水资源被污染，这个计划包括建设新的污水处理厂、关闭污染严重的工厂、改变农耕方式、实行阶梯水价等。该计划希望在北京能够从南水北调项目获益前，缓解北京水资源短缺的压力。北京位于平原，没有大的河流或者瀑布，且北京的人口已经超过1400万，没有多少储备，城市用水飙升，短缺也许不可避免。同时，周边地区有成千上万的工厂，那是污染源，许多水源被认为是不能饮用的。自1997年以来，水污染已经迫使北京停止使用官厅水库。为了弥补不足，北京已经过量地提取了地下水。污水处理设备没有与城市一起发展。由于工厂排放废水，这里的一些河道已经变成了污水沟。北京只有22%的废水得到了处理，但是官方说到2005年新的污水净化厂的建立将使这一数字提高到90%，还成立了高级别的国家协调小组，所需资金大部分将由北京市政府提供。该计划旨在恢复官厅水库，同时也保护密云水库。”同样，2001 年 11 月 16 日的《中国以移民为代价调水》指出：“南水北调工程即将开始。计划投资 220 亿美元。这项工程至少需要重新安置 37 万人。整个计划将历时几十年，涉及三条转移线路。东线将水从长江口引出来并把水送到天津；中线将水带到北京；西线将从青藏高原引黄河水。湖北和河南两省受南水北调项目的影响最大。为了建造三峡大坝需重新安置 100 多万人。”2005 年 8 月 28 日的《北京对 2008 的追求：成为宜居城市》称：“这个城市的水资源的供给也面临如此大的压力，以至于一些专家要求实行定量配给。”

北京为了改善水资源污染状况采取了一些行之有效的措施，对此《纽约时报》也给予了报道。如 2007 年 7 月 24 日的《京杭大运河：难看让位于壮丽》指出：“开始于 2001 年的 2 亿 5 千万美元的治理资金已经改善了水的质量。今天小鱼已经在水里游。运河两侧出现了人行横道和公共场地，中国一些最昂贵的公寓出现在两侧，成为高档住宅。最为引人注目的是，这条运河不再发出臭味了。大运河的文化内容大大丰富了，我们不把它仅仅看成是一条运河。”

2. 空气污染及采取的措施

中国将近三分之二的领土是沙漠和山区，很难种植庄稼。[①] 中国的沙漠面积每年扩大 2500 平方公里。

2000 年 4 月 6 日，当年入春以来的第 6 次沙尘暴侵袭北京

① ［德］赫尔穆特·施密特、弗朗克·西伦著，梅兆荣、曹其宁、刘昌业译：《理解中国：对话德国前总理施密特》，海南出版社 2009 年版，第 156 页。

城，漫天黄沙，天空灰黄一片。据市气象台报告，这是10年来北京强度最大的沙尘暴。①

在这场沙尘暴中，据估算在北京降下了3万吨沙尘。“谁目睹了这一切，那是永远忘不了的。天空呈黄颜色，沙子钻进牙缝，我只能看到不足5米远处的东西。甚至在旧金山都能见到这场沙尘暴的后果：汽车顶上积了一层黄色的细沙。”②

《纽约时报》很早就注意到了北京的空气污染问题，并且给予了密切的关注。如2005年8月28日的《北京对2008的追求：成为宜居城市》，2007年12月29日的《北京的奥运探索：将烟雾弥漫的天空变成蓝色》。2008年6月1日的《禁止了吸烟，灰尘没有》指出：“这是奥运会前的早晨，当空气中弥漫着茉莉花和玫瑰花的芳香时，我从窗外注视西北部高耸的公寓，我能看到的是不到400英尺远的一个20层的烟囱。北京奥组委正努力使北京的空气在8月8日前变得清洁。当局已经采取了大胆的行动：关闭了烧煤的发电厂，暂停了大型建筑项目，设定了单双号开车的规定，禁止在奥运场馆和出租车上吸烟。尽管缓慢，但是显然，空气在变得更加清洁。官方统计的蓝天数量在上升。”2008年11月14日的《联合国的报道指出要警惕有毒的、棕色的雾霾》指出：“联合国11月14日发表的报告指出，一种类似煤烟的、有毒的雾霾和有毒的化学物质正在遮盖太阳，污染亚洲大部分地区的数百万人的肺部并改变这些地区的天气模式。报告认为北京是世界上污染最为严重的

① 《当代中国的北京》编辑部编：《当代北京大事记（1949—2003年）》，当代中国出版社2003年版，第650页。

② ［德］赫尔穆特·施密特、弗朗克·西伦著，梅兆荣、曹其宁、刘昌业译：《理解中国：对话德国前总理施密特》，海南出版社2009年版，第156页。

城市之一。11 月 12 日，北京被一层厚厚的、刺激喉咙的雾霾笼罩——是重工业、家庭燃煤供热、阻塞城市道路的 350 万辆小汽车作用的结果。”

奥运会开幕前，北京的空气污染问题就已经引起《纽约时报》的重视和关注。如 2007 年 8 月 26 日的《北京的空气给奥运会提出了问题》指出：“如果明年北京举行奥运会时北京的空气污染仍十分严重的话，对于马拉松运动员和其他耐力项目的运动员来说，条件将是非常糟糕的。”2008 年 7 月 29 日的《在北京，蓝天证明很难实现》指出：“距离奥运会开幕不到两个星期了，北京天空朦胧，污染得如此严重，以至于当局正在考虑在奥运会期间采取紧急措施……根据这一计划，官方已经采取了小汽车单双号限制措施，以减少每天上路的车辆。”奥运会前夕，《纽约时报》发表了一篇以出生在北京但后来移民去了美国的小魏的亲身经历为题材的文章，揭示了北京近来的经济发展导致了环境的恶化、空气污染问题的严峻现实。

此后，北京市的空气污染状况引起了许多市民的不满，对此，《纽约时报》给予了密切的关注。如 2011 年 12 月 7 日的《对空气污染的不满增长，中国的反应》指出：“自 2011 年 12 月 4 日起由于大雾导致数百个航班取消，商店出售口罩，许多中国人在网上抱怨官员没能在空气质量上对他们说实话以及没能改善环境质量。”2012 年 1 月 7 日的《北京发布关于空气污染的更多数据》指出：“公众对交通堵塞和空气污染不满。一些有识之士包括房地产巨头潘石屹在博客中尖锐批评官方数据，鼓励粉丝投票。”2012 年 8 月 15 日的《解决的办法》一文指出：“2008 年离开普林斯顿大学的分子生物学家施一公 2011 年 12 月在博客中抱怨空气污染是中国生活中最令人苦恼、最令人痛苦的事情。大家抱怨北京空气质量非常糟糕。一些人出外戴上了口罩，富有的人会为他们的家人购买最昂贵的空气清洁器，但绝大多数人会呼吸这样糟糕的空气。”

《纽约时报》也分析了北京空气污染问题突出的原因，如没有颁布相关的环境法规、没有像上海那样设定过高的排放费来限制私家车、私家车在持续增加。如 2007 年 12 月 29 日在《北京的奥运探索：将雾霾笼罩的天空变成蓝色》一文引用了国际奥委会环境顾问鲍尔德斯通先生的话指出：“多年来，这个城市几乎没有环境条例。”该文还指出：“北京现在有 300 多万辆车，且每年新增 40 万辆小汽车和卡车。这个城市对小汽车和卡车的依赖使得空气质量几乎没有得到缓解。柴油废气如此严重，以至于北京空气中的 PM2.5 含量看起来对健康有害。北京正在与汽车导致的污染做斗争：制定最高排放标准。大约 79000 辆、更低排放量的出租车取代了旧的出租车。……北京的问题是复杂的，因为它的公共交通系统被忽视多年。现在，这个城市扩大地铁线路并且建成从机场到市中心的轻轨，但是小汽车所有者预计仍会增加。”

《纽约时报》的报道指出中国空气质量监测标准不够严格，应该监测 PM2.5，因为 PM2.5 对人的身体的影响更大。如 2005 年 8 月 28 日的《北京对 2008 的追求：成为宜居城市》一文指出：“由于 2008 年 8 月 8 日北京奥运会即将开始，解决北京的空气污染问题变得更加迫切和重要。能否实现其‘绿色奥运’的誓言是不确定的。近来美国驻北京大使馆环境办公室的报告承认蓝天天数增加了，但是指出应用的标准不如在美国的严格。报告指出污染指数在上升。”2008 年 8 月 20 日的《经过测量的改进》指出：“哥伦比亚大学的空间信息设计实验室收集的数据显示：中国政府改善北京空气质量的努力似乎已经取得了成效。在对奥运会马拉松比赛线路空气质量的测量显示，在政府开始实行单双号限制后一氧化碳的水平已经下降了40%。不幸的是，该实验室主任莎拉·威廉姆斯仍然抱怨北京的空气污染严重，悬浮微粒仍然超标。”2009 年 10 月 17 日的《北京的空气质量在逐渐改善，但是战争远没有胜利》指出：“政府的数据是城市监测台 24 小时数据的平均数。相较而言，位于北京市中心的美国大使馆（该地区车辆非常多）监测到的数据表明北京的空气不像官方的数据那样健康。2008 年北京的细微颗粒数是世界卫生组织建议的理想标准的 6 倍。”

由于奥运会日期临近，《纽约时报》报道了北京为了改善空气质量，尤其是为了改善奥运会期间的空气质量所做的努力和采取的措施。如将首钢搬离首都。据环保部门预计，首钢搬迁以后北京每年可减少 1.8 万吨可吸入颗粒物，可节省下 5000 多万立方米水资源，相当于 25 个昆明湖的水量。[1] 2008 年 1 月 24 日的《雾霾笼罩的北京计划通过实行单双号的方式限制马路上小汽车的数量》指出：“面对持久的空气污染，为了举办一个绿色的奥运会，北京计划在奥运会期间通过实行单双号的方式限制路上小汽车的数量以改善空气质量。过去的十年中，北京一直在采取措施清洁空气。”2008 年 6 月 21 日的《为了北京奥运会，官员们计划限制路上的小汽车数量》指出：“距离奥运会还有 49 天，6 月 20 日北京官员宣布采取临时措施以减少这个城市小汽车的数量，缓解其令人窒息的空气污染问

① 梅松主编：《走近北京——北京 100 讲》，首都师范大学出版社 2008 年版，第 324 页。

题。6 月 20 日，北京市政府宣布从 7 月 20 日到 9 月 20 日减少 100 万辆小汽车上路，将限制私家车主上路的天数。对私家车的限制将按两个阶段实行，将适用于整个北京，包括农村和边远的山村，从 7 月 20 日到 8 月 27 日，包括奥运会的两周。30 万辆公车中的 70% 在两个月内将不允许上路。北京在 2006 年间与非洲领导人会晤时曾限制公车上路。去年 8 月份的四天里，限制私家车上路的测试尽管减少了车辆的数量，但是对这座城市的空气质量没有显著的改善。另一个措施是这两个月内限制大排放量的卡车和其他车辆上路。高污染的车辆被禁止。”2008 年 4 月 15 日的《北京叫停了建筑项目的目的是为奥运会获得清洁的空气》指出：“4 月 14 日，北京的官员制定了一系列雄心勃勃的措施：夏季将冻结建筑项目，减少钢产量，关闭北京市内及周边的采石场，目的是为奥运会获得清洁的空气。在奥运会前一个星期及奥运会开始后，禁止在室外进行喷漆。政府指示以煤为动力的工厂在夏季要减少 30% 的排放。官员们说，19 家严重污染的企业，包括钢厂、焦化厂和冶炼厂将暂时关闭或被迫减产，禁止户外使用有毒溶剂。”2008 年 7 月 7 日的《北京附近城市关闭一些工厂以改善奥运会期间空气质量》指出：“为了改善奥运会期间空气质量，邻近的天津的 40 家工厂将停产两个月。北京的空气质量仍是一个主要问题，尽管政府投入了 200 亿元资金开始清洁行动。北京也是其邻近地区的牺牲品：污染从周围的煤矿，燃煤发电厂、钢厂和其他的重工业聚焦区吹来。不仅如此，距离北京 90 英里的唐山——中国最繁荣的钢铁中心之一，267 家企业被指示停产。”2008 年 8 月 1 日的《中国表示要控制空气污染》指出：“7 月 31 日，中国环境部门透露如果空气质量没能满足已经批准的标准的话，为了奥运会将采取更严格的控制污染措施：关闭更多的工厂，扩大交通限制。该计划将现有的临时的限制措施扩大到北京外的天津以及河北省。总之，新的措施将包括 9100 万人口的地区。关于奥运会，污染一直是令人忧虑的事情，尽管中国官员承诺通过限制小汽车出行数量和关闭工厂来改善空气质量。7 月 1 日，超过 30 万辆高污染的车辆被禁止上路。7 月 20 日，北京实行了小汽车单双号限制措施，这种限制实行后大约每日减少了 200 万辆车出行。大部分工地已经被关闭，但是期待的蓝天并没有出现。灰暗的、令人窒息的天空没有满足中国的国家空气质量标准——尽管中国的标准比美国的标准宽松得多。这周早些时候，中国的国家新闻媒体警告说可能采取更加严格的控制措施，警告说有建议要限制北京 90% 的车辆上路。7 月 31 日宣布的计划没有这么严格：仍是单双号限制，但是增加了一些限制，如尾号是 9 的，8 月 9 日或者 8 月 19 日不能行驶。该计划也使得北京的 105 家工厂以及天津的 56 家燃煤发电厂、化工厂和一些工业暂时停产，拥有 1100 万人口的天津的司机也要遵守单双号限制。河北省的大城市汽车司机也要昼夜遵守单双号限制。该省也将令 61 个工厂停产或者减产，又关闭了一些工厂。”2008 年 11 月 14 日的《联合国报道指出来自于有毒的棕色雾霾的危险》指出：“10 月，政府重新提出一些在奥运会期间实行的限号措施，一星期限一次，减少上路的公车的数量。总的来说，官员们讲，新的措施减少了 80 万辆车上路。”2009 年 10 月 17 日的《北京的空气质量在逐渐改善，但是战争远没有胜利》指出：“自 1999 年以来，北京就逐渐将标准提高到欧四标准，该标准是欧盟国家现在的标准。在转向欧四标准的同时，北京环保局官员命令减少汽油和柴油中硫的含量。还远不止如此，北京 2 万辆公交车中超过 4100 辆将使用液化天然气。北京地铁未来五年内将达到目前长度的三倍。在去年奥运会之前，政府实行单双号限行措施，数周内有效地限制了一半的车辆，后来改为五天限一天，作为一项长期的规定。北京也禁止重型卡车白天进入城市。最老式的、污染最为严重的汽车——黄标车，在其挡风玻璃上粘贴了标志后，也被禁止进入北京。”

北京决定公布关于空气中 PM2. 5 含量的数据，这是北京在这一领域所做出的重大改进，是采纳民意、顺应民意的改变。《纽约时报》也注意到了这种情况，2011 年 12 月 9 日的《现在你能看到雾霾吗?》指出：“北京直到上个月才宣布监控空气中更加危险的 PM2. 5 的含量。上个月，公民的不满迫使政府宣布计划修改空气质量标准，并且减少 PM2. 5 的含量。中国媒体在报道污染对健康的影响时变得更加大胆，如 *China Daily* 近来报道说过去 10 年来，北京患肺癌的人数增加了 60%。”2012 年 1 月 7 日的《北京发布关于空气污染的更多的数据》指出：“在对政府的数据批评渐多的情况下，2012 年 1 月 6 日，中国表示它将公布更多的关于北京空气质量的细节，北京计划公布基于国际标准的每小时 PM2. 5 含量的空气质量报告。PM2. 5 被认为对健康的危害是最大的。但是中国的城市，包括北京以前公布的数据只包括 PM10 的数据。根据那个标准，在过去的两年中北京每年有超过 250 个蓝天。”2012 年 1 月 28 日的《活动家令中国对空气污染拒绝之墙破裂》指出：“面对广泛的批评，政府近来改变了方针，开始公布 PM2. 5 数据。中国政府要求 30 个大城市今年必须开始监测 PM2. 5 的含量。环保部也承诺尽快为这样的细微颗粒设定健康标准。上周，在多年隐瞒关于这种污染物的数据后，北京开始公布来自一个监测站的关于每个小时 PM2.5 含量的数据。这种由于汽车排放的尾气、燃烧煤炭、工地施工引起的细微颗粒是最危险的，因为它们容易穿透肺部进入血液中。长期暴露在这种空气中，心血管疾病、呼吸道疾病和肺癌的风险将增加。中国政府已经监测了 20 个城市的污染水平，但是并没公布相关的数据。”

北京在 2008 年奥运会筹备期间为改善环境所做出的努力得到了《纽约时报》的肯定报道。《纽约时报》的一些报道对北京在改善空气质量方面所取得的成就给予了赞扬。如 2009 年 10 月 17 日的《北京的空气质量在逐渐改善，但是战争远没有胜利》指出：“令人惊讶的是：北京的空气实际上变得更好了。尽管中国也许长期忽视环境问题，但是中国的首都北京正在努力使其被污染的空气变得干净。北京的相关记录表明，只有两天是高污染的，这是十年来的最低值，2000 年同期是 17 天。专家指出，即使空气质量不好，但是向着好的方向发展的趋势是稳定的和不可否认的。北京大学环境科学与工程学院教授朱彤在接受采访时说，‘我们已经监测空气污染近 10 年，看到污染在减少。’北京市的空气近年来比以前更加清洁了，有很大改善，尽管不是彻底改善。”2012 年 7 月 22 日的《当北京使空气变得清洁》一文指出：“2012 年，美国国家大气研究中心的科学家海伦·沃顿认为北京政府临时减少出行汽车的数量，降低了二氧化碳的水平。这表明对城市交通工具排放的持续控制——按北京实行的规模，可以在很大程度上减少排放。沃顿在采访中说，‘当他们减少上路的车辆时，我们知道结果是空气质量好转了。’”

同时，《纽约时报》也认识到了彻底改善空气污染问题的艰巨性。2009 年 10 月 17 日的《北京的空气质量在逐渐改善，但是战争远没有胜利》，指出："许多容易采取的措施，如改善燃油质量和禁止污染最为严重的车辆，已经采取了。今后要取得进一步的进展将变得非常困难。"2012 年 1 月 28 日的《活动家重击限制空气污染的措施》指出："北京至少需要 20 年才能达到世界卫生组织设定的目标。"

2014 年上半年，北京市各项大气主要污染物浓度均有所下降。其中，细颗粒物平均浓度为 91.6 微克/立方米，同比下降 11.2%；可吸入颗粒物（PM10）、二氧化硫（SO_2）和二氧化氮（NO_2）同比分别下降 1.3%、16.4% 和 4.0%；共发生空气重污染 25 天，较去年同期减少 15 天。分区域看，各区县空气质量总体上较去年同期有所改善，大部分区县（含北京经济技术开发区）PM2.5 浓度同比下降，下降幅度在 5%—15% 之间。不过，平均浓度 91.6 微克/立方米，与年均 35 微克/立方米的"新国标"尚存较大差距。北京市 2017 年的年均浓度控制目标是 60 微克/立方米左右。为改善空气质量，北京力推清洁空气行动计划。2014 年北京市 5400 蒸吨燃煤锅炉清洁能源改造任务中，已有近 4000 蒸吨开始改造实施；已淘汰更新老旧机动车约 17 万辆；开展百项环保技改工程，全面推进 300 家污染企业调整退出；严格实施《北京市大气污染防治条例》，提高二氧化硫和氮氧化物排污收费标准 15 倍；完成平原造林任务 33 万亩等。[①]

从 2015 年 1 月 1 日起，全中国 338 个地级及以上城市共

① 《北京上半年空气质量有改善》，《人民日报》2014 年 7 月 11 日。

1436个监测位，开展空气质量新标准监测，并向社会发布可吸入物（PM10）、细颗粒物（PM2.5）等6项指标的实时监测数据和空气质量指数（AQI）。

（二）交通治理

2002年时，中国的大城市普遍道路占地面积较少。美国大中城市道路一般占城市面积的45%，英国伦敦占35%，而北京市的道路面积仅占城市面积的11.4%，人均道路面积为4.77平方米。因此，加大投入，应从根本上扭转道路不足的状况。[①]

《纽约时报》对北京的交通状况给予了密切的关注。报道了北京交通堵塞的情况。如2005年6月3日的《为什么那些妇女在堵车中大声朗读?》一文称："在大多数工作日早上，当在郊区居住、在城里上班的人群涌入这个凝结的环形路（被称为三环）上时，欧阳在上下班拥挤的车流旁时，翻开书，大声朗读。这是这座城市最糟糕的交通堵塞，空气中混合着废气和噪音。"2008年8月20日的《经过计算的改进》指出："尽管采取了限号措施，北京的道路仍然很堵。"

北京市近年来小汽车数量的增加加剧了交通拥堵。《纽约时报》分析了导致北京交通状况日益恶化的原因。2004年4月25日的《古老的土地冲向现代》一文指出："小汽车数量的增加远远超出了道路的发展，北京不再是一个宁静的城市。"2005年8月28日的《北京对2008的追求：成为宜居城市》一文称："北京交通拥堵非常严重，原因是在过去的六年里，小

① 《本期关注：北京交通建设和管理》，《人民日报》2002年4月1日。

汽车的数量增加了一倍。”2009 年 10 月 17 日的《北京的空气质量在逐渐改善，但是战争远没有胜利》指出：“北京市的被九条高速路切分的主动脉五环路网，几乎有二十年历史了，但是几乎已经有‘硬化’了。大约 400 万辆车阻塞了北京的道路，这一数字是 15 年前的 7 倍。而且仍以每天增加 1500 辆的速度在加剧道路的拥堵。”2010 年 12 月 23 日的《小汽车数量大量增加，但是中国人仍没有找到一条快车道》指出：“建设道路的速度赶不上人们买车的速度。事实上，到 2010 年 12 月，北京已经登记注册的车辆有 470 万辆，每天新增 2000 辆，每年新增 70 万辆。去年新增 55 万辆，之前一年新增 37.6 万辆，再前一年新增 25.2 万辆。相关专家称，如果数量达到 650 万辆，北京的街道将完全饱和。大部分的北京人希望有车。政府正在控制。2009 年，政府调整了购置税，但 2009 年的销售额仍比 2008 年增长了 46%。15 年前，几乎没人能买得起车。今天，大家都买得起。”2010 年 12 月 30 日的《中国的汽车购买者》指出：“今年中国汽车的销售量增加了很多，结果是中国的大城市交通堵塞，尤其是北京。”2011 年 1 月 3 日的《北京买汽车需要许可证》指出：“由于政府为了刺激小汽车销售而实行的减税和政府补贴政策，去年中国超过美国成为世界上最大汽车市场，道路的拥堵加剧。北京与墨西哥城一样拥有世界上最糟糕的交通。”

北京市政府为了改善北京交通状况做出了诸多努力，采取了一些措施。《纽约时报》对此给予了重视，多篇文章报道了北京市政府为改善交通状况采取的举措。如 2008 年 6 月 21 日的《为了北京奥运会官员们计划限制出行小汽车的数量》一文称：“去年，北京已经采取了一些行动来解决交通堵塞问题，如新建了地铁线，改善旧的线路，减少公交的费用。但是小汽车的销售仍很强劲，这个城市的几条主要环路从早上堵到晚上。”北京市为了解决交通堵塞，采取了限购的政策和增加车辆购置税的政策。2010 年 12 月 23 日的《小汽车数量大量增加，但是中国人仍没有找到一条快车道》指出：“政府也实行了限号的政策，并对购买新车进行限制。”2010 年 12 月 30 日的《在中国，汽车购买者》指出：“北京市交通部门上周宣布，他们规定每年注册的车辆不能超过 24 万辆，这个数字只是当年销售量的三分之一。财政部 12 月 29 日也宣布将增加车辆的购置税，达到汽车售价的 10%。购置税在 2009 年是 5%，2008 年是 7.5%。”2011 年 1 月 3 日的《北京买汽车需要许可证》指出：“北京居民匆忙申请新的车辆许可证，2011 年 1 月 1 日开始实行配额制度以缓解交通拥堵。北京每个月的新车许可证限额是 20000 辆，每个月 26 日将通过摇号的方式确定。”该文章还指出：“上海，中国最富有的城市，自 1986 年起通过限制新的小汽车许可证的方式控制上路的小汽车的数量。”可见，北京尽管是首都，但是一些政策的出台有些滞后，不如上海那样及时。不过，这种情况已经得到了改进，北京市政府也在逐渐改善在城市发展过程中被动反应的状况。

（三）社会治安

北京是中国的首都，许多大型庆典活动在北京举行，因此北京的安全是非常重要的。通常在举行一些重大活动时，北京都会加强安保措施。

如《纽约时报》2009 年 9 月 29 日的《中国准备庆祝，不忽视任何细节》指出：“中国政府决定举行 60 周年国庆庆典，看起来一切都处于政府的控制之中。当国庆阅兵时，将有10000名警察和保安保卫北京的街道。多达80万名志愿者被征集来维护北京的安全。”

2000—2012年北京也发生了火灾等重大社会治安问题。《纽约时报》给予了报道。《纽约时报》报道了蓝极速网吧失火后，北京取缔网吧的消息。2002年6月17日的《在致命的大火之后，北京市市长取缔网吧》指出：“2002年6月7日，在北京西北部蓝极速网吧发生的一场造成了至少24人死亡的火灾后，北京市市长命令关闭城市里所有的网吧。这场大火据说是50多年来最致命的一次。该网吧当时挤满了学生，许多电脑挤在二层一个房间里，窗户装上了护拦，只有一个门还被闩上了，要求客人敲门才能进出。邻居们描述说听到里面的学生尖叫，推窗户，却逃不出来。消防员从后窗进入，解救了几个人。中国今天没有发布关于火灾原因的信息，警方逮捕了这家网吧的主人。北京有2400家网吧，但只有200家有营业执照。新的悲剧使北京领导人发出了非同寻常的誓言，他们知道这个国家与火灾和建筑安全相关的问题已经变得在政治上很敏感。”这篇报道认为北京市政府应在事故发生前就采取措施，防患于未然。

(四) 城市的发展占用农田问题

如2005年11月8日的《高尔夫项目占用土地》指出：“在城市的边缘，一些农村正在迅速被转变成郊区，城市在扩大。近来政府的统计数据表明，为了适应现代化的发展，至少4000万农民已经失去了他们的土地。对于一些农民来说，这种变化可以使他们获得更好的生活。但对于另外一些人来说这意味着他们已经熟悉的唯一的生活方式的突然结束。沿着北京新铺的环路——五环路，一些曾经拥有大片土地的人卖彩票或者出租房子给涌入北京从事建筑工作的人。大部分土地被占了，没有留下多少，所以他们只能在残留的土地上生活。”

（五）社会生活

《纽约时报》也关注了北京社会的饮食、生活等方面。

1. 北京人的饮食

《纽约时报》2000 年 1 月 2 日发表了《用餐者的口味导致北京对猫的抓捕》一文。这篇报道给读者的印象是北京人的“不良喜好”以及丢失了猫的家庭没有得到警方的帮助。

北京的餐饮业发达，菜品种类丰富，可谓“住在一地，吃遍全国”。2011 年 6 月 26 日的《北京粗野的饮食》一文指出：“由云南省政府经营的云腾食府，用许多塑料的绿色的葡萄藤和绢花复制了亚热带的氛围。……北京提供一种奇怪的探索地道的各省美食的方式：每个地区在北京都有驻京办事处。”该文也指出：“在一个拥有 13 亿人口，960 万平方公里的国家，烹饪方法繁多。但是在中国各地你都能够发现不地道的菜。北京有糟糕的四川菜，四川有不正宗的云南菜。但谁能飞遍每一个省尝遍所有的地方菜呢？”

在报道北京的餐饮业时，《纽约时报》报道了北京餐饮业使用的双语菜单引起了外国人的困惑和不便的问题，可见这一问题已引起了外媒的关注。如 2011 年 3 月 20 日的《没有鱼和其他外来的诱惑的寿司》指出：“在北京请客感觉像艺术表演：不友好的侍者，面对用英文写的长长的菜单的挑战。”2011 年 6 月 26 日的《北京粗放的饮食》也提到了这一现象，如该文指出："你可以在贵州饭店找到云南地区最有名的菜品：酸汤鱼，菜单是中文和引起误解的英文。"

食品安全问题也引起了外媒的关注。如2012年8月15日的《解决的办法》指出："一个大问题是中国的食品安全问题，人们对吃到健康的东西没有信心，除非你在农村。购买进口食品是一个解决办法，但是费用高昂，绝大多数普通老百姓负担不起。"

2. 北京人的生活

2000年3月12日的《北京记忆》一文记录了北京的美景和北京人的休闲生活，北京很多京剧爱好者聚集在公园里唱京剧，该文指出："京剧爱好者聚集在公园。"

由于经济的发展，北京人的收入增加，北京人的生活水平有了很大的提高，很多北京人都买了小汽车。《纽约时报》也注意到了这种情况。2008年8月15日的《对于一个奥运运动员来说，在北京骑自行车只是一场梦》一文指出："自行车不再是北京的主要交通方式，在北京，随着居民收入的增加，许多通勤者能够负担开车上下班。在每条街上仍能发现自行车，没有人佩带头盔。"

对北京沿街叫卖，躲避城管管理的现象，《纽约时报》给予了报道。如2009年9月13日的《漫游北京的大街小巷，小商小贩大叫着》指出："在城市开始喧闹之前，人们可听到喊声、叫声。……一些小贩需躲避城管的管理。"

斗蟋蟀曾在古代很流行，《纽约时报》报道了北京斗蟋蟀比赛的消息。2000年10月4日的《中国的小格斗者》一文指出："秋天是中国斗蟋蟀的季节。这些蟋蟀是在遥远的田地里捉的。蟋蟀比赛至少已经流行了1000年了，曾经在帝王和官员们中流行。……前几天北京蟋蟀协会举行了乡村风格的友谊赛。”

外国人对北京的印象，如2003年11月16日《纽约时报》发表的美国艺术评论家马克·史蒂文斯的文章《拆除城墙的北京》指出：“北京将相像的和不相像的、现代的和古老的因素混杂在一起。林荫大道就坐落在古代城墙的位置。拆除了城墙给予了这个城市自由，但是也使这座城市变得更加令人迷惑，主要是风格混合。所有的都能混合。外国品牌被认为比中国国产的好。西方游客喜欢这座城市，部分因为即使中国特色明显，但是也有星巴克。北京总是古怪的、不自然的。北京中心区被用围墙围上，人们不能进入。像许多游客一样，我是第一次去紫禁城和天安门广场。……在我看来，我原以为天安门广场应该满是红卫兵、坦克和士兵或者示威者。但是现在它看起来却不是这样，到处是游客。自行车数量在减少，原因是汽车在大幅度增加。购物中心到处都是，聚焦了众多名牌。中国人对名牌很狂热。你可以进行胡同游，可以乘三轮车。后海有很多酒吧，饭店和茶馆也很好。在北京老城区，你可能会迷路，因为会拐来拐去。在书店，你能买到许多种书。长城设计巧妙。景山公园也非常好。中国看起来比美国古老得多，但是也年轻得多。”2009年9月13日的《漫游北京的大街小巷，小商小贩大叫着》称：“感受老北京的一个好地方是前门——一个贫穷的、但是有趣的地方，混杂着许多胡同和东倒西歪的房子。”2010年10月17日，《纽约时报》发表了凯茜·霍琳的《令人惊讶的中国》一文，在这篇文章中，作者表示北京令她感到惊讶，她说：“过去的一周我一直住在北京，我第一次来北京。除了北京闻名的堵车外，北京不像我想象的那样。我走到窗前，高楼大厦，酒店和公寓楼——几乎是高不可测的，看起来是无止境的。在我前面是中央电视台，这个耀眼的建筑物令我感觉我好像是在看另外一个世界。过去的几年，中国发生了巨大的变化。中国购物中心是繁忙的。显然，北京有很多有钱人。在香奈儿精品店，我看到一个年轻女子拿着一个4500美元的包，这里奢侈品扩张。”外国人赞扬北京的服务。如2012年8月2日的《欧洲、亚洲的地方：机场经历》指出：“对于中国人和长期在中国居住的外国人来说，在欧洲一些地方碰到无礼的行为是令人惊讶的。由于世界日益全球化，对于欧洲人来说，思考其他地方的人是如何看待他们的是非常重要的。旅客对德国慕尼黑机场的工作人员的服务很不满意。至于在我生活的北京，工作人员很友好，当我们带着小孩子旅行的时候，他们通常会提供很多帮助，非常耐心。我的孩子非常满意。”

《纽约时报》报道了北京解除燃放烟花爆竹禁令的消息。如2006年1月27日的《北京燃放烟花爆竹变合法》称：“今年北京解除了燃放烟花爆竹的禁令。禁止的原因主要是造成的伤害，噪音和污染，但是公众要求取消禁令，因为燃放烟花爆竹更有过节的气氛。一位57岁的男士说，在农历新年，北京人只做两件事情：做好吃的和燃放烟花爆竹。禁止燃放时，也带走了过节的气氛。”在一场大火后，北京是否应该燃放烟花爆竹问题引起了人们的争论。如2009年2月13日的《电视塔失火后中国逮捕了12人》指出：“2009年2月9日，中央电视台发生火灾，警察逮捕了12人，包括中央电视台建筑方面的负责人。1名消防员牺牲，7人受伤。关于这场火灾人们有许多疑问：烟花如何点燃，为什么火苗看起来未加抑制地在由世界一流建筑师设计的、配备了防火装备的现代高楼中蔓延。2月9日是中国的元宵节，当天的毁灭性的大火引起了争论：在像北京这样的城市的市中心是否应该允许燃放烟花爆竹?”

（六）名胜古迹

2004年4月25日的《古老的土地走向现代》一文指出："北京最古老的建筑财富之一是天坛。在高墙的后面，喧闹声逝去，它成为北京的最受欢迎的庙宇。”2012年5月6日的《东部中国，通过三个大门》指出："北京有许多古老的胡同，上海有许多茶馆，香港有很多保存了好几个世纪的庙宇。北京是一个历史悠久的城市，你可以看到很多名胜古迹。”

（七）医疗卫生

一个国家的医疗卫生状况或多或少反映国家的形象，一个城市的卫生状况也会反映一个城市的形象。《纽约时报》对于中国医疗卫生状况的报道并不是平均的，比较集中在突发的SARS上。

2002年年末到2003年年初，中国和世界上的一些国家发生了非典型性肺炎（SARS）疫情。2003年4月，北京的SARS疫情变得十分严重，从2003年4月到2003年6月底疫情得到最终控制和基本结束为止，《纽约时报》高度关注北京的SARS疫情。从2003年4月到2003年6月底，报道北京的文章共有23篇，其中有21篇是关于SARS的，对SARS进行了连续的跟踪报道。SARS成为这一段时间《纽约时报》对北京关注的焦点。北京市政府采取了多种措施来抑制疫情的蔓延并最终使疫情得到控制和平息。《纽约时报》对北京乃至全中国发生的

SARS病情给予了密切关注，从发现疫情开始就有多篇文章对这个问题给予了持续而密集的报道，对疫情的爆发、蔓延和治理都给予密切的关注，而且报道面很广，内容也十分丰富。

SARS属于传染病，爆发的时候来势凶猛，杀伤力大，必定会造成世界媒体报道重点的迅速转移，在一定的时间内成为一个新的报道焦点。当然，应该指出的是，一旦病情得到控制，世界的目光将迅速转移到他处。因此由于SARS造成的媒体对中国医疗卫生问题的集中报道，只是一种暂时现象，是一个偶然因素，并不能说明美国主流报刊对北京医疗卫生如此密切关注。因为除去SARS，这段时期几乎没有报道北京其他医疗卫生方面的新闻。但是要塑造北京良好的城市形象的塑造，医疗卫生方面的建设是一个不可忽视的问题。

《纽约时报》关注中国政府同意世界卫生组织的调查，并针对这一疫情采取了诸多措施，如隔离患者等做法。该报也对SARS疫情蔓延以来北京市民的生活变化给予了广泛关注。如2003年4月19日的《中国高级官员主张对SARS采取切实行动》一文指出："北京公布的关于SARS的消息不够充分，看起来已经导致市民的广泛忧虑。过去几天，坐地铁和公交车的人绝大多数已经开始戴上口罩，购物的人数锐减。一些市民买香，有人说香能杀死病毒，而另外一些市民买中草药，据说是医生建议的。"2003年5月10日的《预防SARS的产品价格飞涨》一文指出："北京市民抢购手套、口罩和许多被认为对预防SARS有效的草药等。尽管酒店空空，但是一些行业却繁荣起来。一种抹在手上的凝胶，在SARS前，一个月卖200箱，现在一天卖300箱，据说这种凝胶能通过增加免疫力治疗和预防SARS。金银花的价格从正常的1镑1美元升到10美元……”2003年4月24日的《SARS传染病：这种疾病对中国人的心理影响超出了它的实际数量所造成的影响》一文指出：“在北京这个拥有1400万人口的城市，SARS突然成为人们谈话的主题，好多农民工和大学生返回他们的家乡。世界卫生组织总部今天将北京加到应该避免去旅行的目的地名单中。以前，此名单中的中国地区只有香港和广东。世界卫生组织北京办公室负责人汉科·贝克丹姆说：‘现在中国正在努力控制这种疾病’，但是疾病蔓延得比人们预想的要快。贝克丹姆说，这种疾病对这座城市所造成的心理影响是巨大的。成千上万的商人、农民工和大学生挤到火车站、冲进大巴，逃离这座城市，认为别处更加安全，不顾官方要人们尽量避免出行的要求。”2003年4月25日的《SARS传染病：北京设置隔离区与SARS战斗》一文指出：“地方和中央的新闻报道几乎完全是关于SARS的新闻和如何抗击SARS的建议。商店关闭，大部分学校停课、关门，饭店和酒吧空空如也，白天乘出租汽车横穿北京只用15分钟，而不是通常的45分钟。超市的米和食用油销路非常好。”2003年5月2日的《SARS传染病让北京的五一假期时间缩短》指出：“为了减少人们在SARS蔓延期间旅行的机会，政府缩短了五一假期，将七天缩减为五天。”由于SARS蔓延，学校停课，很多孩子只能待在家里。2003年5月20日的《北京受到庇护的孩子》一文指出：“SARS改变了这里的生活，现在戴口罩同戴帽子一样常见。北京成百万的孩子不见了。由于学校停课近一个月，北京的大部分家庭的独生子女实际上成了家里的‘犯人’，被父母关在防盗门里面以防止他们感染上SARS。孩子们大部分时间是在家里看电视或者打游戏，绝大多数被禁止与他们的朋友一起玩。他们凄苦而焦虑。但是留在家里更安全。”

《纽约时报》注意到，面对外界对中国在应对 SARS 时的批评，北京市政府采取了果断的措施。如允许世界卫生组织的调查，如实报告 SARS 发病数量，取消五一长假、新建医院、部分学校停课等，承认并改正了错误，对此《纽约时报》给予了积极的报道，其一些文章称赞中国在安抚群众和带领群众抵抗 SARS 的战役中表现出了坚定的态度和决心，塑造了北京市政府勇于承认错误并果断改正错误的积极的政府形象。2003 年 4 月 19 日的《中国高级官员主张对 SARS 采取强硬行动》一文指出：“为了平息国际社会对中国病例报告的可信度的质疑，并且阻止非典的蔓延，北京已经发出最强烈的警告：不要隐瞒关于这种疾病的信息。《人民日报》和其他报纸报道了中央政治局就这一疾病已经召开了紧急会议的消息。近来，北京在公开 SARS 的信息方面和疾病控制的努力已经显著改进，尽管有效性还有待观察。”2003 年 4 月 21 日的《SARS 传染病：中国承认少报 SARS 病例》一文指出：“中国政府今天公开承认这种危险的呼吸性疾病病例数量比之前报告的数量多出许多倍，并且解除了两位高级官员的职务。政府也宣布长达一个星期的五一假期将被缩短，以减少人们在旅行中传播 SARS。随着卫生部部长和北京市市长被免职，在一次非同寻常的、卫生部高级官员举行的新闻发布会的电视直播中，政府寻求修复其在这种致命疾病上的可信度——国内和国际上的，承认以前隐瞒了在军队医院的 200 多个 SARS 患者，卫生部副部长高强说，截止到 4 月 18 日，北京已经有 SARS 确诊病例 339 例，另外还有 402 个疑似病例。10 天前，卫生部部长张文康说北京只有 22 个确诊病例。高警告说疑似病例中大部分将可能会被确定为确诊病例。到4月18日，中国大陆共有1807个确诊病例，79人死亡。取消五一假期也是政府与这种疾病斗争的坚定决心的又一表现。”2003年5月14日的《中国针对SARS病例报告作出严格规定》一文指出：“受到最初瞒报SARS病例的刺痛，中国政府做出了严厉规定，告诫地方官员如果疾病爆发，要立即报告给北京，否则将被解职或者承担刑事责任。根据新规定，信息的公布必须迅速、准确而且全面——今天的主流报纸的头版这样说。这是最近中国高层领导重新赢得与SARS进行斗争中可信度的重要一步。”2003年4月25日的《SARS传染病：在北京设置隔离区与SARS战斗》指出：“中国进行了一次彻底的隔离行动，成千上万的接触过疑似是SARS病毒携带者的北京居民被隔离，这表明共产主义政府开始了一次针对全民健康危机的坚决的战争。报告的死亡病例和确诊病例大幅上升，许多人逃离这座城市。就全国范围来讲，北京继续报告大部分新增病例，89例——比前一天的105例有所下降。北京现在共有774个确诊病例。这一数字比五天前中央政府将两位高级官员免职并承诺要如实报告之前的数字的20倍还要多。”2003年4月26日的《SARS传染病：北京扩大了SARS隔离区，发现更多的病例》一文指出：“至少4000个接触SARS的北京居民被隔离，市教委官员透露说，300个接触过SARS患者的大学生已经被隔离，将在一个军营隔离两星期。”2003年4月27日的《SARS传染病：北京紧急新建医院以应对日益增加的SARS病人》一文指出：“北京正在郊区紧急新建一所医院，那个医院将很快能容纳至少1000个SARS患者。该项目的负责人表示，我们被命令要不惜任何代价尽快竣工。这个新的医院的修建是政府与SARS进行的坚决斗争的又一个范例。”

2003 年 5 月 1 日的《随着 SARS 病例的增加，中国官员尽全力安抚恐慌的百姓》称赞中国在安抚群众和带领群众抵抗 SARS 的战役中表现出了坚定的态度和决心。

《纽约时报》报道了疫情得到缓解并最终结束的消息。2003 年 5 月 9 日的《SARS 传染病：在北京一些地区进行的隔离结束，但是传染仍在继续》指出："北方交大隔离的大约 400 名学生、教师和工人今天解除了隔离。尽管如此，北京新增 94 例 SARS 病例。北方交大的学生在解除隔离后欢呼。" 2003 年 5 月 14 日的《中国针对 SARS 病例报告作出严格规定》报道称："北京，现在世界上疫情最为严重的城市，报告了 48 个新增病例，中国官员说这种传染病已经达到高点，正在衰退。" 2003 年 5 月 19 日的《随着 SARS 疫情的缓解，北京开始复课》指出："5 月 15 日，高三学生返校。之后，中小学生将返校。暑假将推迟到 7 月 25 日。最近几天，北京新增病例每天都不到 50 人。但是世界卫生组织警告说，一些医生没有诊断出一些更加轻微的病例，这是报告的数量减少的部分原因。这可能非常危险，原因是这样的病人没有被隔离，但会将病毒传染给其他人。" 2003 年 5 月 31 日的《中国宣布 SARS 病例在减少，加拿大又有一人死亡》指出："中国差不多已经驯服了 SARS 传染病，新增病例在减少。今天卫生部副部长高强在新闻发布会上宣布，这种疾病已经开始被有效地控制。中国报告了 7 个新增病例，其中 6 个在北京。" 2003 年 6 月 25 日的《世界卫生组织称中国已经平息了 SARS》一文指出："世界卫生组织今天宣布北京已经有效征服了 SARS。这个城市因此而庆祝。政府欢呼这是共产党领导的胜利，寻求赢得公众的信任，尽管去年冬天官员掩盖真相以及没能有效地阻止 SARS 的蔓延。对去往北京旅行的警告解除了，世界卫生组织西太平洋地区主管尾身茂说：今天是与 SARS 战斗的一个里程碑，不仅对中国来说，对世界来说也是。世界卫生组织不再建议不到世界任何一个地方旅游。”

但《纽约时报》对 SARS 持续关注，一年后仍对此进行了报道。2004 年 4 月 23 日的《中国报道北京出现 SARS 疑似病例》一文指出：“中国政府 4 月 22 日宣布北京的一位护士被认为是 SARS 疑似病例，已经入院接受治疗，5 人被隔离。SARS 病例一年后再次出现。”

（八）对外交流与合作

2003 年 11 月 6 日的《北京在线网站》指出：“北京市政府开设了一个英语网站，www. ebeijing. gov. cn。这个网站包括旅游、航班、火车时刻表、天气预报等”。这个网站旨在“帮助增加北京与世界其他地区的交流和合作。”

（九）拆迁及城建

北京很多地方经常处于建设状态，拆迁引起很多老百姓的不满，引起一系列社会问题。2003 年 5 月 26 日的《无止境的城市“改造”》一文指出：“这个城市一直没有停止改造的脚步。到处写着‘拆’字。”

《纽约时报》一些文章认为北京的建设项目过多。如 2004 年 4 月 25 日的《古老的土地冲向现代》指出：“汉语‘扎眼’，意思是一根针扎到了眼睛里。由于为 2008 奥运会做准备，北京已经在许多方面中表现出了‘扎眼’：闪光的、充满生气的和复杂的、令人震惊的、对眼睛有害的。每一角落都有建筑工地……北京不再是一座宁静的城市。”

（十）对建筑的拆除与保护

建筑是一个城市的衣装，也代表着一个城市的底蕴和内涵。《纽约时报》报道中称在城市发展过程中，北京建筑如很多胡同被拆掉，北京的每一条胡同都是有历史的，拆掉了非常可惜。

2008 年 8 月 10 日的一篇报道指出：“在农村一些穷人的房屋被拆了，为建大商业中心和高楼大厦腾地方。更新的速度是非常快的：自 20 世纪 90 年代以来，125 万北京居民为新中国腾出空间。”

2006 年 8 月 2 日的《帝王的家正在被修复》指出：“最近几年来北京旅游的人知道紫禁城——中国过去的帝王的家正处在修复之中。计划要求在 2020 年前完成，这是 2008 年奥运会前有选择性的保护工程的一部分。”

就北京而言，空气污染、人口膨胀等问题的存在是事实，但北京的主体和主流是一个朝气蓬勃迈向现代化的大都市，是一个环境日益改善、生活质量不断提高的稳定而祥和的东方社区，是一个具有丰富文化遗产和深厚人文底蕴的历史名城。

三、文化与科技

这一领域包括教育、科技进步、艺术、体育与古建筑的保护等。新世纪以来，北京在文化与科技领域有了比较大的进步，这些都得到了《纽约时报》的肯定报道。这个时期《纽约时报》也很关注北京在文化与科技领域存在的一些问题。文化与科技类报道总篇数为 122 篇，约占总数（349 篇）的 35%。

文化是维系社会稳定的重要基础，也是一个国家综合国力的重要组成部分。优秀的传统文化是国家宝贵的精神财富，对特定文化的传承、维护和弘扬是一国利益之所在。

文化因素在全球秩序中的作用变得越来越重要。借助文化作为载体塑造中国国家形象，将会使我们的国家形象构成元素更容易被国外受众所接受。较之于严肃的政治、外交等塑造方式，文化则相对更加轻松、无功利性，更容易赢得国际受众的好感。通过增进文化方面的相互交流、了解，能够进一步促进国家政治、经济等方面的良好形象的传播，使世界更加了解中国，有利于树立中国的大国地位。①

中国作为一个文明古国，拥有丰富的传统文化和文化影响力。文明是大国形象的文化基础，包括物质文明和精神文明。

《纽约时报》对中国文化的报道倾向主要以客观和正面的报道居多，表现出中国传统文化以及现代文化的魅力和博大精深的内涵。负面否定的报道较少。对中国文化方面虽以赞赏、褒奖为主，但也不乏在某些方面的批评和指责。如《纽约时报》在谈到中国电影艺术时，除了对中国电影艺术的肯定之外，也对中国电影的审查制度加以批评。② 但总的来看，各主流报刊在谈到北京文化时，主要是以客观评价和正面赞赏为主，在这些媒体中展现的中国文化形象是有着深厚底蕴的、美

① 刘继南、何辉等：《中国国家形象的国际传播现状与对策》，中国传媒大学出版社 2006 年版，第 76 页。

② 刘继南、何辉等：《中国国家形象的国际传播现状与对策》，中国传媒大学出版社 2006 年版，第 76 页。

好的、有魅力的、伟大的。

从整体上讲，中国的文化在国家形象的对外传播中，在塑造国家形象时，起了很好的作用，是世界了解中国的一个窗口，它通过主流报刊记者的笔端传播出去，有助于中国向世界展示形象。[①]

（一）教育

北京是中国教育最发达的地区，是中国教育科研的中心，共拥有高等院校80余所，是世界上高校最集中的城市之一。

中国的学生和家长都非常重视高考，《纽约时报》报道了中国的高考制度和中国学生参加高考的情形，认为中国的学习是"填鸭式的"，并认为尽管高考制度存在着一些弊端，如北京和上海的居民拥有更好的教育资源，高校学费上涨损害了高考的平等性，但是高考仍是目前为止最为公平的考试。2000年7月10日的《对于中国学生来说，决定命运的仅仅是一次考试》指出："四百万高中生参加高考，分数将决定他们进入哪类大学，或者是否能进大学。……高考期间北京市政府禁止夜间从事建筑活动，以免学生被打扰。报纸也充斥着不要对学生施加过大压力、合理饮食以及如何避免交通拥堵的新闻。一位北京的作家说：'高考就像你前面的一座大山，如果你爬过，就会看到美好的未来，如果失败，你的生命看起来就要终止。'对于小城市或者农村地区的学生来说，高考尤其重要，对于他们来说，取得好分数意味着命运的改变。大家都说条条大路通

---

① 刘继南、何辉等：《中国国家形象的国际传播现状与对策》，中国传媒大学出版社2006年版，第76页。

罗马，但是高考是个捷径。尽管大家抱怨高考，抱怨这种考试扭曲了年轻人的生活，然而，它仍被看成是相对公平的方式。对高考制度抱怨日益增加，如抱怨高考给北京和上海更加有利的条件，许多大学，包括国家最好的大学都在这两个城市里。北京学生可以凭比湖北、河南考生低的分数进入好大学。”

（二）科技发展

2008 年 1 月 8 日，温家宝总理在国家科学技术奖励大会上发表讲话时指出：“科学技术是第一生产力。全面建设小康社会、加快推进现代化事业，必须大力发展科学技术。”① 中国政府制定了《国家中长期科学和技术发展规划纲要（2006—2020年)》，计划到 2020 年使中国进入创新型国家行列，成为世界重要的技术创新中心之一，把全社会研究开发占国内生产总值的比重提高到 2.5%。要树立一个自主创新的科技形象。北京是当代中国的文化中心，是中国最大的科学技术研究基地，有中国科学院等科学研究机构和号称中国硅谷的中关村科技园区。2000 年 1 月 3 日，中关村创业大厦揭牌，这是中关村创新基地建设启动的第一个大型高新技术企业孵化器项目。2008 年 9 月 27 日，神舟七号航天员翟志刚成功返回轨道舱，这标志着中国历史上第一次太空行走成功完成。

《纽约时报》关注了中关村科技园区的发展。如 2000 年 8 月 4 日的《在北京的一部分地区硅谷的主要精神继续着》指出：“任何人想寻求中国硅谷精神可以在这里找到，北京中关

① 温家宝：《在国家科学技术奖励大会上的讲话》，http://new.xinhuanet.com/newscenter/2008-01/08/content_7387833.htm，访问日期：2008 年 1 月 8 日。

村是政府指定的高技术工业区。中关村在北京西北部的海淀区，是许多新生的因特网企业、计算机和电信公司之家。它是非常好的孵化器。这里的高新技术企业发展迅速。”

2006年12月5日的《中国寻求在粒子物理学起主导作用》一文提到了许多留学海外的科学家回到中国，为中国科技的发展做出了重要的贡献。

2008年9月28日的《宇航员进行第一次太空行走》详细报道了神七太空行走的消息。如该报道指出：“中国宇航员绕地球飞行，2008年9月27日下午神七进行了中国的首次太空行走——中国航天史的又一个里程碑。北京时间下午4：40翟志刚将自己拉出轨道舱。对于中国政府来说，这一成就是建立一个经济和技术超级大国的重要一步。”

（三）体育事业

在过去的一百年时间里，经过几代人的奋斗，中国一步步摆脱了积贫积弱的“东亚病夫”的屈辱称号，终于在世界政治舞台上坚定地站了起来，并迅速成长为令世人瞩目的体育大国。中国人的申奥情结可以追溯到1908年。当时的《天津青年》在一篇提为《竞技运动》的文章中向国人提出了三个问题：中国何时才能派一位选手参加奥运会？中国何时才能派一支队伍参加奥运会？中国何时才能举办奥运会。举办一场奥运会一直是许多中国人的梦想。20世纪80年代初，邓小平表示要争取申办奥运会。1990年7月邓小平视察亚运村时，再次强调中国要申办奥运会。1991年3月8日，中国政府决定申请在北京举办2000年奥运会。1991年12月4日，中国政府正式向国际奥委会递交主办2000年奥运会申请书。1993年9月23

日，国际奥委会宣布悉尼获得2000年奥运会举办权，北京以两票之差失利。1998年11月25日，中国政府正式宣布申办2008年奥运会，再次踏上了申奥之旅。1999年4月7日，中国政府正式向国际奥委会递交主办2008年奥运会申请书。2001年7月13日，国际奥委会宣布北京获得2008年奥运会主办权，中国人终于圆了奥运梦。

奥运会是中国人的百年梦想，申奥的成功曾是中国在世界民族之林中地位提升的一个极好的印证。北京成功获得2008年夏季奥运会主办权是中国体育事业发展的一个里程碑，同时也是一桩具有明显新闻价值的事件。中国首次举办奥运会的地点设在北京，提奥运会就自然会想到北京。举办奥运会是这个时期最重要的事件，北京的许多事业都围绕奥运会展开。2001年7月13日，国际奥委会宣布北京获得2008年奥运会主办权，北京奥运会作为全球性的媒介事件，吸引了全球的目光。奥运会期间，“北京”、“中国”、“奥运”成了媒体报道的热点和关键词，北京为此迎来了有史以来最庞大的记者群，也迎来了有史以来最大规模的媒体曝光度。这期间，《纽约时报》关于中国的报道量明显增多，它将北京奥运会的方方面面异常透明地展现在外国读者面前。《纽约时报》在体育版中设置了奥运专栏，大量关于北京奥运会的新闻被刊登在奥运专栏里。《纽约时报》对北京的申奥、准备奥运会、举办奥运会进行了持续的跟踪报道，给予了密切的关注，约有100多篇报道是关于奥运会的，大约相当于总报道量的30%都是关于奥运会的。尤其是奥运会之前，几乎大部分报道都与奥运会有关。当然，纯粹报道赛事的文章较少，大部分还是与北京的社会问题相关。

1. 北京申奥

《纽约时报》指出中国对申办奥运会热情很高。2000 年 9 月 6 日的《为了奥运会，中国行动起来了!》指出："近来看起来所有的北京人都对奥运会有热情，为奥运会做着准备。海报张贴在北京机场，出租车司机为迎接涌入的外国客人正在学英语。这次奥运会的主办权，北京势在必得。……自 1993 年以来，北京经济有了显著的增长，并且进行了许多公共设施的建设。为了获得奥运会的举办权，北京已经承诺将加速改造这座城市，建造三条地铁线，新的公路将改善这座城市糟糕的交通状况。将裸露的地面变为绿地，将一些污染严重的企业搬出北京以改善环境，净化空气。调查表明 94.5% 的北京人希望奥运会在北京举办。……上个月，北京市政府发起了一个旨在教半数北京人 100 个英语短语来为奥运会作准备的运动。"

《纽约时报》也报道了中国申奥面临的困难，如空气污染问题、交通拥堵问题等。

《纽约时报》还报道了北京为了申奥成功所付出的努力。如培训出租车司机英语，建设新的地铁线路解决交通堵塞、增加绿地面积，减少空气污染等。如 2001 年 2 月 21 日的《给予北京奥林匹克的光辉》指出："50 位出租车司机参加英语速成班，这个专门培训班试图使司机熟悉 100 个短语，这是北京申奥努力的一部分。许多司机很努力，甚至一些司机开车时听英语磁带，他们期待能提供更好的服务。"

《纽约时报》关注国际奥委会的投票情况，对投票前国际上对北京申奥的态度、北京获得奥运会举办权的可能性进行了审慎的评估，很多文章预测北京将会获得 2008 年奥运会的举办权。如 2001 年 4 月 11 日的《奥林匹克：僵局不可能影响北京申办奥运会》指出："7月13日，国际奥委会将举行投票，北京与巴黎、多伦多、大阪和伊斯坦布尔相比更具优势。"2001年5月16日的《奥林匹克：一份国际奥委会的报告给予三城市更高的分数》指出："在国际奥委会昨天发布的对申办2008年奥运会的城市的评估报告中，北京领先。国际奥委会评估委员会发布的报告没有将城市排序，它谈到了北京、巴黎、多伦多，声称该委员会一致认为'这三个城市能够组织一个非常杰出的2008年奥运会'。7月13日将在莫斯科投票。由荷兰人布鲁根领导的评估委会的报告集中在以下技术问题，如体育设施、交通、投入的资金、公众支持和环境。北京被认为是巴黎的挑战。巴黎的不利之处在于，2005年将在雅典举办夏季奥运会，2006年冬季奥运会在都灵举办，这两个都是欧洲城市。"2001年7月12日的《奥林匹克：形形色色的消息》指出："7月13日，国际奥委会将决定北京是否会获得2008年奥运会的举办权。在实际层面上，北京具有优势，因为有119位国际奥委会代表似乎认为世界上人口最多的国家，在悉尼奥运会中夺得28块金牌，并且总奖牌数位于第三的中国应该举办奥运会。在政治意义上，看起来许多代表认为奥林匹克将加速中国的开放。"2001年7月13日的《奥林匹克：中国官员回避难题》指出："国际奥委会中的大多数官员似乎都摆好架式要给予北京2008年奥运会举办权。"

2001年7月13日，国际奥委会在莫斯科举行的第112次全体会议上经过两轮投票，以压倒多数通过决议，宣布2008年夏季奥运会在中国北京举行。北京终于取得了申奥的成功。

《纽约时报》报道了北京为庆祝申办成功做准备的消息。如2001年7月13日的《奥运会：北京准备庆祝》指出："北京开始尝试性地准备庆祝。它正期待国际奥委会的最后决定。……当地居民将会涌入天安门广场庆祝。但是政府一直小心翼翼地控制人们的期望，因为中国曾经在申办2000年奥运会时输给了澳大利亚的悉尼，如果再次失败将会使中国人的幻想破灭。”投票的第二天，《纽约时报》同一天有三篇文章报道北京申奥，其中两篇文章报道了北京申奥成功后的庆祝活动，可见《纽约时报》关注度之高。2001年7月14日的《奥林匹克：令人高兴的不眠之夜》指出：“集中的欢呼，接着是成千上万人涌入中华世纪坛。‘是北京，是北京！’数百万公民涌入街道。在天安门广场，这个消息迅速在大约3万人中传递。很快，广场的民众的数量增至10万人，警察拉起了警戒线，阻止更多人到达。长安街也变成了兴奋的大街。汽车鸣笛，人们挥旗，欢呼‘祖国万岁！’‘起来，不愿做奴隶的人们！’申奥成功是一个重要的里程碑。”2001年7月14日的《奥林匹克：北京赢得2008年奥运会的举办权》指出：“世界上人口最多的国家应该举办最为重要的体育盛会，国际奥委会今天把2008年夏季奥运会举办权奖励给了北京。在输给了澳大利亚悉尼8年后，北京获得的票数是票数第二位的多伦多的两倍多。……中国政府和体育界官员把中国申奥成功看作是国际上对中国社会和经济改革的肯定。国际奥委会主席萨马兰奇说，把2008年奥运会奖励给北京可使中国‘开始一个新的时代’。亨利·基辛格博士说，‘我认为这是中国与世界关系改进的重要步骤。这将会给中国带来重大的影响，总的来说是积极的影响。’”

2. 北京申奥成功后为举办奥运会做准备

北京为举办奥运会在全市范围内开展禁止随地吐痰、乱扔垃圾的行动，也在采取行动改正不准确的英文标识和餐馆的菜单。如2007年4月17日的《为了奥运会，北京禁止随地吐痰》一文指出："所有人期盼和感到自豪的是北京成为2008年夏季奥运会的举办城市。但是民众也担心：交通堵塞怎么办？天气不好怎么办？这些是任何一个奥运会举办城市都会担心的问题，但是北京需要担心的问题更多。北京正在为奥运会建设新的体育场馆、地铁和公园。这座城市的领导人正在试图重建北京。全市范围内开展运动禁止随地吐痰、乱扔垃圾，也在采取行动改正不准确的英文指示标识和餐馆的菜单。考虑到中国领导人把奥运会看成是向世界展示中国的里程碑式事件，他们显然不希望感到窘迫。参加两会的一位代表建议对随地吐痰、插队、吸烟和说脏话采取高额罚款的做法。实际上，北京已经宣布在奥运会前随地吐痰将被罚款最高可达50元。随地吐痰在北京很常见，在中国的其他地区也是如此。卫生部官员担心这会传播疾病，一直试图控制随地吐痰的现象，但收效甚微，因为许多人并不认为这是一种不可接受的行为。北京的英文引示标识混乱，标识中加上了英文被认为是非常时髦的。戴维·托尔，一位在北京国际关系学院教书的美国人回忆说他2001年观看了京剧表演，该表演提供了英文滚动字幕，应该是'auspicious clouds in the sky'但字幕布给的是'auspicious clods……'，他回忆说，当时一大群外国观众哄堂大笑，尽管这是很不礼貌的，但是可以说明提供的英文字幕非常糟糕。上周北京宣布了2000多种不同的标识和菜名的译文标准和官方翻译标准。"《纽约时报》2007年8月22日发表哈佛大学费正清研究中心的罗斯·特里尔的文章《在北京，奥维尔向奥林匹克行进》。该文指出："现在，是北京为2008年奥运会做准备的最后一年：禁止英语错误。限制中国式英语与目前的消灭吐痰、乱扔垃圾、不排队乘车行为的努力联系在了一起。”

为了改善空气污染状况，北京市付出了艰辛的努力。北京为筹备奥运会建设体育场馆，建立奥运会期间食品安全监督系统，改善空气质量，实行单双号政策，控制小汽车数量等。2007 年 8 月 7 日的《中国赞扬其在准备奥运会方面取得的进展》指出：“在记者招待会上，两位北京奥组组执行官员说奥运场馆的建设正在加速，也采取了行动训练成千上万的奥运会志愿者。北京奥组委执行副主席王伟说，正在建立监管体系以确保奥运会期间 10000 名运动员的食品安全。监督体系的建立是对国际上对中国许多出口产品的安全和质量的担忧的反应。中国官员一直坚称中国的食物是安全的，然而他们也已经开始采取措施打击假冒伪劣产品。环境污染是一个大问题。空气质量自 1998 年以来已经逐步得到改善。已有报道说官员们正计划关闭一些工厂，并正计划采取一些措施以减少污染，推进绿色奥运。”2007 年 8 月 14 日的《在北京，奥运会给予中国美好的憧憬》指出：“污染问题困扰着奥运会。为了减少空气污染，北京实行小汽车单双号行驶的措施。”2008 年 5 月 18 日的《大厦情结》指出：“央视新大楼：北京最容易辨认的、位于市中心的新大楼，由荷兰设计师雷姆·库哈斯设计。国家体育场——鸟巢，将是 2008 年北京奥运会的展示品。北京首都机场 3 号航空楼：用了四年才完成，2 英里长，是世界上最大的机场。”

3. 关于奥运会期间的报道

如 2008 年 8 月 16 日的《菲尔普斯获得七块金牌》一文报道了“在北京奥运会上，菲尔普斯获得七块金牌”的消息。2008 年 8 月 22 日的《看伦敦：同样的盛况》指出："北京奥运会闭幕式将是张艺谋的另外一次精心策划的表演（张也是奥运会开幕式的导演）。闭幕式主要的表演者：普拉西多·多明戈、吉米·佩奇以及英国的流行歌手丽安娜·刘易斯。"2008 年 12 月 12 日的《由于服用了兴奋剂，国际奥委会剥夺了北京奥运会两位金牌获得者的奖牌》和 2009 年 4 月 29 日的《对新的血液增压机的 6 个阳性测试》等报道。

《纽约时报》也关注了奥运会期间北京的空气质量。如 2008 年 8 月 18 日的《赛程过半，在北京鲜见的是：呼吸新鲜空气》指出："在开幕式前，奥运会一直被一些问题困扰，污染问题最为严重。……但是现在，赛程已经过半，奥运会一直顺利进行，空气污染保持低水平。"

4. 关于对北京奥运会的评价

全球著名调查机构 AC. 尼尔森（Nielsen）公司在 2008 年 9 月 4 日发布的调查结果显示，从 8 月 8 日到 8 月 24 日，全球约有 47 亿人收看了北京 2008 年奥运会，占世界人口的 70%。这样一个巨大的数字，超越以往任何对中国的报道，在奥运会中所展示的中国奥运理念、市民形象、文化特色等，促进了中国国家形象的提升。[①] 当然，也提升了北京的国际影响力。

"北京奥运会取得了巨大的成功，无论是在中国形象还是其他方面。首先，奥运会的开幕式几乎被公认为是一个极具震撼力的奇观，组织完美，将中国源远流长的文化以精美绝

① 胡晓明：《国家形象》，人民出版社 2011 年版，第 141 页。

伦的图景呈现给了世界。开幕式浓墨重彩地渲染了中国的传统文化，极具感染力，效果远甚于以现代文明为核心的其他各届的开幕式。出席开幕式的各国领导人数量也超越了以往各届奥运会。奥林匹克场馆也广受赞誉，被认为建筑新颖，交通便利。运动会期间整体天气良好，大部分人员都忘记了会前频现的天气预警。当然也出现了几例意外，但远未达到赛前所预测的程度和水平。闭幕式时，国际奥委会主席雅克·罗格高度赞扬了北京奥运会，认为它‘无与伦比’。”①

2008 年 9 月 1 日，尼尔森公司公布了一项关于北京奥运会的网上调查结果，来自世界 16 个国家和地区的 25951 名民众参与了此项调查，包括美国、英国、加拿大、澳大利亚、法国、德国等。受访人表示北京的现代化程度和高科技水平远超其预期。闭幕式后，56% 的国际游客声称北京的环境比他们预期的要好，更有 92% 的人将奥运场馆评价为非常好或好。作为奥运会举办地，北京“高分通过”奥运“考试”。②

北京奥运会的成功举办起到了积极的作用，不仅树立了中国的体育强国地位，也推动了世界各国人民对中国的了解。奥运会开幕式后，韩国联合通讯社在报道中说，开幕式让人们感受到了视觉上的艺术享受，中国的灿烂历史和悠久文明在开幕式上打动了所有的人。③ 在奥运会的筹备和召开期间，

---

① ［澳］马克林著，张勇先、吴迪译：《我看中国：1949 年以来中国在西方的形象》，中国人民大学出版社 2013 年版，第 97—98 页。

② Nielsen Company，“China Becomes a More Compelling International Tourist Destination”. 转引自［澳］马克林著，张勇先、吴迪译：《我看中国：1949 年以来中国在西方的形象》，中国人民大学出版社 2013 年版，第 98 页。

③《2008 年奥运会开幕式舆情分析》，人民网，2015 年 3 月 17 日，http：//media. people. com. cn/GB/22114/52789/133918/7906166. html。

中国向世界展示了良好的政府、公众和媒体形象，这些形象的提升得益于奥运期间高水平高质量的服务工作，市民素质的提高和媒体的广泛报道，例如“讲文明、树新风，迎奥运”，“人人东道主，建设新北京”等①宣传口号显示了北京对奥运期间市政建设的重视。

奥运会结束后，《纽约时报》发表了多篇评价北京奥运会的报道。《纽约时报》对中国志愿者的服务给予了赞扬，如2008年8月25日的《伦敦奥运会在质疑声中倒计时》指出：“奥运会中一个起决定性作用的因素是北京的青年志愿者大军。伦敦奥运会执行主席保罗·戴顿说他不能指望复制北京的数字。中国能够动员如此多的人力资源，很了不起。北京志愿者的数量比从事安全保卫的人员还多。”

2008年8月25日的《奥运会光辉之后，中国下一步做什么?》一文赞扬了北京奥运会，该文指出：“8月24日，奥运会以精心制作的闭幕式而结束，也结束了共产党奥运会作为国民生活的一个组织原则的十年。几乎没有什么可以超越奥运会在中国的优先地位。对于中国领导人来说，所有的努力都没有白费。奥运会被大部分中国人看作是无与伦比的成功——金牌数量令全国人民振奋，北京的热情和高效率给外国游客留下了深刻的印象。8月24日，国际奥委会主席雅克·罗格宣布选择北京作为东道国是‘正确的选择’，奥运会是中国和世界其他地区之间的桥梁。‘世界从中国学到了很多，中国也从世界学到了很多。’‘从长远来看，奥运会将产生积极的影响。’”2008年8月25日

① 胡晓明：《国家形象》，人民出版社2011年版，第142页。

的《中国以双层巴士结束奥运会》高度评价了北京奥运会："8月24日晚上，北京奥运会以另外一场激动人心的烟花汇演结束了，结束了两个星期的引人入胜的体育表演。北京在奥运会上投入了一切：花费了数十亿美元修复这座古城，建造奇妙的运动场，设计了只能由中国制造的开幕式和闭幕式。"

《纽约时报》2008年9月21日的《奥运会支撑中国旅游业的大跃进》指出奥运会是中国旅游业最好的宣传，带动了中国旅游业的发展与繁荣，为提升北京作为中国首都在世界的地位起了推动作用。该文指出："北京奥运会，作为美国电视史上关注最多的事件，成为中国旅游业最好的宣传。美太企总裁杰里·皮说：'我们的客户群现在希望体验他们在电视中看到的奥运会运动员所体验的一切。'建筑学爱好者现在也想到北京去看一看这些具有开创性的项目，如鸟巢、北京首都机场第三航站楼等。由旅游部门的职员和管理者7月和8月进行的每年秋季旅游倾向的调查表明，北京上升了7个点，在旅游目的地中列第16位，上海上升了13个点，列第20位。联合国世界旅游组织副秘书长杰弗里·李普曼说，'去年有5500万人到中国旅游，在中国消费了420亿美元。'世界旅游组织预测到2015年中国将成为全球最有吸引力的旅游观光目的地。美国航空公司计划2010年增加·次芝加哥和北京之间的直航。这个月，海南航空公司将开始一周四次的柏林和北京之间的直航。李普曼先生称：'我第一次来中国是在1981年，机场就是一个军事小屋，没有汽车，只有自行车。现在，中国是令人难以置信的一个充满生机、快速工业化的国家。'"

2009 年 12 月 27 日的《北京帮助体操运动员看到她的潜力》指出："当体操运动员布丽奇特·斯隆观看自己在 2008 年北京奥运会上的表演时，她禁不住开怀大笑。美国体操运动员在北京奥运会后，取得的成绩越来越好。"

5. 北京是其他重大体育赛事的举办地

如重量级拳王争霸赛。《纽约时报》2001 年 7 月 28 日的《拳击：颈部受伤迫使伊兹退出在北京的比赛》指出："原定于 8 月 5 日在北京举行的约翰·伊兹和伊万德·霍利菲尔德之间的重量级拳王争霸赛被无限期地推迟，原因是伊兹颈部受伤，将重新排定日期。这种重量级拳击赛首次在中国举行。私人公司长城国际体育媒体公司承诺提供 100 多万美元来举办这次比赛。" 2011 年 10 月 8 日的《引起争论的自行车比赛来到北京》报道了北京自行车比赛的消息。

（四）文化艺术的繁荣

1. 北京 798 艺术区的发展与繁荣

《纽约时报》报道 798 艺术区的出现、发展及繁荣的消息。如 2003 年 2 月 6 日的《一家工厂被房地产艺术改变》指出："798 厂，和许多国企一样，到 20 世纪 90 年代末几乎要破产了，大部分工人退休或者下岗，只剩下厂房了。大约经过一年时间，许多厂房被一些艺术家、设计师、建筑师和广告代理人租赁，原因是面积大，且租金低。许多新的承租人 2003 年春天自发地建造了一系列袖珍工作室、美术馆、音乐俱乐部和具有现代风格的办公室。这将是这个城市最酷的地方。" 2008 年 4 月 29 日的《在亚洲艺术繁荣中，曼哈顿美术馆在北京开设了分支机构》指出："曼哈顿画廊宣布计划在北京扎根。第一个这样做的是佩斯威尔斯滕（PaceWildenstein）画廊，2008年夏天将在北京开设第一个分馆，地点是北京的798艺术区。画廊主席阿恩·格里姆彻说，‘这里的展品卖到亚洲的其他地区。’格里姆彻并不是承认亚洲艺术市场重要性的第一人。苏士比拍卖行自1995年以来已经在中国大陆举办了展览，2007年在北京建立了一个工作室。2005年克利斯蒂拍卖行成为第一个在北京取得许可证的拍卖行。格里姆彻说：‘798地区是北京第三大观光地（仅次于长城和故宫）。’”

2. 京剧艺术

京剧面临挑战，京剧团减少，唱京剧的多是老年人，年轻人喜欢京剧的不多，政府对京剧的支持急剧下降，但也有一些有识之士在保护京剧艺术。如2000年9月21日的《国外艺术：在音乐电视世界，古典艺术面临危机》指出："随着中国的开放，我们的文化生活变得如此丰富——戏剧、西方歌剧、艺术——但那意味着京剧不像过去那样垄断舞台了。现在全国有不到60家京剧团，一些省一家都没有。尽管北京仍有京剧表演，但是大部分京剧爱好者是受过良好教育的退休人员。中国年轻一代更多地转向了NBA和音乐电视，这给京剧提出了严峻的挑战。随着中国计划经济让位于市场经济，政府对京剧的支持急剧下降。改革开放以来政府的资金投入已经很少，京剧团不得不通过演出或者寻找赞助商来维持。"2005年5月29日的《用京剧的形式演莎士比亚戏剧》指出："用京剧的形式演莎士比亚戏剧，保护京剧的传统。"2010年9月2日的《为褪色的艺术携带长矛》指出了京剧面临的挑战，"当然，没有什么比京剧更能体现古老的元素的，尽管有人担心京剧可能成为中国正在蔓延的重商主义和现代化的牺牲品。尽管说京剧已经变成遗物为时尚早，但是显然，现在的京剧已无法与18世纪末到20世纪初的京剧相比，那时，京剧是中国北方最受欢迎的戏剧形式。除了了解京剧的观众越来越少外，京剧还面临一些其他的困难。”

3. 北京与其他地区之间的艺术交流

2009年2月12日的《中国和台湾艺术财富分裂》指出：“台北故宫博物院院长周功鑫计划2月14日来北京，是自1949年以来台北故宫博物院院长第一次正式访问大陆。周院长将在北京故宫与大陆方举行会谈。”2009年2月17日的《中国同意借给台湾博物馆艺术品》指出：“北京故宫决定借艺术品给台北故宫博物院供他们明年秋天展出。这些艺术品，主要是中国雍正皇帝和他的嫔妃的画作。自从马英九上台后，两岸关系缓和。台湾致力于吸引大陆游客，来自两个博物院的艺术品展览可能对此有帮助。北京故宫博物院院长和台北故宫博物院院长在北京会谈达成了七项协议。根据这些协议，两个博物院副院长将每年会晤一次，两个博物院的人员也将进行互访。”

2009年2月16日的《芝加哥到中国，一场令人眼花缭乱的音乐交流》指出：“芝加哥交响乐团到达中国，这看起来像是应该在很久以前发生的事情。上周芝加哥交响乐团首次到中国大陆表演，在上海和北京各演出两场。北京的音乐会在2月13日和2月14日进行。北京的演出很成功，观众热烈鼓掌。”

4. 摇滚乐的流行

2000年10月11日的《它只是摇滚音乐，但是中国人再次喜欢它》指出：“摇滚音乐会在十多年后重返北京。对于中国官员们来说，摇滚乐是反叛的象征，所以在 90 年代，北京摇滚只局限于拥挤的小酒馆或者迪厅。”

5. 中国人对“样板戏”的感情

2000 年 10 月 29 日的《为什么会对这种混乱艺术有怀旧之情?》指出:“‘样板戏’在‘文革’之后被非正式禁止后，在 80 年代末重新上映。‘样板’芭蕾舞剧——《红色娘子军》和《白毛女》现在成为中央芭蕾舞团和上海芭蕾舞团的主打剧目。他们经常演出这两个芭蕾舞剧，甚至到国外演出。2000 年秋天上海交响乐团和上海广播交响乐团都致力于演出样板交响乐和样板芭蕾舞剧中的节选的片断。”

6. 现代舞艺术的发展

2005 年 2 月 8 日的《现代舞：反映不安宁的中国处于混乱之中》指出：“1995 年成立的北京现代舞公司 2 月 8 日初次在乔伊斯剧院登场。”

7. 文身文化

2008 年 8 月 24 日的《要记住北京》指出：“28 岁的司机李先生说：‘我想要永远记住奥运会。我的许多朋友和我一样有纹身，但是我把奥运会图案文到了身上。’十年前，北京的文身业务很少。在过去的 10 年，北京有成百上千的文身店开张。”

8. 电影艺术

《纽约时报》2012 年 5 月 25 日的《中国房地产商进军电影业》指出：“好莱坞公司对中国的兴趣增加了。电影产业是世界上发展最快的产业。”

（五）建筑发展

北京的历史文化底蕴深厚，共有3550处文物古迹，其中被联合国教科文组织列入世界文化遗产的就有6处；全国近四分之一的世界文化遗产集中在北京。

自1978年以来，中国实施的改革开放政策，给国家经济及城市发展带来了万千气象。北京城市的建设与发展，以前所未有的速度和规模向前推进。旧城内原有的很多建筑消失了，一栋又一栋的现代建筑，在旧城内外摩肩接踵拔地而起。旧城内传统街道被改造、拓宽，大量的楼房建筑不断出现，原有的四合院、胡同也在一系列的改造建设工程中逐步缩小。“胡同”二字的释义，众说纷纭，但大都肯定它是北京小街小巷的通称。因此，有人说：如果把北京城市的大道比喻为一个人的主动脉，那么遍布全城的胡同就是毛细血管。这个比喻还是很贴切的。北京的胡同始建于元代。元代的胡同保留到今天的很少，现在的胡同大多是明清时期延续下来的。北京到底有多少胡同？文献记载，明代时北京内城的胡同有900多条，外城300多条。清代发展到1800多条，民国时有1900多条。随着历史的发展，北京人口的增加，胡同的数目也在增长。1991年统计表明，北京城区共有胡同3067条。近些年来，随着城市改造进程的加快，胡同的数目在逐年减少。2001年北京奥运会的成功申办，更加快了城市更新和开发的步伐，保护和改造成了城市建设的最大难题。

保护古建筑日益得到北京市政府的重视。《纽约时报》报道北京放弃改造一些古建筑的消息。如2010年9月8日的

《中国：保护具有历史意义的北京街道、放弃重建计划》指出："北京官员已经搁置了一项备受攻击的、重建古楼周边的计划（将一些胡同和明清两代的小房子改造成拥有高端商店的观光点）。这些胡同是仅存的、在城市发展过程中没有被破坏的具有历史意义的居民区。"

中国文物拍卖问题。《中国文物拍卖历经波折》指出："蔡铭超在北京的记者招待会上说，他在拍卖会上出价 1800 万美元拍得鼠首和兔首，但是不打算为此付钱。他说他自己是一家非政府组织的顾问，而该组织寻求将被掠夺的财产运回中国。北京抗议出售这些兽首，说它们是在 19 世纪被从北京掠夺走的，应该归还给中国。一些中国律师试图阻止拍卖，但是法国法庭允许拍卖进行。"

通过对《纽约时报》报道的分析，可以看出，《纽约时报》对北京的报道有以下几个特点：北京社会和文化方面是关注的焦点，《纽约时报》较多地关注了北京的交通、环境污染等社会问题；《纽约时报》对北京的关注度比较平衡，当然，如遇重大事件，对北京的关注度便会大幅度增加。

中美两国在意识形态领域有明显分歧。《纽约时报》作为美国主流媒体，承载美国意识形态，自然表现出与中国主流意识形态的不同。报道者在新闻事件报道中难免受其所处意识形态的影响。很多国外媒体不了解北京发生的真实情况，只有依靠西方的一些媒体，而这些媒体的报道并非完全是真实的。我们国家的主流媒体应该第一时间率先报道，告知公众真相，这样不仅能赢得话语权，而且也能更利于西方读者了解到一个真实的中国、真实的北京。

第三章

《华盛顿邮报》对北京形象的认知与塑造

《华盛顿邮报》（*The Washington Post*）是美国华盛顿哥伦比亚特区最古老的报纸，1877 年创刊。作为美国首都第一大日报，《华盛顿邮报》是美国最有影响的大报之一，在美国享有广泛的声誉和影响力。20 世纪 70 年代初，《华盛顿邮报》通过揭露“水门事件”迫使理查德·尼克松总统辞职，获得了国际威望。自从 1965 年布莱德利担任总编以来，他和记者们并肩奋战，将《华盛顿邮报》打造成了世界上最有影响力、最受关注的媒体之一。[①] 许多人认为它是继《纽约时报》后美国最有声望的报纸，被称为美国第二大报。按照《时代》周刊典型的夸张说法，《华盛顿邮报》在 40 年代就已是“世界十大报之一”了。[②]

由于它地处首都，一些记者、编辑与政界很熟，对联邦政府和国会活动的报道、评论、分析较多，而且时有“内幕”新闻透露，一直为读者所重视，号称是美国政界人士必

---

① 《华盛顿邮报》，http：//baike. baidu. com/link？url = q78ldob11AAhoXmxFA7QZruPehvG7S77wQxLl7dmvWc_ HWB5l3ValNfpsnXGKR2v。

② ［美］逊伍·纳姆：《〈华盛顿邮报〉述评》，《郑州大学学报》（哲学社会科学版）1986 年第 3 期。

读的报纸，也是了解和研究美国内政外交的重要报刊之一。

第一节　样本与研究方法

本书样本《华盛顿邮报》的研究时间节点选取为2000年1月1日至2012年12月31日。

笔者利用LexisNexis－Academic学术大全数据库进行检索，检索范围是《华盛顿邮报》2000—2012年间关于北京的所有报道，界定检索的关键词为“Beijing”，据此，获得研究样本398篇。

本书采用文本分析法，对398篇涉及北京的报道进行领域归类、倾向性分析、议题归纳和内容分析。报道倾向分为正面、中性、负面。倾向性根据新闻报道标题和内容是否有利于北京良好的城市形象的塑造而定。报道领域分为：政治、经济、社会以及文化与科技等。经济包括北京经济发展、知识产权等；政治包括人权、网络监管、新闻自由、宗教等；社会包括环境污染及治理、交通、社会治安、农民工问题、饮食、北京人的社会生活、医疗卫生和食品安全等；文化与科技包括北京的教育、艺术、北京精神、体育如奥运会、科技的进步、科研等。

第二节 对北京的关注度分析

一、对北京的报道量

2000 年 1 月 1 日至 2012 年 12 月 31 日，《华盛顿邮报》关于北京的报道有 398 篇。具体年份分布为：2000 年 43 篇，约占总报道量的 11%；2001 年 44 篇，约占总报道量的 11%；2002 年 20 篇，约占总报道量的 5%；2003 年 49 篇，约占总报道量的 12%；2004 年 37 篇，约占总报道量的 9%；2005 年 16 篇，约占总报道量的 4%；2006 年 16 篇，约占总报道量的 4%；2007 年 31 篇，约占总报道量的 8%；2008 年 89 篇，约占总报道量的 22%；2009 年 11 篇，约占总报道量的 3%；2010 年 9 篇，约占总报道量的 2%；2011 年 11 篇，约占总报道量的 3%；2012 年 22 篇，约占总报道量的 6%。

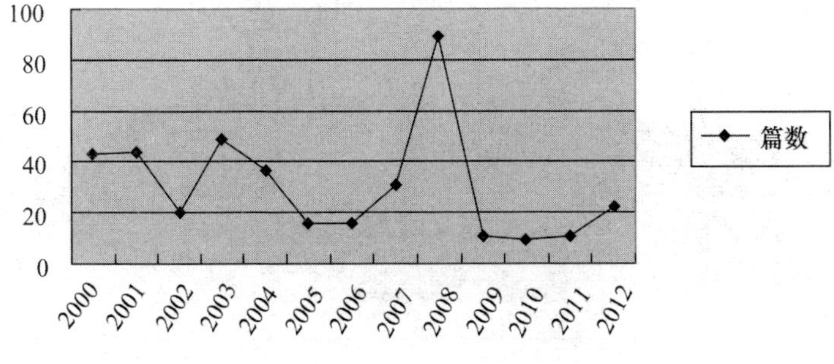

《华盛顿邮报》历年报道篇数统计图

从上图可以看出，2008 年报道篇数最多，2003 年次之。

波峰的出现绝非偶然，报道频率的高峰与北京重大事件的发生存在着明显的对应关系。2008 年中国北京举办了举世瞩目的奥运会，引起了全世界媒体的关注，《华盛顿邮报》对北京的关注也大大增加，达到 2000 年以来的最高峰；2003 年，北京乃至全国发生了 SARS 疫情，引起了媒体的广泛关注，《华盛顿邮报》对北京的报道量也随之增加。

二、与世界主要城市对比结果

依据同样的检索标准，笔者对同期《华盛顿邮报》对其他三个世界城市伦敦、巴黎、东京的报道数量做了统计，得到的结果如下：伦敦 362 篇，巴黎 370 篇，东京 285 篇，通过比较，我们可以看出，《华盛顿邮报》对北京的报道篇数最多，可见在这四个闻名世界大都市中，《华盛顿邮报》北京的关注度是最高的。

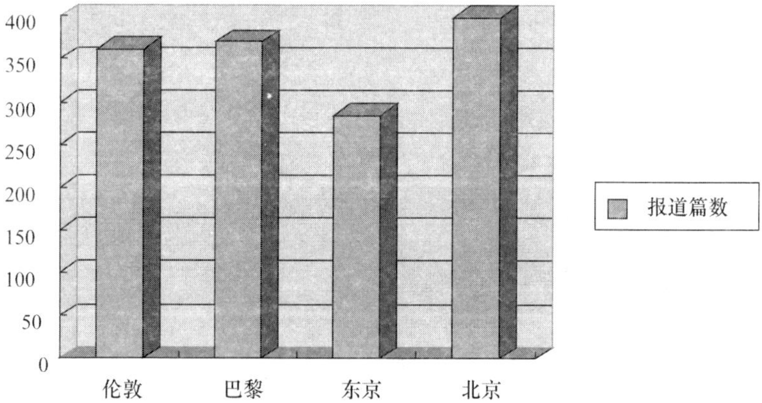

《华盛顿邮报》对四大城市报道篇数统计图

三、与上海和广州的对比结果

将《华盛顿邮报》对我们常常说的中国三个一线城市北京、上海和广州的报道量做了比较。同期《华盛顿邮报》报道上海的篇数为534篇，广州为283篇。《华盛顿邮报》对上海的关注度是最高的，这一点与《纽约时报》不同。

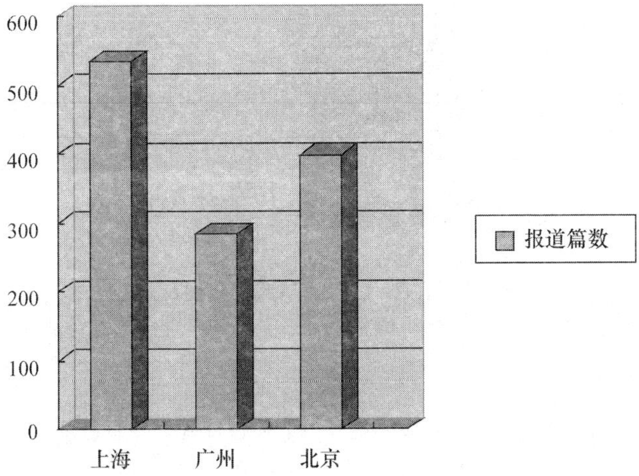

《华盛顿邮报》对中国三大一线城市报道篇数比较统计图

第三节 对北京报道倾向性分析

报道倾向分为：正面、中性、负面。倾向性根据报道的内容以是否有利于北京良好的城市形象的塑造而定。

2000年以来，《华盛顿邮报》关于北京共有398篇报道，除去以北京指代中国的147篇，共有251篇报道实际上报道了北京。其中，中性报道最多，共有123篇，占49%；正面报道有12篇，占5%；负面报道有116篇，占46%。与《纽约时报》相比，《华盛顿邮报》更显客观。

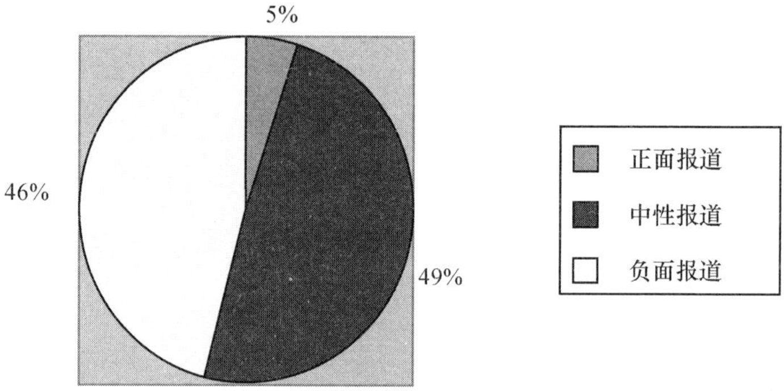

《华盛顿邮报》对北京报道倾向性比例图

《华盛顿邮报》各年报道倾向数量统计表（单位：篇）

年份	正面	中性	负面
2000	1	6	7
2001	2	15	7
2002	0	5	6
2003	0	24	11
2004	2	6	4
2005	0	8	2
2006	0	4	3
2007	3	17	10
2008	3	29	48
2009	1	3	3
2010	0	0	1
2011	0	3	2
2012	0	3	12

正面报道：2000 年 1 篇；2001 年 2 篇；2002 年 0 篇；2003 年 0 篇；2004 年 2 篇；2005 年 0 篇；2006 年 0 篇；2007 年 3 篇；2008 年 3 篇；2009 年 1 篇；2010 年 0 篇；2011 年 0 篇；2012 年 0 篇。正面宣传北京的报道不多，报道最多的年份也只有 3 篇。

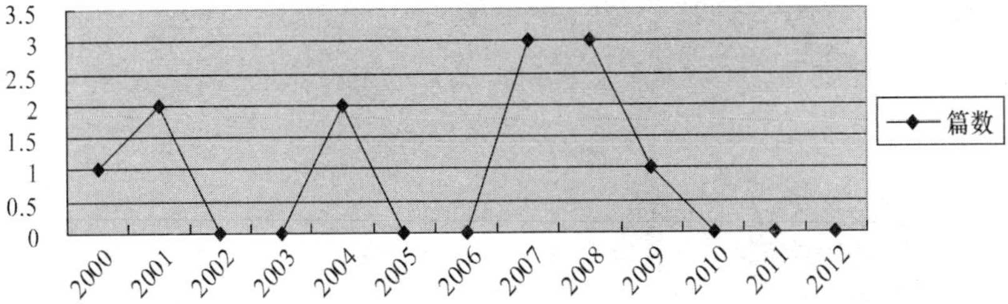

各年正面报道篇数统计图

中性报道：2000 年 6 篇；2001 年 15 篇；2002 年 5 篇；2003 年 24 篇；2004 年 6 篇；2005 年 8 篇；2006 年 4 篇；2007 年 17 篇；2008 年 29 篇；2009 年 3 篇；2010 年 0 篇；2011 年 3 篇；2012 年 3 篇。

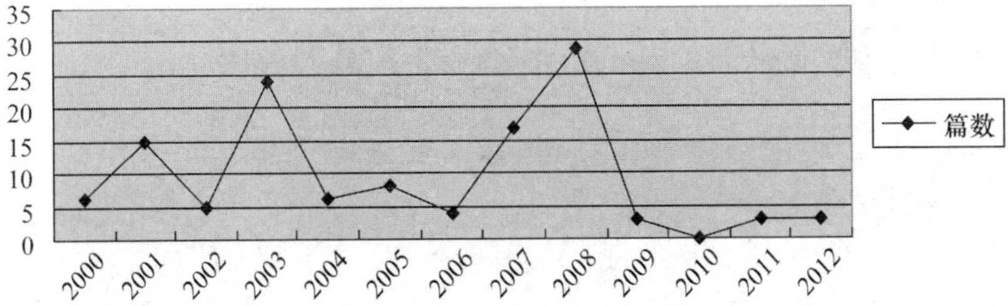

各年中性报道篇数统计图

负面报道：2000 年 7 篇；2001 年 7 篇；2002 年 6 篇；2003 年 11 篇；2004 年 4 篇；2005 年 2 篇；2006 年 3 篇；2007 年 10 篇；2008 年 48 篇；2009 年 3 篇；2010 年 1 篇；2011 年 2 篇；2012 年 12 篇。

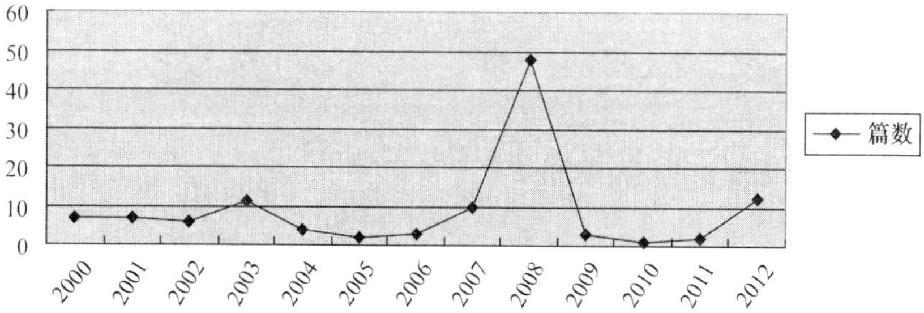

各年负面报道篇数统计图

一、对正面报道的分析

从统计结果可以看出，从 2000 年 1 月 1 日至 2012 年 12 月 31 日，《华盛顿邮报》对中国的正面报道较少，最多的 2007 年也只有 3 篇。在这一方面，《华盛顿邮报》与《纽约时报》相同。虽然正面报道北京的篇数较少，但这些正面报道对于宣传北京的良好城市形象是非常有裨益的。

（一）报道支持北京获得 2008 年奥运会举办权

这一点与《纽约时报》相似。如《华盛顿邮报》2001 年 5 月 16 日的《北京入围 2008 年奥运会申办的最后一轮》一文指出："国际奥委会的共识是：北京奥运会将给中国留下独一无二的遗产，该委员会确信北京将会组织一次非常好的盛会。北京奥申委今天在声明中说，'对于北京人来说，今天是非常好的一天。北京人和中国人应该感到自豪。’1964年夏季奥运会在东京举办，但是从未在亚洲大陆举办。对于中国来说北京奥运会被认为是一个突破，北京将成为受国际社会尊重的成员。国际奥委会许多成员认为现在是给予世界上人口最多的国家举办奥运会的机会的时候。”

《华盛顿邮报》也报道了北京申奥成功后庆祝申奥成功的情景。如2001年7月14日的《兴高采烈的中国人涌入天安门广场；许多人将这次胜利看成是中国在世界舞台中的地位得到确认的标志》指出：“燃放烟花，汽车鸣笛，数十万人欢呼，狂热的中国人涌入天安门广场，民族自豪感笼罩在林荫道上。学生们聚焦在路灯下高唱爱国歌曲。赤膊的年轻人围着广场奔跑着，人群从警察身边穿过涌入天安门广场，警察接到不要阻止的命令。江泽民主席在中国其他高层官员的陪同下，在中华世纪坛向人群欢呼。”

《华盛顿邮报》报道了北京为成功举办奥运会、展示美丽北京形象所做出的努力。如2007年6月13日的《中国推动公众注意它的行为，控制不良习惯是奥运会前的目标》指出：“庄女士告诉打扫卫生间的人要将卫生间打扫干净，说话要柔和，对陌生人要有礼貌。‘只要你来到北京，你就是北京人了。’‘你代表中国的形象。’2008年奥运会，预计将有50万外国人来到这个迅速发展的首都。”

《华盛顿邮报》指出奥运会增强了中华民族的自豪感。如2008年2月29日的《整个民族的奥运热情；中国将奥运会看作全球对中国成功的承认》指出：“奥运会将于8月来到北京，对于十多亿中国人来说，奥运会是中国历史的一个重要里程碑。对于奥运的热情不是来源于对体育的热爱，而是被解释成中国三十年经济改革和现代化的成功的证明。”2008 年 8 月 4 日的《成千上万的中国人尽情享受奥运会，许多没有奥运会门票的人涌到北京享受民族自豪感》以一个普通家庭为例指出奥运会增强了中华民族的自豪感：“张先生是一位普通的老百姓，他梦想着带他的妻子和女儿来北京看奥运会已经七年了，七年前中国获得了奥运会举办权。张先生说：‘这表明我们是一个强大的国家。为什么美国能三次举办奥运会，因为它是一个强大的国家，现在我们是东道主。这是我们国家强大的象征。’和成千上万的涌入北京的中国人一样，张先生来到北京后也陶醉在奥运会带给中国人的自豪感当中。他没有任何场次的门票，在奥运会开始前返回了老家湖南省。他说比赛对他来说无所谓，他只是想沐浴在自豪感之中。”

《华盛顿邮报》报道指出奥运会使得北京成为世界的中心。如 2008 年 8 月 16 日的《奢侈的聚会表明北京与资本主义世界齐平》指出：“现在每个人都在想北京，从普通人到明星。富有的中国人一直在举行迷人的招待会。举办奥运会期间，北京正陶醉在慷慨地展示资本主义和重商业主义之中。作为中国的政治中心，北京一直落在财政中心上海的后面。现在北京是世界的中心。”

（二）报道了北京艺术的繁荣

《华盛顿邮报》报道了北京市政府支持 798 艺术区的发展，这一点与《纽约时报》相似。如 2004 年 4 月 17 日的《先锋派在北京找到家；随着中国居民收入的增加，艺术繁荣，有更多的人寻求文化上的满足》指出：“北京，尤其是

798 已经成为现代艺术创作的中心。”一位半年前从她的出生地上海搬到这里的女士说，“这是一个令人激动的时刻。”“我的鼻子能够闻到这种气息——金钱、成功的希望。”十年前来北京的沃思堡市的罗伯特·伯纳尔在 798 经营一家艺术书籍书店，他说，“中国的政治首都变成了中国新兴的艺术中心，正吸引着来自国内其他地区和世界上其他国家的画家和艺术家。北京在艺术领域崭露头角部分是自发的。现在，随着富有阶层的壮大，中产阶级开始扩大，许多中国人开始有时间和资源寻求除了金钱方面以外其他方面的追求。北京市政府也支持 798 的发展。”

（三）指出北京值得华盛顿学习

《华盛顿邮报》的报道指出北京的名胜古迹和历史深深地吸引了美国人；北京的活力和旅游业值得华盛顿学习。如 2004 年 10 月 19 日的《北京的旅游业给威廉姆斯留下了深刻的印象；城市的活力、增长给华盛顿提供了借鉴》称：“华盛顿市长安东尼·威廉姆斯 2004 年 10 月 18 日说，作为旅游目的地，北京有许多值得华盛顿学习的地方。他在北京饭店接受采访时说，‘它的活力令你折服。’这位市长率领了由官员和企业家组成的 30 人的代表团来到北京进行为期四天的访问，10 月 19 日结束。这次访问是对北京市长王岐山 5 月份对华盛顿的访问的回访。威廉姆斯说，经过了一个星期的观光，威廉姆斯和他的队友，像大多数第一次来到北京的游客一样，被北京在过去 15 年中迅速发展的经济所吸引。过去 15 年间，经济的迅速发展已经给予北京快速的城市节奏和繁荣的光辉。在参观了紫禁城、天坛和长城后，威廉姆斯说他也被北京作为世界首都的历史所吸引。……威廉姆斯说，由于华盛顿没有投资推动旅游，北京的实践有许多值得华盛顿学习的地方。他说他所看到的北京作为观光地和2008年奥运会举办地的视频给他留下了深刻的印象。”

（四）宣传了北京的发展变化

《华盛顿邮报》2007年5月13日的《北京时刻，第一次来北京旅游的游客发现这个城市正在改变，但是太快以至于抓不住》指出：“世界旅游组织认为，由于标志性的旅游景点如长城和紫禁城，都在北京，到2020年中国将是世界上最受欢迎的旅游目的地。”报道还指出美联航可以从华盛顿直飞北京，“美联航赢得了提供从杜勒斯国际机场到北京的新的服务的权力，这给予华盛顿首次直航中国的机会。3月28日从杜勒斯国际机场进行了首航，并且举行了庆祝仪式。”

（五）报道北京的美食

这类报道与《纽约时报》相似。如《华盛顿邮报》2000年8月31日的《美食：北京的自助餐》一文宣传了北京的自助餐。

二、对负面报道的分析

在检索出的398篇报道中，除去147篇以北京指代中国的报道，共有251篇报道，其中负面报道有116篇，占总报道量的46%。这些负面报道描述了北京在政治、经济、社会、文化艺术等方方面面的问题，影响了北京在美国乃至世界的形象。《华盛顿邮报》评论部主任朱迪·阿伦在给李希光教授的信中称："报纸倾向于报道耸人听闻的坏消息，这就是新闻自由。只有那些身居高位的官员才爱听好听的。"[①]

（一）社会问题

《华盛顿邮报》对北京存在的社会问题给予了很高的关注，如报道了环境污染问题、交通堵塞问题、社会治安问题、对待宠物的政策、食品安全问题、残疾人的待遇问题等。

1. 环境污染问题

《华盛顿邮报》与《纽约时报》一样，较早注意到了北京的空气污染问题以及北京空气污染的严重程度，并对这个问题给予了持续的关注。

《华盛顿邮报》很早就对中国有关"已经大量减少温室气体排放"的报道提出了质疑。如 2001 年 8 月 15 日的《一些研究对中国的污染状况提出了质疑》一文指出："新的研究已经对中国正在大量减少温室气体排放的报道提出了质疑。日本科学家正在进行的、世界银行资助的研究对中国的统计数据提出了质疑。中国的统计数字表明中国大量减少了煤的产量，因为燃烧煤是导致这里的污染的主要原因。中国是仅次于美国的世界第二大温室气体排放国。在近来中国表明煤的产量和石油的消费量下降的研究发表前，广泛认为中国将在 2020 年超过美国。美国驻华大使馆这个月的报告称中国的温室气体排放几乎没有下降。从煤转成天然气并没有像政府所说的那样迅速地在大城市出现。中国官方的数字显示 1999 年石油消费量与 1996 年相比只

① 李希光：《妖魔化中国的背后》，中国社会科学出版社 1996 年版，第 6 页。

增加了11.4%。”

《华盛顿邮报》注意到北京的空气污染水平的严重性。如2007年10月9日的《污染与奥运会》指出：“中国首都的空气污染水平几乎比世界卫生组织建议的安全标准的五倍还高。”

《华盛顿邮报》指出北京政府在监控空气质量、发布空气质量报告时不包括PM2.5的信息。如2007年10月16日的《灰色的雾霾令绿色奥运会的希望暗淡，中国已经承诺在2008年奥运会前控制污染，但是正受到质疑》指出：“夏天，一层灰色的雾霾笼罩了这座拥有1500万人口的城市，令高楼大厦模糊。污染如此糟糕以至于许多游客认为参加奥运会的运动员将受到影响。当局通常跟踪PM10的数据，而不是PM2.5。PM2.5是更加危险的，能够引起哮喘。”

由于举办奥运会，中国的空气污染问题进一步暴露。2008年8月5日的《雾霾笼罩：人们谈论空气质量问题》指出：“8月4日，当参加奥运会的运动员拉开他们在奥运村的宿舍的窗帘时，他们惊奇地发现在周末时变亮的蓝天已经变成了乳白色。一层厚厚的雾霾笼罩了附近的建筑物。澳大利亚沙滩排球运动员安德鲁·斯查特问道：‘是云还是雾呀？’中国环保部宣布8月4日是空气质量非常好的一天，空气污染指数是35，任何低于50的结果都是好的。专家们质疑空气污染指数，指出中国没有将最为危险的污染物：臭氧和细颗粒物，也就是PM2.5的数据统计在内。运动员和官员们说北京现在的空气状况比以前来北京时已经有所改善，因为中国已经通过关闭工厂、停止基建项目、限制上路的小汽车的数量等做出了努力。美国田径运动员仍一直留在中国的海滨城市大连直到他们的项目开始前才到北京。”

《华盛顿邮报》指出北京的水资源污染也比较严重。如2008年8月7日的《在清洁的努力中，北京将工厂搬到其他地区》指出：“五年前，北京东125里是一个旅游胜地，河里有好多的梭子鱼、比目鱼和鲤鱼。现在，那里几乎没有鱼了，看到蓝天的日子也很少。”

2. 社会治安问题

《华盛顿邮报》也关注了2000—2012年北京发生的几起重大的社会治安事件，并对这些事件进行了报道，塑造了北京“并不是一个非常安全的城市”的形象。而实际情况并非如此，北京是一个相对来说比较安全的城市。

《华盛顿邮报》2004年8月5日的《在北京，攻击儿童，杀死1人》关注了几起发生在北京校园的社会治安事件。如该文指出：“一位男子拿着一把切肉刀杀死了一个儿童，并且向其他的14个儿童和3位教师猛砍。”这引发了关于中国社会安全的争论。2004年11月26日的《在中国一所高中，8人被猛打至死》一文报道中国一所高中发生的恶性治安事件。

3. 宠物政策

《华盛顿邮报》对北京的宠物政策提出了批评，认为中国的宠物政策不合理，收费过于高昂，导致许多狗的主人不给自己的宠物狗登记。一些饲养大型犬的人躲起来以不被发现。如2000年5月1日的《在中国，不是每一只狗都有它的好日子》指出：“一个叫本本的狗为了避免被抓，它很少离开家，甚至在它不得不去看医生时，它都必须躲避无所不在的管理者。中国社会曾经把养狗当成资本主义颓废的生活方式，并且为了避免狂犬病而大量屠杀狗。但是在过去的五年中，随着家庭收入增加，许多下岗的中年人认为有必要有一个伴，狗的数量在中国城市中大增。全国的统计数字都不是有效的。兽医和动物权力保护主义者说自从1994年政府允许城市居民养狗以来，狗的数量稳步上升。以前，养狗、猪和鸡在城市里是被禁止的。在北京，动物诊所的数量由1990年的2—3个增加到现在的七八十个。其中只有4—5个是国营的。尽管城市里不再禁止饲养狗，但是许多城市对狗征收高额的费用，以阻止大部分人饲养。北京第一年征收600美元，以后每年征收241美元。这些费用太高昂了，超出了普通家庭的承受能力。注册的狗的数量远远低于实际的狗的数量。北京登记的狗有10万只，但是很多兽医认为实际数量接近100万，这意味着90%的狗没有得到许可。在北京，不允许养超过13.7英寸高的狗，所以有人就带着狗搬到郊区，而有些人仍留在北京。”

报道称北京被指示捕杀没有登记的狗，令狗的主人恐慌。如2000年12月3日的《对狗的斗争显示出中国公民社会的迹象，宠物主人，中产阶级象征，维护权力》指出：“凶手在北京逍遥法外，最近的受害者是两只斑点狗、一只德国牧羊犬、一只北京狮子狗和一只魏玛猎狗。自8月以来，至少30只狗被认为死于中毒。这种屠杀已经令北京拥有狗的人恐慌。尽管没有人被捕或者被指控，估计罪犯是被狗的叫声激怒的居民。在北京只有8万只狗有牌照——据估计不到一半的数量。”

4. 残疾人的待遇

《华盛顿邮报》认为北京缺少可供残疾人使用的设施，

残疾人缺少工作，尽管北京的残疾人的状况要好于中国其他地区。2008 年 9 月 6 日的《北京欢迎残疾人》指出，“尽管近几个星期，北京的新型机场已经能够给予来自世界各地的残奥会运动员特别的欢迎，原因是政府投入了 170 万美元来降低洗手池和扶手，增加了盲文标识并且把 214 个洗手间转换成轮椅可以进入的那种。”然而，“在北京南部，一位曾经做过煤矿工的人需要护工来推动他经过一个非常陡的斜坡进入他的公寓，他费劲地上了出租车和公交车，他没有公共洗手间可以利用。中国正利用残奥会作为转变意识并且更好地整合 8300 万残疾人的方式。但是事实上很少能看见中国的残疾人，原因是北京缺少可供残疾人使用的设施，残疾人缺少工作机会并被歧视。一位腿部残疾的 48 岁的人说，‘我需要人把我抱到出租车上，并帮我折好轮椅。’‘公共卫生间没有扶手，我蹲不下。’北京的条件比其他省市和农村要好得多。但是官员在执行规定和树立公共意识方面失败了，结果，盲道有时被堵住了，供轮椅通过的坡道没有根据标准建造得很长而且很低，而是短而且陡。”

事实上，中国残疾人的状况已经得到了很大的改善，北京很多地方都能为残疾人提供特殊服务，例如在火车站、首都机场，残疾人都得到了特殊的帮助与服务，便利了残疾人的出行。

（二）经济问题

《华盛顿邮报》对北京经济方面出现的问题关注不多，在经济方面，没有负面报道。

第四节　报道领域和内容分析

检索出的398篇中，有147篇是以北京指代中国的，真正报道北京的新闻有限，共有251篇，其中，政治96篇，经济8篇，社会103篇，文化99篇。部分报道报道了多方面的内容，故总篇数超过251篇。可见《华盛顿邮报》与《纽约时报》一样更关注北京的社会和科技文化问题，对北京的经济发展不太关注。

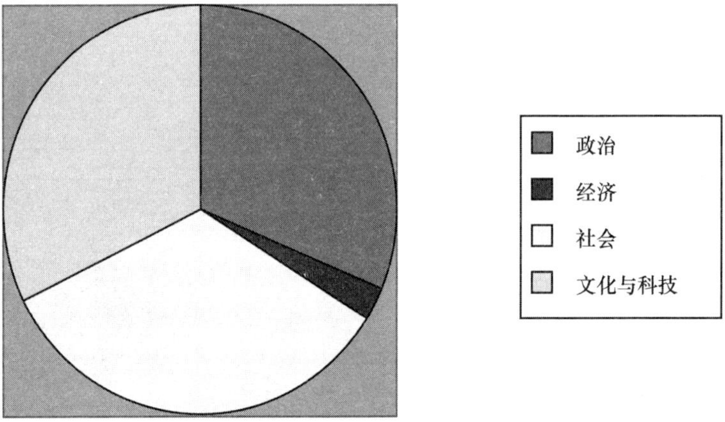

《华盛顿邮报》对北京报道议题分析图

一、经济

新世纪以来，随着中国经济的发展，作为首都的北京在经济领域有了比较大的进步，但也存在着一些问题。这个时期《华盛顿邮报》关注了北京在经济领域的发展，如外国公司在北京扩大业务等得到了《华盛顿邮报》的肯定报道。总的来说，相比政治、社会方面，《华盛顿邮报》对北京的经济发展和存在的问题关注度不高，经济类报道总篇数只有8篇，约占总报道篇数（251篇）的3%，比例比《纽约时报》还低。

（一）关注北京的经济发展

2001年2月21日的《中国利用人权问题推动奥运会申办》指出："北京的居民更加富有了，人均收入增加了一倍多。城市看起来也很不同。许多旧的房子被拆，由巨大的公寓楼和购物中心代替。曾经非常黑暗的城市，现在夜间灯光璀璨。"

北京经济发展迅速，但是发展得"狂乱"，占用许多公共绿地。2007年5月13日的《北京时刻，第一次来北京旅游的游客发现这个城市正在改变，但是太快以至于抓不住》指出"近年来，这个国家经济方面的繁荣明显：未来正在被以狂乱的速度塑造"。2000年7月8日的《透明圆形罩：国家大剧院建筑将北京分开，批评家称这个建筑丑陋、昂贵》指出："20年的经济发展极大地改变了北京。应建设一个现代国家的要求，北京推出了许多摩天大楼。官员们允许开发商们在本应该为绿地的公共用地上建酒店和办公楼，破坏了北京有限的公共用地。"

北京与世界各地的直航增加，与各地的联系越来越便利。关于增加到北京的直航线路，《华盛顿邮报》多篇报道认为华盛顿应该开通与北京之间的直航。2006年10月26日的

《首都之间的联系，华盛顿应该赢得这次直航》认为华盛顿应该开通和北京之间的直航。该文指出：“华盛顿和北京之间的联系质量可能会影响全球稳定。但是两个首都之间没有直航。在接下来的两个月中，交通部将考虑是否应该做出改变。由于经济和地缘政治原因，交通部应该支持开设美联航每天从杜勒斯国际机场直飞北京的航班。但是中国政府限制到北京和上海的直航。直航的美国城市需配额。目前，有从旧金山、洛杉矶、芝加哥、纽约和纽瓦克市到上海和北京的直航。根据与中国人签订的协议，交通部能再分配一个直航航线。华盛顿正在与纽瓦克市、底特律和达拉斯竞争。纽瓦克市拥有富有的、环游世界的游客，但是它已经有到上海的直航，并且有从纽约肯尼迪机场到北京的直航。底特律和达拉斯之间缺少直航，但是他们的人口分别为540万和620万。华盛顿包括巴尔的摩有820万。华盛顿人更倾向于到中国旅游。2005年，根据交通部数据，49200人次从华盛顿飞往北京。但是有29510人次选择了底特律到上海的航线。只有13390人次从达拉斯到北京。批评华盛顿航线的人抱怨说美联航每天已有四个直飞中国的航班，再增加一条对其竞争者来说是不公平的。”2006年11月26日的《杜勒斯是北京线路的最好的选择；直航中国将有助于该地区和美国》报道指出：“美国交通部将很快选择新的到中国的直飞业务。杜勒斯—北京线路将能为30%的美中旅游市场服务。华盛顿—北京的建议对于国家来讲，也是正确的选择。恢复外交关系的时间超过四分之一世纪，到了直航将两个首都联系起来的时候了。杜勒斯已经将我们与五大洲的首都和商业区联系起来了，北京却是缺席的目的地。许多有影响的中美政策组织和专家支持这条线路。他们认为我们两个民族的文化、外交和经济联系将得益于直航。交通部能够抓住这个历史性机会，通过选择杜勒斯作为下一个通向中国的大门来推进我们的全球利益。”

华盛顿杜勒斯国际机场最终获得成功。《华盛顿邮报》2007 年 3 月 31 日的《华盛顿—北京直航》和 2007 年 5 月 13 日的《北京时刻，第一次来北京旅游的游客发现这个城市正在改变，但是太快以至于抓不住》报道了首班从杜勒斯到北京的航班的首航庆祝仪式。

（二）在北京旅游

《华盛顿邮报》的一些报道介绍了在北京的旅行攻略。2005 年 8 月 7 日的《北京公园的细节》一文介绍了在北京旅行的细节。该文指出：“九月中旬直飞北京，大约 925 美元。出行：在北京，游客最好乘地铁或者出租车。去天坛和北海公园乘地铁很方便。地铁费用是 35 美分，出租车是 1 公里 15 或者 20 美分。尽管大部分司机不说英语，但是他们会热心地解释路线，并且用手势。白天或者晚上任何时间乘出租车都是安全的。如果预算紧张，可以住在北京市中心一些中档的旅店。”该文还介绍了北京地坛公园、天坛公园和北海公园开放时间和基本情况等。

二、社会

新世纪以来，随着中国社会的发展，作为首都的北京在社会生活的诸多领域都有了比较大的变化，取得了很大进步，但也存在着一些问题，这些都得到了《华盛顿邮报》的高度关注。社会类报道总篇数为 103 篇，约占总数（251 篇）的 41%，与政治、经济和文化相比，报道数量最多，可见《华盛顿邮报》最为关注北京的社会和文化方面发生的重大事件和出现的问题，报道了北京的美景、空气污染问题、交通堵塞问题、社会治安问题、医疗卫生、新的宠物政策引起的社会问题、外来务工问题、食品安全问题、拆迁问题、出租车司机的境况、老百姓的生活（健身、回家过年）等。

（一）空气污染及治理

相对于北京的交通，美国的主流报刊如《华盛顿邮报》与《纽约时报》更加重视北京的空气污染问题。大量报道（有 34 篇）是关于北京的空气污染问题的，可见北京的空气污染问题已经引起了《华盛顿邮报》的密切关注。

《华盛顿邮报》与《纽约时报》一样很早就注意到了北京的空气污染问题。2001 年 6 月 24 日的《奥运会期间不可逃避的空气污染》指出："20 世纪 90 年代中期，世界银行宣布中国首都是世界上污染最为严重的城市。北京的空气微粒污染——最有害的那种，是安全标准的数倍。雾霾、煤尘和建筑灰尘笼罩，北京的空气污染导致大量的呼吸道疾病和慢性疾病。"

北京的空气污染问题是中国申办 2008 年奥运会需要面对的问题。申奥期间北京的空气污染问题受到西方的质疑，被多次提到。如 2001 年 6 月 24 日的《奥运会期间不可逃避的空气污染》指出："北京的空气污染导致大量的呼吸道疾病和慢性疾病。即使近来有所改善，空气也会导致短跑者和长跑者哮喘。" 2001 年 7 月 8 日的《奥运会精神政体，2008 年奥运会》指出："北京申奥还有其他的缺点：北京的空气污染程度非常严重。"

北京申奥成功后，北京的空气污染问题也是其密切关注的问题。中国政府统计 PM10 而不是 PM2.5 的数据的做法遭到批评。

奥运前夕，北京的空气污染问题令北京奥组委提出的"绿色奥运"的说法遭到质疑。如 2007 年 10 月 16 日的《灰色的雾霾令绿色奥运会的希望暗淡，中国已经承诺在 2008 年奥运会前控制污染，但是正受到质疑》指出："夏天，一层灰色的雾霾笼罩着这座拥有 1500 万人口的城市，令高楼大厦模糊。高温和少风加上拥挤的车辆导致空气污染。污染如此糟糕以至于许多游客认为奥运选手将受到影响。北京说他们正在增加地铁线路，已经搬出了许多工厂，并且在奥运会期间将实行限行政策。奥运会期间将实行单双号政策，每天将限制 100 多万辆车上路。但是批评人士指出他们的证据：北京没有定期采取措施，或者评估一些有害的污染物，包括很容易被吸入肺部的细微颗粒。"

《华盛顿邮报》也注意到了北京在改善空气质量方面所做的努力。如 2001 年 6 月 24 日的《奥运会期间不可逃避的空气污染》指出："可以确信的是，中国正在努力改进形象。中国政府将投入 120 亿元来治理空气污染。政府将迁出向城市空气中排放大量粉尘的大型钢厂，至少会命令它们暂时关闭。" 2001 年 7 月 6 日的《北京的奥运梦，社会问题、设施》指出："北京承诺到 2008 年时，将通过包括关闭一些工厂、减少机动车排放、提倡公交和出租车以及使用更清洁的燃料等一系列项目使得北京的空气与其他竞争城市的空气一样清洁。北京称将在环境项目、污染处理、天然气供应上投入122亿美元。”

《华盛顿邮报》对北京在改善空气污染方面采取的措施所取得的成效给予了客观的评价。如2009年4月5日的《对于中国来说，清洁空气、关闭工厂取得成效》指出：“去年夏天，北京尽力削减一些污染严重的工厂的排放量。北京，中国污染严重的首都，正呼吸其近十年来最清洁的空气，原因是北京采取了控制污染的措施。徐先生说，‘像我在国外看到的天空一样，我能够看到云彩。这些天我在这里看到的与我在欧洲和美国看到的很像。’美联社对政府的分析数据支持他的判断：根据环保部提供的数据，去年下半年，包括奥运会在内的8月，北京得到了自2000年以来最低的空气污染数据。每个月的平均空气污染指数是74，比前七年低25%。没有更早的数据。专家注意到改善的原因，包括将北京污染最为严重的工厂迁出北京，奥运会期间实行的限制措施部分持续下来。……联合国环境项目表明在奥运会进行的两星期内，一氧化碳水平降低了47%，二氧化硫降低了38%。联合国的报告表扬了北京在公共交通、城市公园和新能源车辆上的投入，如北京仍继续实行交通限制措施——小汽车车主一星期限行一天。”

《华盛顿邮报》也指出了北京改善空气污染的艰巨性和长期性。2001年6月24日《奥运会期间不可逃避的空气污染》指出，“然而，到2008年举办奥运会的时候，中国的经济总量将是目前的两倍，可能会影响减少空气污染的努力。而且北京在环境方面的表现很少与其令人赞赏的目标相符。正如美国大使馆两年前的报道说的那样，尽管官方统计数据告诉我们北京的空气正变得更好，但是我们的眼睛和鼻子告诉我们北京还有很长的路要走。”

虽然，北京的空气污染状况在奥运会期间有所缓解，但近年来，北京的空气污染状况日益严重。《华盛顿邮报》2011 年 8 月 7 日的《一个城市的再塑造的证明》指出：“北京的空气质量非常差。”2012 年 1 月 20 日的《北京有雾霾的日子》指出：“太多的汽车、太多的烧煤的工厂导致了北京的雾霾。2012 年 1 月 19 日，北京的一些航班被迫取消或者延误。由于能见度低，交通进一步堵塞，一些高速公路被关闭。父母让他们的孩子留在家里。居民竞相购买空气净化器和口罩。美国大使馆用装在楼顶的监视器测量空气质量，并且每小时都在推特账户 BeijingAir 公布监测的结果。过去的几天，美国大使馆多次宣布北京的空气是‘危险的’”。该文还分析了导致北京空气污染的原因，“从技术上说，空气中的物质是‘细微颗粒’，被美国环境保护局定义为来自汽车、发电厂的灰尘、烟灰和烟。首都的北部和西部都有山脉，所以，只有强风才能将雾霾吹到东部。”

《华盛顿邮报》认为，北京空气污染的加剧导致一些市民对政府的不信任感增加。如 2012 年 1 月 20 日的《北京有雾霾的日子》指出：“在过去的几个月中，更多的北京人应用一些设备或者其他的一些方式进入推特，开始跟踪美国的数字。BeijingAir 一直被广泛认为是比政府估计的空气质量更为真实的反映。‘绿色和平’组织的气候和能源专家周蓉说：‘绝大部分人很不相信政府。’”

面对这种情况，北京市政府公布了相关数据，并采取了更加严厉的控制空气污染的措施。2012 年 1 月 20 日的《北京有雾霾的日子》指出："中国地方政府开始采取更加严厉的措施来提高空气质量，2012 年 1 月 19 日首次公布表明空气质量是危险的数据。北京官员也宣布将采取新的措施尽力使空气变得清洁，包括阻止灰尘从建筑工地掉落，并且颁布新的规定来控制工业污染物的排放。"

（二）交通治理

《华盛顿邮报》对北京的交通状况给予了密切的关注，报道了北京交通堵塞的状况。

北京市政府继续实行奥运期间采取的限号措施，以缓解交通拥堵状况。如 2008 年 10 月 2 日的《中国继续奥运会期间实行的限号规定》指出："10 月 1 日官员和媒体说将采取限制 30% 的车辆的措施，从 10 月 11 日开始，每星期限一个工作日。新的规定应该会使每天上路的车辆减少 80 万辆。根据政府的统计数据，现在北京有 350 万辆车，每天增加 1000 辆。限制车辆是奥运会产生的众多持久变化中的一项。采取新的规定的原因是首都的交通太过拥挤，而且还由于空气质量太糟糕。"

《华盛顿邮报》注意到在中国骑自行车的一些"特殊之处"，如有人闯红灯、骑自行车的人之间距离较近。2004 年 11 月 7 日的《在北京，红色意思是通过，在中国的首都骑自行车，你不得不学一系列道路规则》指出："在北京红灯对于自行车来说不用停，这看起来是在北京骑自行车的策略。街上的小汽车通常遇到红灯会停下来。一般来讲，中国人生活得比西方人更近，将他们的车辆和自行车压得很近他们也不会感到不舒适。所以，为什么在北京骑自行车？因为一旦你懂得了交通节奏，你就会感到安全。这个城市是相当平坦的。”《华盛顿邮报》还注意到一些小汽车经常挤占自行车道的情况，并分析了其原因。如该文指出：“自行车道本身是非常混乱的。它们通常是宽得足以适合小汽车进入，当然小汽车也是这样做的。有时小汽车会进入自行车道，因为汽车道很堵，有时驾驶员停下来打电话。自行车道对于出租车和公交车来说也是非常好的地方，通常是出租车和公交车停车换乘客的地方。自行车、电动自行车和三轮车也会逆行。”所以，笔者认为北京市的市政建设应该改变这种状况，即自行车道不要建得太宽，应该不要宽得使小汽车可以驶入，因为这容易引起混乱。

（三）社会生活

《华盛顿邮报》很关注北京美景、社会饮食、休闲和娱乐等方面。多篇报道谈到了北京人的社会生活。

外国人希望到乡村感受北京人的社会生活，但被限制在城市里，而且中国人也不习惯于接受小费。2000 年 5 月 21 日的《在中国旅行，用五天时间去看香港和北京？价格合适，这对夫妇进行了尝试》一文报道了一对美国夫妇去北京旅游，想感受北京的社会生活，但被限制在了城市里。如该文指出：“我们的行程让我失望的是，除了长城外，我们被限制在城市里，没有看到乡村生活，在乡村我们可能更好地感受到中国人的生活。当我给小费时，我们的胡同游的三轮车司机没有表示感谢，而是看起来很迷惑。”

中国人有过年回家的情结，每到春节，许多在外地工作的中国人大部分都会选择回家过年。对此《华盛顿邮报》给予了报道。如 2006 年 1 月 21 日的《新年旅行受阻于大雪》指出："在数百万名中国人回家过春节的时候，中部的大雪令铁路交通中断。北京西站是农民工从首都回南方的家的主要的出发地，成千上万的旅客漫无目的地乱转或者坐在行李上，等待着无限延误的火车。警察由于担心踩踏事件的发生，禁止人们坐在地板上。一些人在白天温度接近冰点、晚上温度在零度以下的室外等待。铁路当局说有超过 10 万的旅客滞留长达 8 个小时，估计有 2 万人仍在候车室入口外等待。"

北京人比以前更加重视身体健康，到健身俱乐部健身成为新的生活方式。如 2008 年 9 月 14 日的《随着中国人财富的增加，对健康的追求增加了；健身俱乐部涌入来帮忙》指出："迎合不同健身水平和需求的健身俱乐部在十年前是不能想象的。中国人的生活由于经济发展而改变了。健身主要是城里人、中产阶级的追求。现在中国人自由塑造他们的身体，健身俱乐部涌入。由于人们有更多的时间和更多的金钱，他们更重视身体健康。如果人们还为温饱而奋斗，他们就没有额外的钱来健身。健身房在赚钱，像北京这样的大城市的健身俱乐部远没有饱和。"

《华盛顿邮报》的报道称北京人很热情。如 2004 年 11 月 7 日的《在北京，红色意思是通过，在中国的首都骑自行车，你不得不学一系列道路规则》指出："北京人很热情。在寒冷的雨中，我被一人叫进一家餐馆共享火锅，味道很好。火锅的热带走了秋雨的凉意，很好吃。"

《华盛顿邮报》介绍了北京的美景。如 2004 年 11 月 7 日旅行栏目中的《在北京骑自行车》介绍道："租了辆几乎全新的 15 速的山地自行车，可以在几个酒店租。到哪儿去骑：

天安门广场和故宫周围的护城河是适于骑自行车的非常好的观光地，以及一些非常好的胡同。颐和园是非常迷人的。什么时候去：对于骑自行车的旅客来说，北京最好的季节是秋季。天空清澈，天气凉爽，微风徐徐。春天也不错，但是通常会有来自蒙古大草原的沙尘暴。冬天是非常冷的。夏天，炎热多雾。”

《华盛顿邮报》对北京人盛行饲养宠物和北京新的宠物政策引起的社会问题给予了高度关注，这与《纽约时报》相同。如2006年11月15日的《一只狗政策在北京受到抵制，镇压令城市的宠物拥有者恐慌，提出抗议》指出：“为保护市民不患日益激增的狂犬病，上周北京官员宣布每户只准养一只狗，并且禁止饲养高于14英寸的狗。自从那时起，宠物拥有者就表示了不满和担心。尽管这些规定不是新的规定，但是显然，以前没有得到有效的执行。现在一些北京居民宣称警察已经到社区抓获没有登记的狗，并将它们杀死，但警方否认这种指控。整个周末，多达500名抗议者聚集在北京动物园附近长达3个小时，被警戒线包围。大约有18人被拘留质询，但据报道除了1人外都被释放。”

2007年12月26日的《狗的主人呈现为中国网络的监督者，人们控诉政府》指出：“陈先生说，北京市政府规定禁止饲养超过14英寸的狗，并且限制每家只能饲养一只狗。这些规定是不合理的，但被强制实行。专家估计，有30000多监督人员受雇来监督网络，他们拥有拦截敏感网站信息的高级技术。”

（四）社会治安

《华盛顿邮报》报道了北京文华东方酒店着火的消息。如2009年2月10日的《火焰吞没北京饭店，烟花喷射到未建完的大楼》指出：“2月9日由于燃放烟花，北京文华东方酒店失火。一位消防员由于呼入过多的烟而牺牲。最初的报道说，大火由烟花燃放引起，随着调查的深入，尽管北京官员今年允许在市中心燃放烟花，但是禁止在大楼里或者在阳台上燃放。”

北京作为国家的首都，许多国家的大型庆典活动都在这里举行，北京的安全是非常重要的，超过中国的其他任何城市。在北京举行重大会议前，中国政府经常会加强北京的安保措施。新世纪以来，虽然北京的治安情况有了很大的改善，但也发生了一些社会治安问题，对此《华盛顿邮报》给予了关注。

《华盛顿邮报》报道了北京文物被非法交易的消息。如2003年6月20日的《窃取古董》称：“政府控制的媒体今天说，承德市文物局外八庙管理处文保部主任李海涛被捕，原因是他卷入了中国最大规模的文物非法交易。这些文物，其中许多佛像曾属于北京的故宫博物院，去年10月在香港的克利斯蒂拍卖行出现。李被指控窃取了真品，用复制品代替被偷的文物。”

（五）医疗卫生问题

《华盛顿邮报》密切关注中国的SRAS疫情。从SARS疫情出现到2003年6月25日世界卫生组织解除对北京的旅行警告，《华盛顿邮报》共有31篇关于北京的报道，其中有30篇报道都是关于SARS疫情的，可见这一时期，中国北京发生的SARS引起了《华盛顿邮报》的高度关注。

初期，《华盛顿邮报》报道了SARS疫情在北京爆发的消息。如2003年3月25日的《香港医院带走病人，神秘疾病是主要的怀疑对象》指出："官员们今天说，香港医院的负责人一直在与一种神秘的疾病做斗争。同时，北京的国际专家向中国政府施加压力希望中国政府提供关于中国与这种疾病斗争的信息。"《华盛顿邮报》指出北京的一些政策令西方专家和政策制定者不满。如2003年4月7日的《中国称一位芬兰人死于SARS；他是首位死于SARS的外国人》指出："中国今天宣布，中国首位死于SARS的外国人是芬兰人佩卡·阿鲁，53岁，他是总部在日内瓦的国际劳工组织官员，在北京死亡。阿鲁3月从泰国来到北京，3月28日开始发烧。中国死于这种疾病的人数已达到51人。"

《华盛顿邮报》关注了SARS引起的恐慌及导致北京人生活发生变化的事实。2003年4月24日的《由于担心感染上SARS，数千人逃离北京，由于北京的死亡总数上升到35人，学校关闭》指出："成千上万的人逃离了北京，原因是报告说感染SARS的人数以三倍数量增加，9人死亡。世界卫生组织建议不要到北京和上海旅游，暗示联合国健康机构已经认定中国没有控制住SARS的蔓延。今天北京停课，许多公司职员在家里工作，避免可能的传染。4月19日前，中国政府报告北京只有37例；4月19日，数量增加了10倍；今天，政府说北京有693个病例，35人死亡。全国范围内，报告说增加了306个病例，在中国至少有2305人感染了SARS，106

人死亡。在北京，居民由于恐慌开始抢购商品，如大米和蔬菜。在城市的一些地区，市场也被关闭了，原因是卖主已经离京回家了。在北京西站，戴着口罩的如潮的人群拥挤着购买火车票，去如云南等没有SARS的地区的旅客是去内蒙古和陕西等SARS猖獗的省的两倍。政府尽力阻止学生返回家乡过五一长假，但是命令显然被成千上万的学生忽视。”2003年4月25日的《中国封闭医院与SARS做斗争，成百上千的北京学生被隔离》指出：“首都的居民到商店抢购米面、蔬菜和超市货架上的其他东西。许多食品的价格上涨。”2003年4月26日的《中国声称新增180个SARS病例，5例死亡，隔离区扩大》指出：“成千上万的人希望逃离这种传染病，返回他们的家乡，当地记者估计说大约100万人，大约相当于北京总人口的十分之一的人已经离开首都。北京教委命令学生留在这个城市。然而，北京的大学已经变得空荡荡了。在北京民族大学，三分之一的学生已经离开了校园。”2003年4月28日的《中国扩大对SARS的斗争》指出：“饭店还允许开，但是大部分饭店都是空的。”2003年4月29日的《对政府的不信任影响中国的努力》指出：“在北京郊区，村庄已经设立了检查点，阻止外面的人进入。”2003年4月30日的《SARS病毒导致北京人生活发生巨大变化》指出：“现在是春天，在工人体育馆的操场上，恋人们手拉手在漫步，戴着口罩轻声细语地交谈着。在地铁1号线，乘客是如此紧张以至于一个喷嚏都会使得人们从这一车厢跑到另外一节车厢中。根据政府公布的数据，SARS已经导致首都1347人感染，1358个疑似病例，北京至少有66人死于SARS。但是这些天对SARS的恐惧比这种疾病蔓延的速度还快。”

《华盛顿邮报》认为SARS导致北京人的地位发生了变化。如2003年5月16日的《北京现在是一个污名，不是利益》指出："当SARS爆发时，刘先生关闭了他的小的投资公司，离开这个首都去南京，南京是他的妻子的家乡。几十年来，来自北京的人一直是中国的'贵族'。北京意味着权力、财富和酷。现在北京意味着SARS。在前往南京的600英里的路程中，刘和他的妻子被叫停了20多次，一路上，卫生部门的人测量他们的体温，置疑他们的健康状况。在出口的地方官员们阻止他们离开高速公路，因为他们说这里禁止持北京车牌的汽车驶入。当他们最后到了南京，停车后，刘说，邻居给警察打电话。几辆警车到达，警察将他们的车拖走，刘和他的妻子被带到医院，隔离，尽管他们没有病，显然，没有感染SARS。"

中国政府承认SARS疫情爆发，承认面临重大危机，采取了重大措施。《华盛顿邮报》2003年4月15日的《又有10人死亡，中国官员将SARS说成是"重大的危机"》指出："中国和香港今天报告说又有10例死亡。温家宝总理第一次将这种疾病描述为'重大的'危机。温总理的声明，由官方的新华社报道，并且在全国发布，标志着政府在SARS问题上的态度发生了变化。在过去几个星期内，中国官员一般声称SARS得到了控制。不断有报道说，北京军医院正在治疗许多病例，而这些病例并不在卫生部的清单上。"2003年4月21日的《瞒报SARS病例刺激北京发生剧变》指出："在10年来最重大的政治剧变中，北京市市长和卫生部部长被解除了职务，原因是没能阻止SARS在中国的蔓延。"2003年4月22日的《传染病对于中国领导层来说是一个考验》指出：

“由于错误地处理SARS传染病，中国两位高级官员被解除了职务。中国政府已经结束了过去的行为，承诺将认真解决这个危害公共健康、经济和中国在世界的形象的问题。”

中国政府采取果断措施控制SARS疫情。如加快对SARS病毒的研究、限制人员的流动、建立隔离区隔离疑似病例、取消五一长假、加大投入、新建医院等，对此，《华盛顿邮报》给予密切关注。如2003年4月20日的《北京指示医生隐瞒SARS死亡病例》指出：“在北京，当局开始采取严厉措施来控制这种疾病。大学生现在如无老师的许可禁止离开校园。”2003年4月23日的《病毒迅速变异，中国提供遗传排序》指出：“中国科学家已经破译了SARS许多样本的遗传密码，并且说他们的研究能提供重要的线索。中国科学院北京基因组研究所所长杨焕明先生说，研究表明，来自广东和北京的病人样本存在重大不同，暗示病毒正在迅速变异。杨所在的北京基因组研究所已经对非典病毒做了测序。”2003年4月24日的《由于害怕SARS，数千人逃离北京，由于北京的死亡总数上升到35个，学校关闭》指出：“政府尽力阻止学生返回家乡享受五一长假。同时，中国国务院在举行紧急会议后宣布将投入25亿美元来帮助困难家庭支付SARS治疗费用、医院紧急设备，并且投资研究这种病毒。”2003年4月25日的《中国封闭医院与SARS做斗争，成百上千的北京学生被隔离》指出：“4月24日，警察将北京两家大医院的2000名病人和医护人员隔离，政府将成千上万的学生送到首都以外的隔离区，宣称将隔离SARS疑似病例。而且，政府发言人今天称，政府已经将4000多名北京居民隔离在家和与SARS病人没有联系的其他建筑里。”2003年4月28日的

《中国扩大对 SARS 的斗争》指出："政府今天扩大了与 SARS 的斗争，命令关闭北京所有的电影院、舞厅、迪厅、网吧、公共图书馆和教堂，卫生部报告新增确诊病例 161 例，疑似病例 303 例。北京市政府说 7672 人已经被隔离，许多人被隔离在家里。政府命令所有的大学生留在这里不要离开，但是大部分京外的学生都回家了。政府没能劝说成千上万的农民工留在这个城市以阻止这种疾病更大的蔓延。北京市官员也最大限度地增加了对随地吐痰的罚款。"2003 年 5 月 8 日的《世界卫生组织调查 SARS 在农村地区蔓延》报道了北京开设新的医院以收治更多的病人的消息。2003 年 6 月 8 日的《隔离 SARS，由于对病毒的恐惧导致中国人的生活极为艰难》指出："自从北京承认这种传染病，并且开始与这一疾病斗争后，当局宣布将村庄隔离，村民们被限制在家里或田地里。"

《华盛顿邮报》报道了 SARS 期间中国政治体制的优越性，如能够更好地调动群众。2003 年 5 月 20 日的《中国转向与 SARS 战斗的"告密者"；对共产党员的依赖反映了危机期间的战略》指出："'中国体系有很多长处。'在北京的世界卫生组织传染病专家艾伦·舒纳说：'他们动员了几乎整个社会。'"2003 年 6 月 8 日的《一个村庄一个村庄，中国与病毒作战，对 SARS 的斗争表明党仍能够动员群众》指出党的动员能力仍然非常强。

SARS 疫情得到控制，病例数开始下降，《华盛顿邮报》密切关注。如 2003 年 5 月 5 日的《北京报告的 SARS 病例数在下降，各省出现更多的病例》指出："北京今天报告了两周以来最低的增长率，但是命令学校仍再停课 14 天。"2003 年

6 月 25 日的《世卫组织解除对去北京旅行的警告；中国将战胜 SARS 归功于党》指出："世卫组织解除了对北京的旅行警告，声称 SARS 发病数已经大幅度下降，对游客来说不再是重大的威胁。政府媒体抓住这个机会，把这个宣言说成是共产主义体系优越性的象征。"

一年后，SARS 再次在中国出现，《华盛顿邮报》仍然非常关注 SARS 疫情。有 3 篇报道关注了新出现的 SARS 疫情和政府的做法。2004 年 4 月 23 日的《世界简讯》中指出："4 月 22 日，中国报道了两例 SARS 疑似病例，一例在北京，一例在中国东部省份。" 2004 年 4 月 24 日的《中国报告 SARS 病例，1 例死亡》指出："4 月 23 日，中国确认两位医务人员已经感染了 SARS，其中一位姓宋的女士的母亲已经死亡。宣布这一消息后增加了对这种高传染性的病毒的恐惧，不清楚医务人员在实验室是如何感染这种病毒的。但是官方媒体说宋女士只在那里工作了两个星期，在一个月前离开，并且走了很多地方，即使在发高烧后。宋在 3 月 7—22 日间在实验室工作，乘火车旅行到在安徽的家，在 3 月 25 日发高烧返回北京。四天后，她被送往建工医院。3 月 21 日宋的妈妈与她一起，她的妈妈在 4 月 8 日由于发烧住院，突然由于状况恶化死亡。官方媒体没有解释延迟宣布这一病例的原因。"《华盛顿邮报》的报道指出这次中国对 SARS 反应迅速，设立监控点，并为公众提供相关信息。如 2004 年 5 月 1 日的《由于数万人外出度假，中国转向反对 SARS》指出："迅速地对 SARS 的新爆发作出反应，政府设立监控点，为数百万人提供关于这种疾病的信息。但是几乎没有人戴口罩，而戴口罩在去年春天这种传染病流行时很普遍。"

（六）食品安全问题

《华盛顿邮报》认为北京乃至整个中国的食品安全问题都很严重。如2007年7月27日的《糟糕的新闻考验中国的宣传臂膀，主席允许一些批评》指出："一些对中国食品表示忧虑的新闻报道已经严重损害了中国的形象。影响如此之坏，以至于一些来中国的游客自己带食物。"北京市政府也意识到了食品安全问题的严重性，加强了对食品安全的监督，实行了新的食品质量监督系统，对此《华盛顿邮报》给予了关注。如2007年7月13日的《中国谈论安全，但是那种材质是不真实的》指出："7月12日宣布的新的食品质量监督系统将在8月8日启动，包括所有的食品安全事件的细节都由北京市食品安全办公室监督。这周早些时候，中国宣布正采取行动以确保运动员的食品安全。"

（七）北京户口问题

拥有北京市户口是一些想要留在北京的外地人需要思考的问题，因为如果没有户口会面临一些问题。对此《华盛顿邮报》给予了报道。如2010年8月15日的《在中国，批评人士称户口是过时的和带有歧视性的》指出："批评人士指出，户口制度加剧了中国的城乡差别。农民工涌入沿海城市，生活在北京、上海和广州很多年。由于没有户口，他们永远都是暂住居民，不能享受到政府补贴的住房、公共教育、公共医疗和政府福利。生活在北京这样的城市但没有当地户口的人必须到他们的老家办理结婚证，申请护照或者考大学（这种状况已有所改变，因为北京市政府很关心这部分人的实际问题——笔者注)。家长和学生们说这种要求特别麻烦，尤其是学生不得不到教科书都不一样的省份去考试。一些经济学家说户口制度过时了，且不适合现代经济，现代经济要求劳动力自由流动。白领专业人士也发现生活更加困难，如果他们没有北京户口的话。”《华盛顿邮报》对北京在户籍制度上的变化也给予了关注，如该文还指出：“在20世纪90年代，中国大城市包括上海、深圳和广州，开始允许人们获得当地户口，如果他们有相当多的固定资产或者投资了大量资金的话。上海去年进一步放松了规定，生活在上海达到七年同时纳税的暂住公民有资格获得上海市户口。近些年来，在户口方面，北京市政府采取了几个小的步骤。北京养老金可能转移到另外一个城市。而且，北京的公立幼儿园和小学近来对所有学生开放，不管有没有北京户口。一些批评人士建议全面改革户口制度，或者彻底取消，或者渐进地改变以避免大规模的混乱。一些人建议根据收入和纳税情况分配户口。”

三、文化与科技

《华盛顿邮报》关注了北京社会包括文化、艺术、体育、科技进步与古建筑、文物保护等方面的情况。2000年以来，北京在文化与科技领域的较大发展得到了《华盛顿邮报》的肯定报道。同时，《华盛顿邮报》也很关注这一时期北京在文化与科技领域存在的一些问题。文化与科技类报道总篇数为99篇，约占总数（251篇）的39%，占三分之一多。

（一）科技进步

《华盛顿邮报》关注北京在科技领域取得的进步。2008年9月28日的《中国的首次太空行走进行，主持人保持冷静》报道了中国直播“神舟七号”宇宙飞船进入轨道，中国国家主席胡锦涛和其他高层领导人在北京的指挥中心观看的消息。

（二）文化艺术

1. 建筑艺术

《华盛顿邮报》对国家大剧院做了负面评价。2000年7月8日的《透明圆形罩：国家大剧院建筑将北京分开，批评家称这个建筑丑陋、昂贵》指出：“当中国领导人批准3.6亿美元建国家大剧院时，很少有人想到围绕这个巨大的建筑物会引起如此激烈的争论。许多工程师、建筑师和外国杰出人士在批评这个项目，指责它造价太高、丑陋，且与中国的风格不符合。……在给中国国家主席江泽民的信中，加拿大建筑师小迈克尔·柯克兰称它‘很可怕’，‘那是什么，是一个鸡蛋吗？它会令中国人感到窘迫，请不要做了。’”

2. 文化之间的碰撞

《华盛顿邮报》报道了星巴克公司在北京故宫开设分店引起争论的消息，“星巴克在故宫开设了分店，引起了中国民众的不满。这种行为被称为全球化的胡作非为，甚至是美国的文化帝国主义，它刺激了中国的民族主义。‘我们反对它’，一位参观这一拥有500年历史的名胜的人说。‘这是美国的产品，它是文化帝国主义，我们应该把它踢出去。’来自上海的兼职模特说，‘这很好，咖啡很酷，故宫也很酷。’北京对星巴克的反应显示了其对西方食品的冲突性的反应。故宫与凡尔赛宫和白金汉宫具有同等的意义。”

由于北京要举办奥运会，国际上学汉语的人数在增多，中国文化的影响力也在增强。2008 年 7 月 29 日的《自豪地看北京，华裔美国人发现奥运会中的文化联系》称：“一些华裔美国人让自己的子女说汉语、学汉语。”

3. 关注了北京摇滚乐的发展

2009 年 11 月 13 日的《北京奇迹》指出：“北京的摇滚乐仍然很年轻，有许多新的乐队出现，但是仍在成长。你不能拿北京和纽约、伦敦比。那是完全不同的。对于我们，这是好的。许多孩子来自大学，甚至高中生想要演奏这种音乐。越来越多的人加入是件好事情。”

（三）体育事业

举办奥运会是这个时期最重要的事件，北京的许多事件围绕奥运会展开。《华盛顿邮报》对北京的申奥、准备奥运会、举办奥运会进行了持续的跟踪报道，给予了密切的关注，大约有 100 篇的报道是关于北京奥运会的，大约相当于总报道量的 40%，高于《纽约时报》的比例。

1. 密切关注北京申奥情况

2000 年 7 月 9 日的《如果北京赢得奥运会举办权，北京将做出改变》对北京给予了客观评价，称北京在竞争中领先，认为如果北京申奥成功，北京将会在许多方面加以改进。如该文指出：“国际奥委会正在评估申办 2008 年奥运会的 10 个城市。就目前的情况来看，北京是竞争中的领先者。1993

年国际奥委会咨询报告指出，奥林匹克在北京获得了强有力的支持，申办团队也是有经验的，后勤保障和建筑计划是坚定的，财政支持是可靠的，北京拥有非常好的酒店设施。这些优势今天仍然存在。”《华盛顿邮报》对北京申奥的可能性进行了评估。

《华盛顿邮报》也指出影响北京申奥的一些问题，如空气污染问题、交通拥堵问题等。2001 年 7 月 12 日的《申奥》指出：“加拿大负责申办 2008 年奥运会的社区关系副主席拉胡尔·巴德瓦杰说：‘加拿大的水晶莹剔透。’加拿大的水是洁净的，空气是可以呼吸的。在北京，水和空气都是问题。”

对于北京是否会获得奥运会举办权，《华盛顿邮报》2001 年 7 月 13 日的《是不是北京？这是今天国际奥委会要回答的问题》做了回答。该文指出：“北京奥组委官员今天召开记者招待会，说奥运会将会提高国家的影响力。国际奥委会成员托马斯·巴哈称，关键的一点是：北京是一个强有力的候选城市。”

《华盛顿邮报》报道了北京成功获得奥运会举办权的消息。如 2001 年 7 月 14 日的《北京获得奥运会举办权，尽管有抗议，国际奥委会还是选择中国举办奥运会》指出：“今天国际奥委会首次决定将世界上最大的体育比赛的主办权给予世界上人口最多的国家：将 2008 年夏季奥运会的主办权奖励给北京。……北京赢得 105 位成员中的 56 票，多伦多 22 票，巴黎 18 票，日本大阪在第一轮投票中被淘汰。当国际奥委会主席宣布这一结果时，北京代表团成员从座位上跳起欢呼、拥抱。”

2. 报道了奥运会准备期间所遇到的问题

（1）空气污染问题

《华盛顿邮报》关注北京的空气污染问题。2007 年 8 月 21 日的《在 4 天的限行测试中，北京的空气污染程度加重》指出："在奥运会前的测试期间，北京减少了 100 多万辆小汽车上路，但是北京天空仍然雾霾笼罩，表明在四天的测试期间污染水平有轻微增加。中国环保部官员将这种污染的加剧归因于潮湿的天气。污染一直是明年夏天奥运会的挑战，当局担心北京的雾霾会危及运动员的健康，并可能导致奥运会推迟举办。这个问题反映了中国不抑制经济发展就不能满足环保目标的两难。"

奥运会举办前，对一些国家推迟到北京的时间的现象，《华盛顿邮报》给予了报道。2007 年 10 月 26 日《世界简讯》指出："空气污染问题困扰北京奥组委。国际奥委会 10 月 25 日表示，北京的空气污染严重，一些奥运会赛事可能会被推迟，尽管特别的限制应该会使天空大部分时间是晴朗的。距离奥运会不到 10 个月了，空气污染问题成为北京最为头疼的问题之一。联合国环境项目报告批评北京的空气污染超出了世界卫生组织的标准。空气质量是个大问题。一些国家正推迟其代表团的到达时间。"2008 年 1 月 24 日的《奥林匹克代表团为北京的被污染的空气做准备》指出："美国长跑运动员打算戴口罩。荷兰自行车运动员将在韩国训练。由于担心空气污染对成绩造成影响，奥林匹克运动员正采取'极端措施'为北京的夏季奥运会做准备。许多国家的代表团正在邻近国家建立训练基地，打算在最后一刻飞往中国以最少地暴露在他们所说的有害环境中。"2007 年 12 月 12 日的《国际奥委会试图对空气污染是否会影响参加北京奥运会的运动员的成绩做出判断》指出："北京奥运会组织者向国际奥委会提供近来的空气测试结果以帮助评估空气污染对奥运会运动员的影响。中国正在努力改善北京的空气质量。国际奥委会表示它可能会重新制定比赛的时间，如果空气污染太严重的话。"2008 年 2 月 20 日的《到北京倒计时》指出："美国奥委会科学家发明了一种有碳过滤系统的布质口罩，旨在为美国运动员过滤污染物。"2008 年 3 月 18 日的《奥运会官员希望拥有清洁的空气，污染可能会对在北京的运动员产生影响》指出："国际奥委会 3 月 17 日首次承认空气污染可能会影响参加北京奥运会的运动员的健康和成绩，表示将监控奥运会期间的空气质量，决定是否推迟某些室外项目。国际奥委会最高医学官员指出，空气质量问题将减少破世界纪录的潜力，增加室外耐力项目的健康风险，如马拉松、三项全能运动和公路自行车等。"2008 年 7 月 26 日的《在采取控制措施后，空气污染状况却仍在加剧，随着奥运会临近，北京限制上路车辆的数量》指出："尽管北京限制了一半的机动车上路，但是这周北京的空气污染指数仍在上升。7 月 24 日和 7 月 25 日污染指数超过 100，一般认为这种空气状况对孩子、老人和那些过敏体质和哮喘疾病的人来说是不健康的。"2008 年 8 月 1 日的《中国控制雾霾的斗争：空气质量仍不好，启动备用计划》指出："距离奥运会还有 8 天，北京的空气质量仍如此不可预测以至于官员们被迫在 7 月 31 日宣布应急预案。近些天来，北京被雾霾笼罩，汽车尾气排放比专家预想的要高。北京奥组委担心污染不仅为观众讨厌，而且还担心会影响运动员的成绩，如果他们肺部吸入污染物的话。

中国政府此前命令许多重度污染的工厂搬离北京或者关闭。7月31日，环保部宣布如果空气质量预报糟糕的话，将再关闭北京以及天津和河北省的220家工厂、烧煤的发电厂和钢铁厂。如果天气不好的话，北京也将禁止所有形式的基建工程。北京已经实行单双号，但有时仍有交通堵塞，尾气排放比我们预想的要高。7月20日宣布的措施已经改善了空气质量，7月31日宣布的是备用计划。”北京采取的应急计划遭到了一些人士的批评，如该文还指出：“一些人欢迎这个应急计划，但一些人批评。一位大学法学院的讲师说，‘开车是普通人生活的一部分。如果扩大限制，将更加不便。……我认为政府政策应该对每个人公平，不要损害一些人，而有利于另外一些人。……北京空气污染一直比较严重，应该提出一个长期的解决方案。’”2008年8月5日的《有污点的伙伴》指出：“运动员正在威胁要缺席奥运会的开幕式，原因是担心北京的空气污染会影响他们获得金牌的机会。”

奥运会开始前夕，尽管中国已经采取了特别措施尽力减少污染，但北京的空气污染问题仍然突出，美国四位运动员在到达北京机场时因戴口罩而道歉。2008年8月7日的《场地自行车者运动员为戴口罩道歉》指出：8月5日，四位美国自行车运动员被拍到在到达北京首都国际机场时戴着防污染的口罩。8月6日，他们发表公开声明向奥运会组织者和中国人民道歉。“到达北京时戴口罩是运动员采取的保护措施，绝不是环境和政治声明。我们对我们的选择道歉。我们不是想冒犯奥运会组织者和已经开始改善北京空气质量的行动的其他人。”

（2）北京的炎热和潮湿问题

北京8月份天气的特点是炎热和潮湿，《华盛顿邮报》也报道了这种气候对奥运会可能带来的影响。2008年4月2日的《当炎热到来时，美国长跑运动员准备好了》中提到美国运动员穿了一种特殊的背心来抵抗北京的炎热，如“……美国田径教练勃·拉森猛地一拉高科技的冷却背心……”

3. 报道了北京为举办好奥运会所做的努力

（1）为举办奥运会投入了巨额资金

如2008年8月5日的《准备盛大的演出》指出：“为了帮助北京表现出最好的一面，中国投入了时间和金钱来美化北京：建设了许多新的体育场馆和体育设施，包括国家体育馆，也就是有名的‘鸟巢’。据估计举办奥运会的总账单达到42亿美元，包括新机场花费的30亿美元。”

改掉不良生活习惯的运动。2001年8月20日的《在奥运会前，官员们面对公众期待》指出：“为七年后的那个夜晚需要做的准备令北京人感到有点紧张，有要建街道和体育馆、改善空气质量的挑战。令一些人担心的是中国当众吐痰的习惯。近来北京发起了一项改掉奥运会期间可能令中国人感到窘迫的习惯的运动。‘吐痰’排在清单的首位，在‘咒骂’、‘插队’、‘拒绝道歉’、‘不微笑’前面。今天大约80%的中国人不赞成随地吐痰，然而，至少有3000万人承认他们仍随地吐痰。”

（2）工作速度快

2004年8月19日的《对于中国来说，未来既是现在也是未来，2008年计划提前完成》称：“距离北京奥运会还有四年，但是场地建设如此迅速，以至于国际奥委会已经让中国的组织者放慢速度，以便更好地管理他们的资金。”

（3）尽力改善环境污染状况

2007年3月30日的《对于被污染的北京来说，这是为奥运会所做的尝试》一文称“北京附近的湖泊污染严重，无法用于灌溉农作物。孩子们被警告不要在空气已经被污染的室外玩耍。所以，当申请2008年奥运会时，中国遇到了深深的质疑。几年后，中国已经在许多领域取得了极大的成功。实际上每一个项目都提前完工，如‘鸟巢’和‘水立方’。但是北京仍然没有完全攻克污染这一难题。”该文也指出了北京市奥组委为了改善北京的空气污染状况所做的努力。如该文称：“大约190家钢铁厂、水泥厂、化工厂、造纸厂和其他工厂被拆或者搬离了这个城市，北京附近约680个矿山已经被关闭。大约3万辆出租车和4000辆公交车已经退休，北京污染最为严重的企业之——首钢，近来宣布它的生产将处于最低标准，而不是关闭。一些行动需要时间和金钱。北京市政府已经承诺为治理和保护环境投入130个亿。北京正计划在城市周围建设三道绿墙，包括柏树、槐树、云杉，大约有100个物种。这些绿色屏障不仅会改变北京的面貌，而且还会抵御风沙。目的是美化环境，清洁空气。总之，到2008年奥运会开幕时，将种好3亿棵树。……清华大学大气污染与控制研究所所长付立新说，‘时间太短了，我认为对于北京来说短时间内达到国际空气污染标准是不现实的。但是人们应该知道整个城市正在努力，并且尽了最大努力。’”2008年8月5日的《准备盛大的演出》指出：“为了清洁空气，政府已经采取了一些行动，包括实行小汽车分单双号出行；提供更多的公交和地铁线路；停止所有的基建项目。”2008 年 8 月 7 日的《在清洁空气的努力中，北京将工厂搬到其他地区》指出：“中国采取了极端措施来改善空气质量，政府限制上路的小汽车的数量，搬迁或者暂时关闭一些工厂。首都的两个污染源：首钢和北京炼焦厂，已经被迁走。”

《华盛顿邮报》报道了北京举行限行测试及市民的反应。2007 年 8 月 11 日《北京试验减少小汽车出行：为了 2008 年奥运会采取的措施》指出：“8 月 10 日北京市宣布 100 多万辆车将在下周禁止上路，这是对为了明年奥运会采取的激进的反污染措施的测试。罗格在接受 CNN 采访时说，北京的空气质量正在改善，到 2008 年奥运会时空气状况将是可以接受的。北京奥组委执行副主席王伟两天前在记者招待会上重申了这种保证。2007 年 8 月 8 日晚，在对天安门广场进行的一周年倒计时仪式的电视直播中还可以看到空气污染。北京奥委会已经承诺在奥运会期间将限制小汽车的数量作为减少污染的几个措施中的一个，预计 300 万辆车中的三分之一将被禁止上路。将对奥运会的控制污染计划进行一星期的测试，包括工作日及周末。‘至少政府正在努力，这是好消息。’”限行也给北京市民带来了不便，如该文还提到：“对于那些住得离公司远的同事来说，这是非常不方便的。”2007 年 8 月 17 日的《为奥运会做的试验：在北京禁止小汽车》指出：“8 月 17 日超过 100 万辆小汽车被禁止出现在北京众所周知的拥堵的街道上——这是对减少奥运期间空气污染的措施的测试。这项试验预计持续 4 天，意味着 300 多万辆车中的三分之一将停驶。尽管限行措施已经在其他污染严重的大都市实行，如墨西哥城，但是北京限制 100 多万辆车，这个规模是非同寻常的，是在世界上人口最多的国家的首都。早高峰期间的交通看起来是相当的通畅，预计的公交拥挤和在公交车站排长队的现象没有出现。乘客比较从容地上下车，队伍也不比平时工作日时长。明年夏天的奥运会，北京已经承诺实行限行政策，这是对首都的可危及运动员和观众健康的糟糕的空气状况的忧虑反应。”

（4）缓解交通拥堵

为缓解交通拥堵状况，北京在奥运会前新建了多条地铁线路，并且实行小汽车限行政策，《华盛顿邮报》对此给予了关注和报道。如 2008 年 7 月 20 日的《应对奥运会高峰，北京地铁已经准备好了》指出：“7 月 19 日北京新开了两条新的地铁线。这三条新的线路，是投资达 33 亿美元建造的，是缓解奥运会期间交通紧张所建的庞大的基础设施的一部分，使北京地铁线路增至 8 条，扩大了 40% 的运力。北京对私家车实行单双号限制出行。”

（5）训练啦啦队

北京奥组委为奥运会训练啦啦队队员。2008 年 4 月 6 日的《奥运会进行时，官员为奥运会训练礼仪小姐》指出：“到奥运会开幕时，据估计将有 50 万外国游客到这里为他们的国家队加油。中国也将为运动员们加油，他们正为此进行训练。做出这样的决定是非同寻常的：中国政府训练了成千上万的正式的啦啦队员。”该文批评了北京奥组委训练的啦啦队过于整齐划一的缺点，“在 2004 年雅典和都灵奥运会期间，有小型啦啦队，穿着比基尼，缺少节奏。但是在规模和野心方面，中国的努力是不同的。中国的啦啦队员，人数超过 21 万，且还在增加，是中国希望被看到统一的、强大的声音的象征。”

（6）奥运期间禁食狗肉

如2008年7月16日的《北京倒计时》指出：“根据新华社报道，官方指定的奥运会酒店的菜单中已划掉狗肉，北京旅游局官员也告诉旅游点阻止顾客点用狗肉做的菜。侍者会礼貌地建议点狗肉的用餐者进行其他的选择。韩国在1988年汉城奥运会时也禁食狗肉。”

（7）报道了北京奥运会奖牌设置情况

如2008年8月6日的《事实和数字》报道了北京奥运会的奖牌设置情况等。

（8）对北京的努力给予了客观的评价

2007年8月8日的《倒计时，中国的选择：宣传还是积极的改变?》指出：“距离北京奥运会还有一年时间了。世界上人口最多的国家举办奥运会，就不只是体育问题了。中国将寻求展示共产党的形象，展示中国迅速增长的经济和繁荣景象，就像1988年汉城奥运会一样。数百万辆的车将被禁止上路，将种植2亿棵树来吸收二氧化碳。北京奥运会将结束过去的‘东亚病夫’的世纪，开创新的篇章。”

（9）报道了奥运会对北京城市地位的提升

如由于举办奥运会，北京的影响力超过了上海。2008年7月13日的《上海，被侵蚀的明星；中国耀眼的经济中心被奥运会举办地北京胜过》一文指出：“上海是最为时髦的大都市，中国的商业中心。然而上海不是奥运会举办地，但是北京是。北京的居民正得意于这一点，上海人只能羡慕。”2011年10月9日的《北京发生的事情》指出：“在市政建设、道路和公共交通方面，北京曾落在上海的后面，但是自奥运会后，首都成为世界大都市。在近两个星期的旅行中，当我乘坐北京到上海的高铁时我能看出上海和北京的不同。”

4. 举办奥运会

《华盛顿邮报》报道了北京奥运会开幕式的盛况，认为奥运会是中国共产党展示成就的平台。如2008年8月8日的《对于中国来说，这是展示自我的时刻，奥运会为展示共产党的成就提供平台》指出:“北京时间2008年8月8日8：08分奥运会开幕式开始。170万中国人担任了奥运会的志愿者。”

5. 其他重大体育赛事

2011年8月20日的《在中国，乔治城开始修补围墙》报道了乔治城大学篮球队与中国八一篮球队之间的比赛。

（四）古建筑、文物的保护

北京是古城，必然会涉及文物保护问题。《华盛顿邮报》批评北京市政府没能给予古建筑保护以高度的重视。如2000年8月7日的《一个北京男人待在家里》指出：“82岁的退休教授赵先生的老房子单独存在，如废墟中的一个小岛。赵先生发誓说：‘不管怎样，我决不签字，不会同意离开我的房子。’……赵说他的房子可以追溯到350年前的明代，他希望北京市政府把它定为文化遗产以便不被拆毁或者改造。但是一家房地产开发商与市政府联系希望在这个地方建一个六层的办公楼。”该文也引用了北京市城市规划设计研究院范耀邦先生的话，认为北京市政府很关心它的历史，并且在改善基础设施如道路和污水时一直努力保护它。但范耀邦也指出："对我们来说，这是巨大的冲突，这个城市800年前是被设计成政治和文化中心的，现在它不得不面对人口日益增加的需要。我们一直致力于保护旧北京，但是显然，我们无法全部保留，所以不得不做出艰难的决定。"

北京的广和剧场被拆除为现代剧场让地事件引起了《华盛顿邮报》的关注。2007年4月24日的《北京现代歌剧院代替明代剧院》指出："国家媒体4月23日报道说，北京最古老的、建于明代的剧院将被拆除，将建一个现代剧院。广和剧场于2000年被宣布不安全，它的历史可以追溯到明代，后经多次重修。北京曾有40多家歌剧院，大部分在天安门广场和紫禁城南边，但是现在保留下来的很少。北京市政府近来已经遭到批评，因为许多老城区和古建筑被拆除，建现代化的大楼和道路。"

当然，《华盛顿邮报》也注意到了北京在古建筑保护方面所做的努力。如《华盛顿邮报》的一些报道也认为北京的一些古建筑得到了完好的保留。如2011年10月9日的《北京发生的事情》指出："在后海，许多传统的胡同被保留了下来。许多中国人抱怨太多的外国人在后海开餐馆、酒吧和商店。后海的居民在尽力拥抱现代的同时，也保留了一部分过去。北京仍保留了传统的元素。"

《华盛顿邮报》2002年1月20日的《中国财宝》认为60年前中国被掠夺的文物应该归还给中国，该文指出："毫无疑问，这些文物属于北京，它们最终将回到北京。"

第四章

《基督教科学箴言报》对北京形象的认知与塑造

《基督教科学箴言报》（*The Christian Science Monitor*）是美国面向全国的颇有影响的四开日报，不仅受到美国中上层知识分子的欢迎，而且还为美国国会、政府部门以及海外研究国际问题的人士所广泛重视。该报创立于1908年，至今已有近百年的历史，总部位于波士顿市中心。[①] 它虽与宗教团体有关，而且报名上有“基督教”字样，但并不是纯宗教性的报纸，而是一份面向“世俗”的一般性报纸，自称是“国际性的报纸”。《基督教科学箴言报》曾七次获普利策奖，是美国第一份真正意义上的全国性大报，也是美国最具影响力的七家日报之一。[②] 该报大约90%的读者属于美国中上层知识分子和国际研究人员、国会和政府官员等精英阶层。据称，美国总统每天阅读五种报纸，其中有一种便是《基督教科学箴言报》，

① 《基督教科学箴言报》，http：//baike. baidu. com/link? url = 9hU9NHwFv42lEZfRFXSaNMYkbSNj9Li - UweCibissa6PQgPziuD - v8rZ57JppFV6，访问日期：2013年11月12日。

② 明安香：《美国：超级传媒帝国》，社会科学文献出版社2005年版，第90—91页。

90%以上的参议员和众议员订阅《基督教科学箴言报》。[①]《基督教科学箴言报》对西方基督教国家也具有一定影响力。

第一节　样本与研究方法

《基督教科学箴言报》每周一到周五出版，以善于强调报道国内国际重大事件，并对其进行见解独到的述评和分析而著称于报界。它是解释性报道手法的重要倡导者和实践者，对中国问题的各个方面都很关注，其分析比较客观。

笔者利用 LexisNexis - Academic 学术大全数据库进行检索，检索范围是 2000 年 1 月 1 日至 2012 年 12 月 31 日期间《基督教科学箴言报》的所有报道，界定检索的关键词为“Beijing”，据此，获得研究样本 280 篇。

第二节　对北京的关注度分析

在《基督教科学箴言报》2000 年 1 月 1 日至 2012 年 12 月 31 日报道北京的 280 篇报道中，2000 年 13 篇，约占总报道量的 5%；2001 年 17 篇，约占总报道量的 6%；2002 年 18 篇，

① 居延安：《〈基督教科学箴言报〉见习纪略》，《新闻大学》1985 年第 9 期，第 66—69 页。

约占总报道量的6%；2003年16篇，约占总报道量的6%；2004年22篇，约占总报道量的8%；2005年16篇，约占总报道量的6%；2006年18篇，约占总报道量的6%；2007年18篇，约占总报道量的6%；2008年44篇，约占总报道量的16%；2009年23篇，约占总报道量的8%；2010年28篇，约占总报道量的10%；2011年23篇，约占总报道量的8%；2012年24篇，约占总报道量的9%。

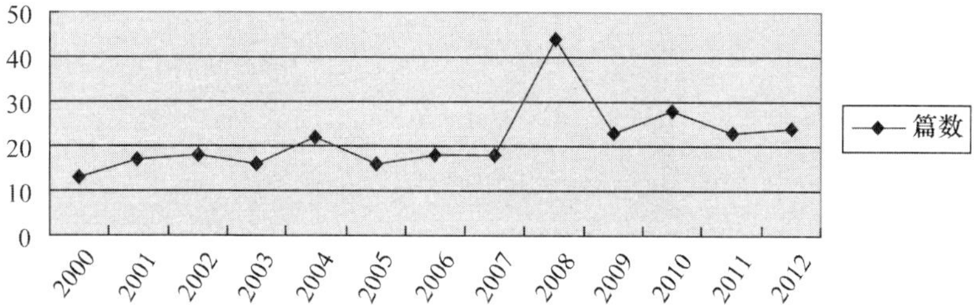

《基督教科学箴言报》历年报道篇数统计图

从上图可以看出，2008年报道量最大，有44篇，占总报道量的16%。波峰的出现绝非偶然，报道频率的高峰与北京重大事件的发生存在着明显的对应关系。2008年北京举办了举世瞩目的北京奥运会，世界媒体由于对奥运会的关注而加大了其对北京的关注度，作为美国主流报刊的《基督教科学箴言报》自然也不例外。总的来说，《基督教科学箴言报》报道篇数比较平稳，没有太大的波动，但呈逐渐上升趋势，而且比较明显，可见对北京的关注度在逐年增加。这一趋势说明《基督教科学箴言报》越来越重视北京。

依据同样的检索标准，笔者对同期《基督教科学箴言报》对其他三个世界城市伦敦、巴黎、东京的报道数量做了统计，得到的结果如下：伦敦 261 篇，巴黎 266 篇，东京 210 篇，《基督教科学箴言报》对北京的报道篇数最多，可见该报对北京的关注度是最高的。

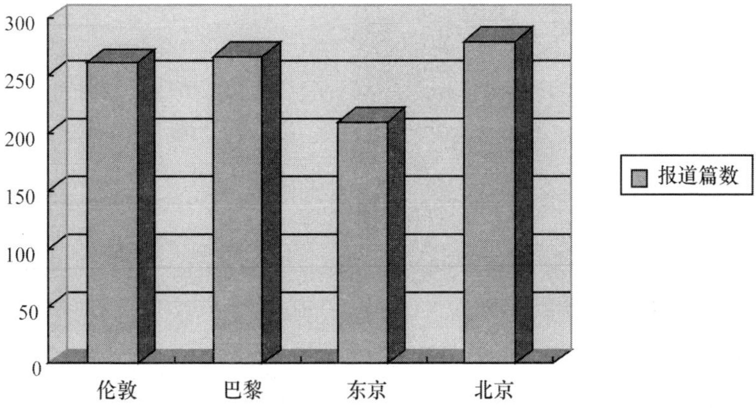

《基督教科学箴言报》对四大城市报道数量统计图

第三节 对北京报道倾向性分析

报道倾向分为：正面、中性、负面。倾向性的判断是根据报道的内容是否有利于北京良好城市形象的塑造而定的。

新世纪以来，除去以北京指代中国的报道，实际报道北京的篇数是 106 篇。在这 106 篇中，中性报道有 54 篇，约占总报道量的 51%，负面报道共有 52 篇，约占总报道量的 49%；没有正面宣传的报道。

中性报道：2000 年 0 篇；2001 年 4 篇；2002 年 5 篇；2003 年 3 篇；2004 年 2 篇；2005 年 5 篇；2006 年 5 篇；2007

年2篇；2008年14篇；2009年3篇；2010年2篇；2011年4篇；2012年5篇。

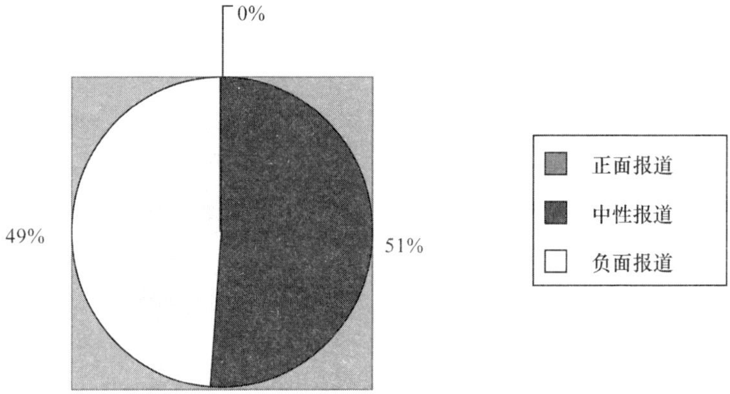

《基督教科学箴言报》对北京报道倾向性比例图

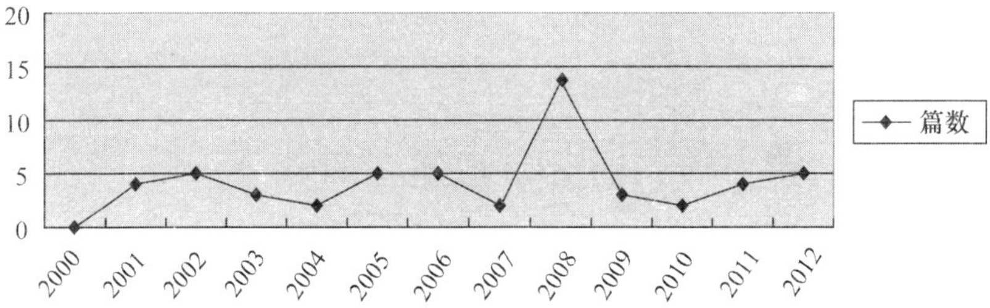

各年中性报道篇数统计图

负面报道：2000年0篇；2001年1篇；2002年1篇；2003年3篇；2004年1篇；2005年1篇；2006年5篇；2007年7篇；2008年16篇；2009年5篇；2010年3篇；2011年3篇；2012年6篇。

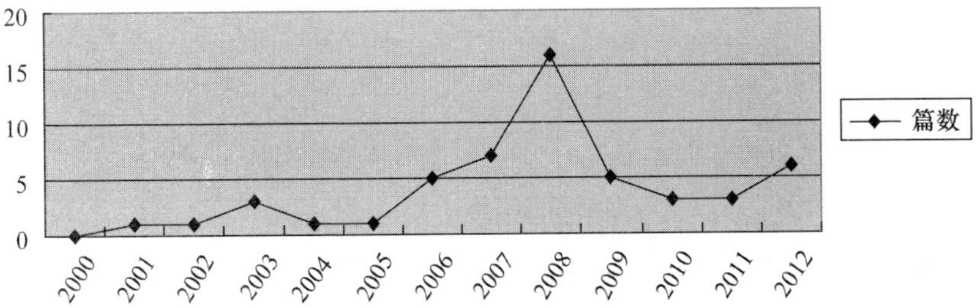

各年负面报道篇数统计图

《基督教科学箴言报》各年报道倾向数量统计（单位：篇）

年份	正面	中性	负面
2000	0	0	0
2001	0	4	1
2002	0	5	1
2003	0	3	3
2004	0	2	1
2005	0	5	1
2006	0	5	5
2007	0	2	7
2008	0	14	16
2009	0	3	5
2010	0	2	3
2011	0	4	3
2012	0	5	6

一、对正面报道的分析

2000 年 1 月 1 日到 2012 年 12 月 31 日之间，《基督教科学箴言报》关于北京没有正面宣传的报道。

二、对负面报道的分析

在报道北京的共106篇报道中，负面报道有52篇，占总报道量的49%。大量的负面报道塑造了北京的负面形象。负面报道数量大、比例大，影响了北京在美国乃至世界良好形象的塑造。这些报道揭示了北京经济、社会、文化艺术等方面的问题。

（一）经济问题

《基督教科学箴言报》报道了北京知识产权问题，即假货、盗版问题，塑造了北京“假货流行”的城市形象。

该报报道了由于北京要举行世界知识产权组织会议而管治秀水街的消息。如2012年7月3日的《中国制造：名牌仿制品从北京市场消失的原因；中国最终看起来履行了它在知识产权方面的承诺，但是只持续了两个星期》指出：“在北京召开的世界知识产权组织会议由来自154个国家的700名代表参加。这是一次盛会，秀水街市场的一位女销售员说市场管理员要求她把所有的假名牌牛仔裤藏两周。”

《基督教科学箴言报》批评北京经济过热，建了太多的购物中心，但市民来这里购物的却不多。如2007年8月28日的《在中国的大型购物中心，价格高，买者少》指出：“一位与女朋友一起逛街的修理工说，‘价格太高，人们承受不起。’投资者继续向大的购物中心投钱，分析人士说房地产泡沫的迹象正在增加。空荡荡的大型购物中心是经济过热的显示器。经济过热的问题已经明显，房地产业面临困难。自2002年起，中国的许多城市建了成百上千的购物中心。”

（二）社会问题

环境污染问题，如空气污染，及交通拥堵、社会治安、外来务工人员问题、拆迁、宠物政策等问题，是《基督教科学箴言报》关注的重点。

1. 空气污染问题

《基督教科学箴言报》也很早注意到了北京的空气污染问题，并给予了密切的关注。2010 年 12 月 1 日的《北京的空气质量相当糟糕，但是中国仍在绿色投资方面攻击美国；美国驻北京大使馆每小时在推特网站上发布空气质量报告。国会意识到中国的空气污染不会一夜之间得到改变，但它是在正确的轨道上》一文指出："美国驻北京大使馆随时监测空气质量，并且在推特简讯中发布北京空气报告。……这个数据是空气中微粒物质，一氧化碳、二氧化硫和二氧化氮的数量。根据空气质量指数，0—50 代表空气质量好，51—100 代表空气质量中等，101—150 对于敏感人群是不健康的，301—500 意味着'尽可能地不呼吸'。有多么糟糕？数据显示指数超过世界卫生组织认为是安全的数据的 20 多倍。尽管北京这十年对可再生能源（如太阳能、风能和水力发电）以及绿色工业（如电动汽车等）的系统进行了投资，然而，北京的煤、汽车和无序发展不可能一夜间消失。"

2. 交通拥堵问题

如 2007 年 9 月 21 日的《回归自行车？在北京强行推销》指出北京面临严重的交通堵塞问题。如该文指出："地球上很少有城市像北京这样需要解决交通问题了。这里的司机已经习惯于在废气中堵车了，在因堵车而形成的长队中被卡住，他们甚至很少抱怨。”同时，此文也报道了北京为了解决交通堵塞而采取的行动，如推广自行车，该文指出：“北京市委首次决定今年引入世界无车日。”

3. 新的宠物政策

《基督教科学箴言报》报道北京公布了新的宠物政策，即规定狗需要登记注册，禁止养大型犬等，并认为由此引发了一些社会问题，如导致一些北京市民为了躲避警察在夜间遛狗。2006年11月2日的《在中国，狗的夜生活开始流行》指出：“在大多数城市，带着你的狗在夜深人静之时散步可能会被看作是个人的怪癖。但是在北京，这个城市的捕狗人正在寻找没有注册的狗。如果你不想你的宠物结束生命或者成为某人盘中的蛋白质，最好是保持低调。在北京，注册的狗的数量今年上升了16%，达到53万，但是真正的数量可能多得多，许多动物没有注册。其中一个原因是避免支付75美元到125美元的注册费。大型犬，也就是肩的高度超过35厘米（大约13英寸），禁止在北京市中心饲养。9月，北京宣布它要与狂犬病做斗争，官方说狂犬病去年已经导致2500人死亡。”

4. 社会治安

《基督教科学箴言报》认为“蚁族”可能会给北京的社会稳定带来威胁。如2009年12月21日的《北京担心新的集团——“蚁族”可能会给政治稳定带来威胁》指出：“一些大学毕业生来到北京，很难找到一份自己喜爱的工作，居住在北京的郊区，成为蚁族的一员。蚁族可能会给北京的政治稳定带来威胁。”

（三）文化与科技问题

1. 教育领域存在的问题

《基督教科学箴言报》密切关注中国外来务工人员子女的教育问题，认为外来务工人员子女没有享受到与北京居民的孩子同等的受教育的机会。如《基督教科学箴言报》报道了北京市教委关闭了一些外来务工人员子女所在的私立学校，导致一些外来务工人员子女没地方上学的消息。2006 年 10 月 6 日的《北京关闭外来务工子女学校》指出："在外来务工人员居住区，成百上千的私立学校出现，在公立学校体系中繁荣。尽管近来关闭潮迫使一些父母尽力寻找新的地方。……北京教委的负责人指出，被关闭的学校是不安全的，没有登记的，是不符合标准的，并且说学生可以转到公立学校和已经登记的私立学校。政府将为改善其他私立学校的标准投入资金。不清楚有多少学校被关闭。"《基督教科学箴言报》报道说北京的公立学校不接收外来务工人员的子女，一些私立学校环境很差，教育质量参差不齐。如 2008 年 7 月 11 日的《非正式的学校试图宣扬外来务工人员子女的前景》指出："他们没有北京户口，或者居住许可证。根据官方的数据，在北京有超过 30 万外来务工人员的子女在 300 所私立学校就读。私立学校的质量参差不齐，一些学校的环境很差。"

《基督教科学箴言报》报道了在北京上一些幼儿园的花销超过了上大学的费用的现象，许多父母又不愿意自己的孩子输在起跑线上，因此父母的经济压力很大。如 2010 年 2 月 23 日的《在中国，幼儿园花费超过大学；在北京，送一个孩子到幼儿园每月大约花费 660 美元，中国的最好的大学每月才需花费

102 美元》指出："在北京，现在孩子上幼儿园的花费要超过上大学的花费。由于很多外来人口涌入北京，以及父母不想让他的孩子输在起跑线上，幼儿园的费用正在上升。一位有个两岁儿子的销售员李佳说，'孩子太多，幼儿园太少。私立的太贵，但是进公立的又太难。'……但是相比较，北京的大学学费和住宿费，由于政府的补贴，每月大约是人民币 700 元。"该文还将北京家庭上幼儿园的费用与日本家庭负担幼儿园的费用做了比较，称："在以学前教育闻名的日本，两年的幼儿园平均花费 50 万日元（相当于每年 2791 美元，或者每月 232 美元），精英学校可能会达到这个价钱的 10 倍。但是日本工人平均工资是中国工人平均工资的 10 倍。"该文也指出尽管北京市教委采取了一些措施，但是这种现象并没有改变，一些家庭的压力仍然很大。

2. 古建筑遭到破坏

2001 年 3 月 14 日的《为什么北京呈现出满是皱纹的乡下脸?》指出："随着中国财富的增加，高层建筑交易变得更加有利可图，老的胡同正在被逐渐拆除来为新的大都市的构想让路。1999 年，北京市中心留出 25 个保护区。……但是北京应该意识到实际上从长远来看，修复这些老城区看起来是更加有益的。"

第四节　报道领域和内容分析

在检索出的《基督教科学箴言报》关于北京的报道中，除政治方面外，经济方面包括经济发展、知识产权等；社会方面包括环境污染及治理、交通、社会治安、外来务工人员问题、社会生活（饮食、旅游、休闲）、医疗卫生等；文化与科技方面包括教育、科技进步、艺术、体育、古建筑保护等。其中关于政治的报道有38篇，约占总报道量的36%；关于经济的报道有8篇，约占总报道量的8%；关于社会的报道有39篇，约占总报道量的37%；关于文化与科技的报道有50篇，约占总报道量的47%（因个别报道涉及两个或者多个领域，所以总数超出106篇这个数字）。

从以上数据可以看出，《基督教科学箴言报》关于北京文化与科技方面的报道的篇数最多，与这个时期北京举办奥运会，外媒增加了对北京的关注度有关。其中大部分报道是关于北京奥运会的，关于北京文化与科技等其他方面的报道只有12篇。可见，《基督教科学箴言报》相比北京的经济发展，更关心北京的社会和政治方面存在的问题。在这一方面，《基督教科学箴言报》与《纽约时报》和《华盛顿邮报》相同。所以，北京应该更加着力宣传社会和政治方面，最终提升北京的城市形象。

一、经济

2000年以来，中国改革开放经过了20多年辉煌历程，创造了世界公认的经济奇迹，成为世界上第二大经济体和最大的出口国，取得的成就举世瞩目。随着中国整体经济的发展，北京的经济也有了比较大的进步。在全球化的浪潮下，北京的经济国际化程度越来越高。目前，世界500强企业中已有100多家跨国公司登陆北京。《基督教科学箴言报》对北京在经济方面取得的成就给予了比较客观的报道。随着中国经济的发展，作为首都的北京在经济领域也有了比较大的进步，但也存在着一些问题，这些都得到了《基督教科学箴言报》的报道。

（一）经济迅速发展

《基督教科学箴言报》报道了北京修建人造雪道，来满足日益增多的滑雪者的需求。2003 年 2 月 7 日的《中国修建人造滑雪道，滑雪者的希望》指出："投资者预测中国滑雪的人数到 2005 年将达到 100 万—500 万。即使在北京，也很少下雪。北京的 10 个户外滑雪场现在周末都很拥挤，尤其是在假日。北京正在修建 13.2 万平方米的人造滑雪道，那将是世界上最大的人造滑雪胜地。"

《基督教科学箴言报》认为奥运会刺激了北京的经济发展。如 2008 年 1 月 7 日的《中国的奥林匹克运动会：自豪的时刻和世界审视的时刻》指出："成功的奥运会将是解决过去 9 个月以来中国一直遭受的负面压力的强有力的办法，奥运会已经将人们的注意力从糟糕的食品质量和其他的产品安全规定中转移开。奥运会已经给北京的经济带来了繁荣。"

（二）对经济不利的一面

《基督教科学箴言报》2008 年 8 月 1 日的《为了北京奥运会，中国抑制商业的发展》指出："北京及北京的周边，成百上千的工厂已经关闭以减少污染或者因为它们使用了官员们担心将被用来攻击奥运会的化学物质。现在是寂静的。老板损失了金钱。在北京，最为引人注目的是一个大的钢厂和一个石化工厂关闭，以及所有的建筑工地的关闭。政府网站 7 月 31 日说，如果到奥运会时污染水平仍如此之高将再关闭200家工厂。与奥运会安全和污染相关的控制已经在某种程度上使得以首都为中心半径80英里内的商业的发展受到了限制。为了确保首都安全和空气清洁，禁止大卡车进入北京，除非得到许可。没有得到许可的大卡车在达到排放标准前不能进入，只有20%的卡车才能达到标准，达到标准的卡车也只允许在午夜到早上6：00间驶入北京，来为北京提供后勤保障。”

二、社会

新世纪以来，随着中国社会的发展，作为首都的北京在社会生活的诸多领域都有了比较大的进步，但也存在着一些问题，这些都得到了《基督教科学箴言报》的关注。社会方面包括环境污染及治理、交通、知识产权、社会治安、社会生活(饮食、休闲等)、医疗卫生等。

(一) 空气污染及治理

1. 抵御沙尘暴

2002年3月22日的《北京采取措施抵御沙尘暴》报道了北京遭遇沙尘暴的现象。该文指出:“今年第一场沙尘暴上周将细小的黄沙带入。2001年前6个月，18次沙尘暴袭击了北京。”该文称:“北京的沙尘暴部分是自然原因，部分是人为造成的，而大部分这种令人担忧的问题是人为的。中国北部多年的滥采滥伐和过度的放牧失去了保护土壤的树木和植被。如果不加以控制，沙尘暴有一天会到达上海。”该文还介绍了北京为了治理沙尘暴所采取的强有力的措施，如构筑北京的防御工程，对不按规定遮盖建筑沙堆和建筑工地的负责人处以罚款。

如该文指出："春天的沙尘暴从北部吹进北京，正在推动中国政府建立大型防护林。现在，利用2008年奥运会在政治上强有力的作用，中国官员承诺要通过各种方式来缓解沙尘暴问题。从现在起到2008年，一系列的绵延达25万平方英里的森林和果园将在北京和内蒙古之间建立。"

2. 治理雾霾

《基督教科学箴言报》注意到奥运会结束后，机动车限行的规定仍继续实行。2008年10月16日的《奥运期间令人欢迎的蓝天后，北京回到污染控制》指出："采取的暂时措施将继续。一周限行一次。过去的一个月，北京空气是相当好的，夏天采取的措施正在起作用。"但该文也指出北京没有解决实际问题，称："一些工厂在关闭了数月后重新全速地工作。显然，措施还是不到位，大部分污染企业在奥运会后开始全速工作，继续污染北京。"

（二）交通问题

《基督教科学箴言报》报道了随着生活水平提高，拥有汽车的北京市民数量大幅度增加，导致北京一些道路拥堵。如2010年3月1日的《中国正在改变》指出："20世纪80年代，中国人常常会在汽车旁留影。现在，新汽车正在以惊人的速度涌入中国新的道路上。"2011年1月5日《在北京需要一辆新车吗？对不起，这里已经有太多的汽车了，北京车牌采取摇号的方式获得》指出："2009年，中国超过美国成为世界上最大的汽车消费国，且小汽车的数量仍在迅速上升。北京路上的小汽车的数量在过去的五年里几乎增加了一倍，使得在这个城市的市中心任何地方开车几乎都是一场恶梦。"该报也报道了北京为了缓解交通堵塞现象而采取的措施。如北京规定购买新车需先摇号取得车牌。该文还指出："自 12 月 24 日起政府禁止所有车辆的出售，除非购车者摇到号牌。新规定也增加了北京的停车费，且禁止没有北京车牌的汽车在高峰时段上路。"

（三）知识版权问题

2009 年 12 月 31 日的《中国小说家棉棉起诉谷歌在没有得到她的允许的情况下扫描了她的小说，侵犯了她的版权》报道了中国小说家棉棉控告谷歌侵犯版权的诉讼案，"中国人已经拿起法律武器保护自己的版权，表明中国在保护知识产权问题方面有了很大的进步。"

（四）日常生活

《基督教科学箴言报》很关注北京美景、社会饮食、休闲和娱乐等方面的变化，多篇报道谈到了北京人的日常生活。

1. 很多老年人到公园唱歌、休闲

如 2002 年 8 月 19 日的《北京公园由于有歌声而变得有生气》报道了在北京天坛公园唱歌的严女士。该文指出："严女士在北京天坛公园唱歌，严女士说，'我为过路的人唱歌，我为小鸟唱，我为我的朋友唱。我唱歌，我开心。'一些人唱革命歌曲，一些人练习京剧，一些人练太极。他们有的合唱，有的独唱。严女士与朋友在公园一天唱两个小时，她每天早上散步，在天坛唱歌。严说，'我想要以我自己的方式生活，不是按别人的方式。我想要找到我活着的价值。唱歌帮助了我，它开始使我的生活更加美好。'"

2. 北京人更加注重健身

如2009年8月12日的《中国很刺激的工作，也许太好了》指出："北京私人健身房日益繁荣，因为中国人给予健康更多的关注。2001年，北京只有5家健身房，现在大约有400家。"

3. "裸婚"和"剩女"现象

《基督教科学箴言报》也注意到了北京城市的花费高涨，更多夫妇选择裸婚这一现象。如2011年11月12日的《中国裸婚率上升，由于城市的花费高，更多的夫妇选择裸婚——没有必需的房子、车子和其他财产》以一对普通夫妇为例报道了北京的"裸婚"现象，"即使对于北京大多数年轻夫妇来说，一些传统也是非常神圣的：房地产顾问祝先生和他的律师新娘已推迟了他们的婚礼，直到祝的父母为他们找到一个好日子。面对首都堪称天文数字的房价，祝买不起房子——自古以来中国新娘的一般需求。2005年，房屋价格飙升，北京的房价超出了他能负担的程度。'我们买不起一个公寓。'这对夫妇只是领了结婚证。祝先生说：'越来越多的人结婚时没房没车，这叫裸婚。'裸婚的现象在中国的大城市正在增多。"

《基督教科学箴言报》还报道了北京的一些"剩女"和"剩男"的父母为孩子参加公园举行的相亲大会的现象。如2011年11月15日的《为什么北京更多的女人推迟结婚，有超过50万的20多岁的未婚女性，她们多接受过高等教育，经济独立，由于个人原因考虑推迟结婚》指出："父母由于担心子女的婚姻问题，一些'剩女'的父母带着孩子的简历，参加在公园举办的相亲大会。"

4. 夜市饮食

《基督教科学箴言报》报道了北京的夜市供应昆虫和鸟类的新闻。如2005年11月3日《用蝎子快餐驱散深夜的饥饿》指出："北京的东华门夜市吸引了寻找便宜和方便的食物的饥饿食客。但是在东华门夜市，这一北京地标性地点，蝎子、海马、麻雀、蛇也是夜市可以选择的一部分食物。"烘烤食物在西方很流行，《基督教科学箴言报》也注意到一些北京人喜欢烘焙的现象。如2007年5月3日的《北京对纸杯蛋糕和奶酪蛋糕的迷恋》说："一些北京人也喜欢烘焙。以前中国人很少有人在家里烤东西吃，因为中国大部分居民厨房没有烤箱。"

5. 北京时间

《基督教科学箴言报》报道了由于北京时间和新疆时间不同令一些外国人感到迷惑的现象。如2008年4月28日的《关于工作的记者》指出："新疆时间与北京时间不同有时会令外国人感到迷惑。"

6. 北大学生的冒险行为

如2002年9月9日的《悲剧增多在中国引起争论》指出："极限运动引起普通的中国人开始思考和争论。五位北大学生上个月在攀登喜马拉雅山脉时遇到雪崩而死。为了重现1964年中国探险队的成功，15名北大登山社团'山鹰社'的成员，由有经验的登山运动员带领，试图要测量这座山脉。这个悲剧消息发布后引起了争论。一些新闻媒体开始问为什么这些有美好前途的年轻人要进行这种不必要的冒险呢？一些人认为年轻人有多么大的冒险精神就会对家庭有多么大的责任感。'为了实现自我价值，我们没必要驯服高山，最好的事情是旅行。人们不会认为你们是懦夫。生活中有许多比山脉和河流更重要的事情。’一位研究人员说，‘没有多少中国人愿意冒险。人们希望坐在房间里就能挣钱。我认为应该鼓励这种冒险精神。’”

7. 女性的防晒行为

《基督教科学箴言报》注意到一些女性为了防止脸被晒黑而佩戴了“面具”。如2004年8月18日的《通勤女性的亚洲时尚》指出：“今年春天一种奇怪的帽子在北京出现，并且在骑自行车的上班族中成为时尚，像为脸部设计的挡风玻璃，它们阻止灰尘和阳光，甚至也可以保护头发不被吹乱。这种面具，是防紫外线的，北京骑车上班的妇女戴这种帽子。戴面具或者帽子的原因是北京阳光强，多风。”

（五）医疗卫生

《基督教科学箴言报》密切关注SARS疫情，多篇文章报道了SARS疫情。

该报指出SARS疫情的加重迫使中国政府公开信息。如2003年4月3日的《病毒迫使中国公开信息》指出：“北京的官员二月份承认，2002年11月SARS疾病开始在广东省蔓延。但是在4月2日之前，也就是中国在三月份并没有报道SARS蔓延的情况，坚称这种疾病得到了控制，外国游客来中国是安全的。……经历了两个星期的批评后，中国公布了三月份的数字。”该报道还指出SARS疫情导致一些重大比赛被推迟，“世界女子冰球锦标赛这周将不在北京举行。加利福尼亚州的太阳微系统公司已经取消了派代表团到中国大陆的计划，来自马来西亚和韩国的报道表明那些国家的商人将不会参加这个月在广东举行的一年一度的贸易交易会。”

《基督教科学箴言报》关注了SARS疫情给北京乃至全国

经济造成的损失。如 2003 年 4 月 15 日的《SARS 在亚洲造成经济损失》指出："五一黄金周，这个地区酒店的房间空着，航空公司遭受损失。北京旅游局官员称，去年黄金周期间，有 8700 万中国人出行。但是今年春天，SARS 已经造成了大规模的损失。由于 SARS，北京的一位年轻人取消了飞往欧洲的计划，在黄金周期间留在北京，她说，'以前我从来没有取消过旅行。'"

《基督教科学箴言报》报道北京市民为了战胜 SARS 所采取的措施。如 2003 年 4 月 15 日的《SARS 在亚洲造成经济损失》指出："在过去的一周，北京开始为公共场所消毒，在公交车上张贴告示告诫市民小心，以及如发现新的病例要立即报告。"2003 年 4 月 28 日的《对 SARS 的恐惧刺激北京政府采取更强硬的措施》指出："北京官方媒体说官员已经命令关闭电影院、舞厅和网吧。"

《基督教科学箴言报》也关注了 SARS 是如何改变北京市民的生活的。如 2003 年 4 月 28 日的《对 SARS 的恐惧刺激北京政府采取更强硬的措施》报道了北京市民生活的变化。该文以一位普通市民张梅为例，说明了北京市民生活的变化，指出："张梅早上 7：30 时通常在户外。但是她已经在家待一周了，看电视，了解关于已经使这个拥挤的城市人口减少的疾病的报道。张说，乘公共汽车已经不合适了。我也不想出去，以免增加对我带回病毒的怀疑。"

（六）其他问题

1. 社会治安

党代会前，北京经常会加强安保措施，对此《基督教科学箴言报》给予了关注。

2. 贫富差距

《基督教科学箴言报》2008 年 3 月 31 日的《关于北京新的由于奥运会产生的建筑的第二感觉》指出："成百万的外来务工人员期望在奥运会后返回北京，北京的贫富差距日益加大。"

3. 性别差异

《基督教科学箴言报》认为北京也存着性别歧视的现象，如在就业时，男性比女性拥有更多的机会。如 2005 年 8 月 16 日的《塑造北京的四个妇女》引述了一位在北京工作的女性的话，如"我不得不相当努力，为了取得我希望取得的成绩"。大多时候，她说，"作为一位女性，在一个男性占统治地位的建筑行业中，有时我得到这样的评价——这个设计好像不是出自一位女性之手，他们认为这是赞美，但我不这么认为。"

4. 残疾人的待遇

2008 年 9 月 9 日的《残奥会令世界了解了中国残疾人的困境》指出："许多居民区没有无障碍设施。即使在北京，许多残疾人没有感到他们是社会的一员，他们感到被疏远。2008 年 9 月 6 日，北京残疾人奥运会开幕。它将成千上万的观众吸引到北京的比赛场地，尽管几乎所有人都不是残疾人。"该文同时提到了中国在这方面进行的努力，如"近年来，政府已经通过了立法，旨在给予残疾人在教育、就业方面平等的机会，反对歧视和偏见"，但同时也引用"人权观察"亚洲区负责人索菲・理查森的话说，"中国政府颁布这些法律是值得表扬的。但是没有充分执行这些法律。"该文指出 2008 年残奥会显然已经使北京在这方面的状况改善了。2000 辆低底盘的公交车已经上路，每一个地铁站有可供乘轮椅的乘客乘坐的电梯，许多购物中心和旅游景点如故宫修建了坡道。然而这篇文章同时也指出："这样的革新，并没有从首都扩大到其他城市。在大城市以外的残疾人很少有受教育的机会。"

三、文化与科技

这方面的报道包括文化、艺术、教育、体育、科技进步与古建筑和文物保护等。2000 年以来，北京在文化与科技领域取得了比较大的进步，但也存在着一些问题，这些都得到了《基督教科学箴言报》的报道。

（一）教育

教育方面的改革。《基督教科学箴言报》报道了北京学校进行的改革，如规范教师的言语、强调学生的参与、改变师生关系等。如 2001 年 5 月 3 日的《北京教师不能对孩子说的话》指出："北京今年春天的新规定列出 40 条禁止的词语、短语和句子。尽管中国的教师是令人尊敬的群体，但是他们也经常会以严厉的语言而闻名。然而，这不能再说了：'如果我是你，我都活不下去了。你真不幸。''你像个木桩一样。出去。'新的命令部分来自于中产阶层家庭父母，来自于中国的经济改革者希望毕业生在高科技的世界中有竞争力。父母和共产党官员认为有必要约束教师的口头权威。去年对 20000 名北京学生和教师的调查发现，课堂上讲的 5000 条短语被认为是有害的。事实上，注意言行只是中国学校更大的变化的一部分。去年，学校官员被命令重视学生参与。尤其是在北京和上海的学校，强调家长的参与，强调更多的创造性，少死记硬背。改变的中心是努力改变师生关系。自 20 世纪 70 年代以来中国一直以教师为中心，孩子们被教育要绝对地顺从。公立中学要求教师们现在一节课只讲 30 分钟，留剩下的 15 分钟时间给学生提问题或者交流。禁用 40 个短语的同时，教委也提出鼓励说 108 个短语，包括‘继续努力’等。”

2011 年 11 月 12 日的《中国裸婚上升，由于城市的花费高企，中国更多的夫妇选择裸婚——没有必需的房子、车子和其他财产》指出：“更多的孩子意味着更多的压力。这里抚养一个孩子是非常贵的。在北京这样的大城市，吃穿的花费远比不上教育的费用。教育上的开支巨大。”

（二）体育

1. 奥运会

《基督教科学箴言报》对北京的申奥、奥运会的准备工作、举办奥运会进行了持续的跟踪报道，给予了密切的关注，约有 40 篇报道是关于奥运会的，大约相当于总报道量的 38%，高于《纽约时报》的比例。

（1）密切关注北京申奥情况

北京为了取得 2008 年奥运会举办权，积极准备。2001 年 2 月 20 日的《北京呈现奥林匹克面貌》指出：“中国尽全力以赢得 2008 年奥运会的举办权。北京在 9 年前以 2 票之差失去 2000 年奥运会举办权，然而，现在北京已经变成了一个令人震惊的国际化大都市。一位西方观察人士说，‘北京现在做的每一个决定几乎都与获得奥运会举办权有关。’”

奥委会投票前夕，《基督教科学箴言报》对北京取得奥运会的举办权将对北京产生的影响以及对北京所做的努力做出了报道。2001 年 7 月 12 日的《中国因奥运之火而燃烧》指出："明天由哪个城市举办奥运会的决定可能会改变北京。对于举办城市来说，赢得奥运会举办权会带来威望，也可能会带来商业利益。中国希望奥运会增强作为一个崛起的现代化大国的存在。北京已经做得如此之多了。中国已经做得如此之多了。有迹象反映了北京的优势：5 月 15 日，国际奥委会评价委员会说根据北京技术方面的计划和设施，这座城市能举办一个非同寻常的奥运会。"

（2）为举办奥运会所做的准备和努力

北京市政府宣布将举办一次节俭的奥运会。如 2004 年 8 月 13 日的《中国强调 2008 年要办一次节俭的奥运会》指出："北京市市长王岐山说北京奥运会将是一次节俭的奥运会。这个声明是在对体育官员将资金用在住宅工程和额外津贴上的指责后做出的，同时他宣布了新的体育场馆完工的最后期限。……由瑞士公司设计的鸟巢最初的设计要求是建一个可移动屋顶，在下雨时遮盖鸟巢敞露着的中心场地。但是现在这个计划已经取消，这将节省 3700 万—4000 万美元。"

训练出租车司机。2005 年 9 月 2 日的《北京尽力在 2008 年培训出租车司机》指出："开出租车是一项服务业。2008 年以前，出租车学校将教授司机礼节和英语、街道文化。出租车司机的重新教育可能像建造长城一样具有挑战性。北京小汽车的数量在过去五年增加了一倍，意味着到街上可能感觉像参加战争。"

训练奥运会志愿者。如 2008 年 7 月 16 日的《对于北京奥运志愿者来说规定是众多的》指出："奥组委训练奥运志愿者学很多方面的东西。"奥组委训练啦啦队队员。如 2008 年 7 月

8日的《中国训练20万啦啦队队员》指出：“中国已经招聘了150万奥运志愿者。大多数志愿者是啦啦队队员，而此前并无此类经验。自6月以来，在北京的郊区一天训4—6个小时。”

（3）准备奥运会过程中面临的问题以及解决这些问题的努力

解决空气污染问题。2007年8月8日的《北京雾霾使奥运会前景暗淡》指出：“距离奥运会还有一年的时间。奥运会组织者说改造老城的建设项目将按计划完成。但是北京的令人窒息的空气污染和夏天天空的异常现象将对中国产生威胁。近几个月，汽车尾气、纷飞的灰尘和工厂排放的废气已经遮蔽了北京的地平线。官方的蓝天数量——对空气质量进行监控比较宽松的统计数字，正落在了今年的目标的后面。6月是一年中最糟糕的月份，有15天不合格。而且，这种有害的雾霾明年8月也非常有可能出现。”该文也分析了导致空气污染的原因，指出：“北京的1500万居民中的许多人渴望拥有一辆小汽车。北京的小汽车数量众多，注册登记的小汽车有300万辆，到明年8月可能会达到330万辆。专家说，由于大气原因，附近省份的工业废气排放和烧煤工厂加剧了污染的程度。为了奥运会进行的建设项目也增加了尘土。北京大约有10000个建筑工地。”2008年1月7日的《中国的奥林匹克运动会：自豪的时刻和世界审视的时刻》指出：“最令奥组委烦恼的是空气质量问题，他们通过限号来减少上路的小汽车的数量，关闭工厂，停止基建项目，政府希望改善北京的污染问题。但是国际奥委会官员说如果在比赛日北京的空气仍如此糟糕的话将考虑推迟比赛项目。对中国人来说，这将非常丢面子。”2008年7月28日的《11天能令空气清洁？奥运会东道主说是的》指出：“在过去的四天里，厚厚的雾霾笼罩北京，能见度仅为四分之一英里。距离奥运会开幕式还有 11 天了，污染水平超过中国的官方标准，这一直令奥运会组织者担忧。由于北京的空气质量被认为是奥运会成功的一个关键因素，彻底治理时间不够。尽管 6 月份采取的措施在产生效果，然而疑虑尚存。研究了多年来北京的空气污染数据的环境顾问史蒂芬·安德鲁斯说，‘事实是空气质量仍然很糟糕。’国际奥委会已经表示，北京的空气质量是主要问题。国际奥委会主席罗格去年警告说，如果比赛日空气质量不令人满意的话，一些耐力项目，如马拉松和自行车可能不得不推迟。一些奥运会代表团，包括美国队，在训练中和日常生活中发口罩，以保护运动员。中国官员坚称自北京 1998 年向污染宣战以来，北京的空气质量在逐渐改善。”该文还引用了安德鲁斯的话指出：“2000 年，政府放宽了氧化氮的标准，这立即‘改善’了空气质量数据，但是实际上污染物水平并没有降低。”2007 年 8 月 8 日的《北京雾霾使奥运会前景暗淡》也指出了北京市政府为了改善空气质量采取的措施。如该文指出：“由于承诺举办一场‘绿色奥运会’，北京已经投入巨资建地铁线和其他大型将产生长期效益的交通项目以及清理河道和种植树木。北京奥组委官员说，尽管有挫折，但是这些努力得到了回报：‘蓝天’的数量从 1998 年的 100 天增加到 2006 年的 241 天。”2008 年 7 月 28 日的《11 天能令空气清洁？奥运会东道主说是的》指出：“当局已经采取了广泛的措施，这些措施已经产生效果。小汽车分单双号行驶，重污染的卡车已经被禁止，除非运送新鲜农产品，70% 的公车停驶。”

北京申奥成功给外界带来了希望，希望北京做出改变。2006 年 8 月 7 日的《改变的希望》一文指出：“两年后北京将举办奥运会，这一盛会点燃了对北京革新和政治改革的希望。从 8 月 8 日起距离北京奥运会开幕只剩下两年的时间了。对奥运会将治愈所有方面、改革所有方面，促成中国现代化的期待正在加强。”

（4）奥运会的举办

奥运会期间的空气质量。2008 年 8 月 13 日的《关于工作的记者》指出：“关注北京天空：空气质量是北京奥运会中的一个热点话题，有无数的关于运动员是否在与污染做斗争的评论。这是事实，自作家马克·斯皮菲尔德来报道奥运会起，他实际上就没有看到过太阳。但是，他指出，空气质量也没那么差。马克说，‘我采访的运动员也赞同我的观点。’游泳运动员亚伦·皮斯尔是来自南加利福尼亚的，他在记者招待会上说，他知道有空气污染的存在，但是在北京他实际上没有感觉到空气污染。在每一次新闻发布会上，污染都被提出，但是答案是相同的——它不是真正的问题。马克说至少有一个例外，是自行车运动员萨拉·海默，她在到北京机场时就戴着一个口罩，现在还戴着。马克大部分时间都是在室内做运动，所以不担心天气问题。”

奥运会没有给北京带来巨大的商机。如 2008 年 8 月 19 日的《对于北京的商人来说，奥运会缺少利润》指出：“全球性的体育赛事像奥运会正常来说对于一个好客的城市是有巨大的商机的，会有众多的游客、住宿、就餐等。但是随着北京 2008 年奥运会进入后期，预想的旅游业的繁荣没有出现。旅馆老板正在努力增加入住率。北京旅游局官员说，在奥运会前，他们期待奥运会期间有 50 万境外游客来，包括来自中国香港、澳门和台湾的。去年 8 月，有 42 万游客，但是现在看起来那个目标不现实，今年6月和7月到北京旅游的数字低于2007年的数字。”该文也分析了其中原因，指出：“极高的酒店价格——三星酒店一晚多达1000美元……但是酒店经营者、外国游客和外国顾问更多地指责外国人获得签证难度加大。”2008年8月22日的《最后中国能从奥运会获利吗?》指出：“为了赢得奥运会举办权，中国在体育设施上投入了巨额资金。但中国能从奥运会获利吗?”

《基督教科学箴言报》认为伦敦很难效仿北京奥运会。如2008年8月25日的《北京奥运会：伦敦很难效仿》指出：“英国伦敦奥运会要与2008年奥运会相匹敌的话，将面临巨大的挑战。”

2. 其他体育赛事

《基督教科学箴言报》报道了北京即将举办亚洲杯足球赛的消息，如2004年8月5日的《亚洲角逐足球赛》指出：“亚洲杯足球赛将于8月7日在能容纳6万人的工人体育场进行。”但这篇报道同时也强调指出中国球迷在比赛中的不当行为如吵闹、起哄等引起了外国人的不满。该报道还指出：“亚洲杯官员已经对中国球迷做出了一系列批判的声明。导致一位杯赛发言人质疑北京作为2008年奥运会的举办国是否在道德方面准备好了。”

（三）建筑

《基督教科学箴言报》2008年3月31日的《关于北京新的由于奥运会产生的建筑的第二感觉》认为北京的古建筑，如胡同没有很好地保存下来，很多遭到了破坏，该文指出：“整个夏天，我发现我的周围满是灰尘。当鸟巢完工时，这个体育馆将能容纳9万观众。庞大的起重机，引发咳嗽的雾霾。北京不再是北京，就在10年前，我能在胡同的迷宫中行走。狭窄的胡同是这个首都的特色，在茶馆里喝茶。现在，我几乎认不出新北京了。一代人以前，大约有6000个胡同，现在保留下来的不到1000个。”

北京出现了一些现代建筑，但是没有特色：“美国设计协会中国问题顾问杰夫·索利说：“北京不顾一切地想被认为是一个世界城市。”在过去几年，北京已经将世界高级建筑师的注意力从纽约、伦敦、巴黎吸引到北京。它夸耀由英国人诺曼·弗斯特设计的世界最大的飞机场，法国的保罗·安德鲁设计的国家大剧院。中央电视台大楼在新建的CBD的中心。五年前，这里除了废弃的工厂外什么都没有。”

综观新中国成立60多年来，北京在各方面的建设成就是巨大的，特别是改革开放以后，北京的面貌更加日新月异。不过遗憾的是，一些历史文化古迹不见了。经过一番反思后，目前北京市十分重视保护现有的历史文化遗产，也采取了很多措施，相信北京的明天必将更加美好。

（四）文化

北京的历史文化源远流长，博大精深，是中华民族智慧的结晶。《基督教科学箴言报》2011年8月1日的《8月最扣人心弦的9本书》报道了汤姆·索卡的《北京欢迎你：揭示北京的未来》，该书称赞“中国是一个日益崛起的全球强国，北京是文化中心，是可以与纽约和伦敦相匹敌的国际化大都市”。

第五章

报道规律比较及政策建议

《纽约时报》、《华盛顿邮报》、《基督教科学箴言报》是美国主流媒体的代表之一，其对北京的报道映射出当今美国主流媒体对北京形象的认知与塑造。通过对这三份报纸关于北京报道的定量分析，我们可以管窥北京在美国主流媒体中的形象。了解美国主流媒体对北京的认知及合理的意见，可以从一个侧面了解北京发展中正在遇到和可能遇到的问题，我们可以更加有的放矢地改善自身形象，提高北京的国际影响力。

第一节　美国三大报纸报道特征和规律比较

美国主流报刊在报道主体、报道叙事视角、报道手法及报道态度上都存在很大的相似性。本书主要从以下三个方面考察美国主流报刊对北京的报道规律及特点：

第一，报道总量，即美国三大主流报纸上有关中国北京的报道量，这将体现对中国关注的程度，可影响中国在美国公众乃至世界公众心目中的地位。

第二，报道内容，即有关报道所设定的各个议题，议题的设置将使公众注意到有关中国的一些具体领域。

第三，报道倾向，即对北京报道的倾向性，分正面、中性、负面，报道倾向在一定程度上体现了媒体对报道对象的态度取向。

一、关注度比较

美国主流媒体对北京的报道迅速全面，《纽约时报》、《华盛顿邮报》和《基督教科学箴言报》都对北京进行了及时的、全方位的跟踪和报道。通过报道篇数比较，《纽约时报》报道北京篇数最多，报道量最大，其次是《华盛顿邮报》，再次是《基督教科学箴言报》。《纽约时报》从2000年1月1日至2012年12月31日间关于北京的所有新闻报道总篇数为471篇，《华盛顿邮报》为398篇，《基督教科学箴言报》为280篇。相比于《纽约时报》，《华盛顿邮报》把更大精力放在本国政治报道中，涉华报道总量没有《纽约时报》大。经过对报道的样本分析，可以看出，《纽约时报》对北京的报道不但量最大，内容最为广泛，题材选择角度也十分丰富，涉及北京的政治、经济、社会和文化等方方面面各个层次的问题，可以说报道框架的辐射面广泛而且深入。《华盛顿邮报》、《基督教科学箴言报》由于所涉及到的有关北京的报道数量较少，涉华报道的辐射面必然会比较窄小。

从对《纽约时报》、《华盛顿邮报》和《基督教科学箴言报》这三家美国主流报刊对北京与伦敦、巴黎、东京这三个闻名世界的大都市做的比较可以看出，这三大报对北京的关注度最高。2000—2012年，《纽约时报》报道伦敦的篇数为355篇，巴黎为396篇，东京为231篇；《华盛顿邮报》报道伦敦的篇数为362篇，巴黎为370篇，东京为285篇；《基督教科学箴言报》报道伦敦的篇数为261篇，巴黎为266篇，东京为210篇。美国这三大主流媒体如此密集地高调报道一个国家，究其原因孟建教授一语道破："中国改革开放以来所发生的巨大变化，正在悄然改变世界格局。正是这一深层因素，使国外媒体掀起了一股中国报道热。"① 中国的首都北京自然也受到更多的关注。与中国的另外两个一线城市相比，《纽约时报》对北京关注度是最高的，但是《华盛顿邮报》和《基督教科学箴言报》对上海关注度更高。

美国主流媒体对北京始终保持着高度关注，非常重视对北京的报道，其关注程度正日益呈现深入和全面的趋势。鉴于《纽约时报》报道北京的篇数最多，报道量最大，报道内容最为广泛，我们应该更加重视《纽约时报》对北京的认知和塑造。当然，我们也不能忽视《华盛顿邮报》和《基督教科学箴言报》的重要性。

二、议题设置的比较

《纽约时报》与《华盛顿邮报》、《基督教科学箴言报》在议题设置上不仅注意到了北京的经济发展，还关注了北京的社会变化以及文化上的进步等方面。

在检索出的《纽约时报》471篇涉及北京的报道中，除去122篇用北京指代中国的报道，实际共有349篇关于北京的报

① 孟建、刘成付：《"中国报道热"体现了世界舆论对中国的关注》，http://news.xinhuanet.com/world/2005－03/18/content_2712624.htm，访问日期：2014年9月24日。

道。其中报道社会方面议题的有 120 篇，约占总报道量的 35%；报道文化与科技方面议题的有 122 篇，约占总报道量的 35%。

在检索出的《华盛顿邮报》的 398 篇报道北京的文章中，有 147 篇是以北京指代中国的，真正报道北京市的有限，共有 251 篇。其中，报道社会方面议题的有 103 篇，约占总报道量的 41%；报道文化与科技方面议题的有 99 篇，约占总报道量的 39%。

在检索出的《基督教科学箴言报》报道北京的 280 篇文章中，除去用北京指代中国的，实际上是在报道中国的有 174 篇报道，共有 106 篇是关于北京市的报道。其中关于社会的报道有 39 篇，约占总报道量的 37%；关于文化与科技的报道有 50 篇，约占总报道量的 47%。

通过以上的数字，我们可以看出，《纽约时报》、《华盛顿邮报》与《基督教科学箴言报》更关注北京的社会和科技文化问题，对北京的经济发展不太关注，其报道的篇数与北京的社会、文化相比数量较少。

2006 年秋，《瞭望·东方周刊》的记者参加了北京奥运会第一届世界新闻媒体大会，并对出席的部分外国记者做了问卷调查。结果显示，半数或者半数以上的外国记者对北京的政治和外交（50%）以及文化遗产（53%）最感兴趣，将近 38% 的人选择了经济发展和商业机会。在受到口头访问的记者中，65% 的人认为北京最吸引他们的是生活在这里的人，55% 的人选择北京的文化，44% 的人选择现代北京的风貌，有 28% 的人对北京的经济和商业感兴趣。[①]

可见，美国的主流报刊更多关注北京的社会、文化问题，尤其是北京的社会问题，如空气污染、交通拥堵问题等，所以北京提升国际形象应该从着力解决社会、文化方面存在的问题开始，加强这些方面的建设。

三、报道倾向的比较

新闻具有选择性是媒介可以影响公众的重要特征之一。这种选择在一定程度上决定了公众能接触什么样的信息，从而影响到公众的态度。[②] 从真实性的角度看，这三份报纸在报道北京时基本上能尊重事实、遵循客观的从业准则。但从倾向性的角度看，对北京的报道既有正面报道、中性报道，也有负面报道，其负面报道北京的文章数量是很大的，负面倾向比较明显。

国外媒体能否客观、真实、准确地报道北京，是北京城市形象能否在国际上成功塑造的重要因素之一。经过 30 多年改革开放之后，我国的综合国力得到了巨大的提升，国际地位日益提高，国际影响力不断增强，同时，我国的发展也深刻地改变了世界格局。当前世界新闻传播秩序依然是不公正、不平等的，西方发达国家在世界话语体系中长期占据主导地位，广大发展中国家、新兴国家的声音仍旧很难“发出去”。这种因素极大阻碍了中国国家形象的塑造，导致我们对国家形象的塑造往往是付出与收获不成正比，导致中国的国家形象在国际上常

① 《瞭望·东方周刊》2006 年第 52 期。

② 范士明：《政治的新闻——美国媒体上的西藏和“西藏问题”》，《太平洋学报》2000 年第 4 期，第 46 页。

常被外媒刻意歪曲、丑化甚至“妖魔化”。[①]

2000 年以来，《纽约时报》对北京的负面报道占多数，占总报道量的 51%；《华盛顿邮报》对北京的负面报道占总报道量的 46%；《基督教科学箴言报》对北京的负面报道占总报道量的 49%。可见，与《纽约时报》相比，《华盛顿邮报》、《基督教科学箴言报》能相对“客观”地报道中国。通过深入分析这三份报纸中中性与负面报道分别涉及的议题可以看出：中性的报道大多集中在科技与文化领域，而负面的则大都是集中在社会领域。

美国记者沃尔特·李普曼曾说：“我们不是先认识再定义，而是先定义再认识。”[②] 美国对中国也必然要经历一个逐渐消除偏见、修正认识的过程。偏见未必是出于恶意，而消除偏见需要一个过程，并且必定是艰难的过程。

尽管《华盛顿邮报》和《基督教科学箴言报》不像《纽约时报》那样负面报道占总报道量的大部分，但是负面报道的比例也是很高的。之所以会出现这种情况，与美国主流媒体的对华认知密不可分：第一，后冷战时代的意识形态因素影响了美国主流媒体对北京形象的认知。有学者认为，以美国为代表的西方国家的主流新闻媒介的确对中国存在着某种程度的偏见，对中国的报道往往先入为主，带着有色眼镜看待中国，这三大报纸也不例外。第二，商业化因素也起着非常重要的作用。当前负面新闻已成为西方自由主义商业化新闻媒体的聚焦点。正如西方学者比尔·伯尼所观察到的，对于新闻媒体来

① 胡晓明：《国家形象》，人民出版社 2011 年版，第 5 页。

② ［美］杰里尔·A. 罗赛蒂：《美国对外政策的政治学》，世界知识出版社 1997 年版，第 475 页。

说，“最有市场价值的是交通事故、水灾、火灾、地震、谋杀、战争、行业纠纷以及死亡和伤害。”这样就难免会导致新闻选择的偏颇性，一些媒体会较多地报道某一类情况，如灾难、动乱。《纽约时报》作为美国一份重要报纸注重报道的“客观性”。同时，市场的操控使得《纽约时报》在做新闻主题选择时更倾向于考虑新闻价值和市场价值。西方传媒素来“很懂得新闻作为一种商品所具有的价值”,[①] 为了最大限度地提高发行量，获得最大利润，西方报纸对灾难事件的报道往往深入、全面，不仅不隐瞒负面因素，还会充分展示灾难细节，对同一事件进行多角度、多观点、多次报道。第三，中国长期以来不能及时有效地应对国际传媒的一些主观报道也客观上助长了美国主流媒体对北京形象的误解。中国媒体对国内发生的一些敏感事件进行的报道不够及时。因此，一些西方记者在采访时便会遇到阻碍，无法获取相关的背景资料，也便无法针对事实进行现场的客观报道，而只能借助于自己的已有认识、二手资料或者其他国家的报道，进行间接性的报道，这就难免会发生移位的现象，自然容易产生带有偏见的报道。而且中国媒体在世界的声音较弱，面对美国媒体大量的负面报道，我国的对外传播体系一般不能及时地以正面、客观、真实的报道去抵消这些报道的负面影响，这在客观上助长了美国等西方媒体对北京形象的扭曲和误读。中国应公开所发生问题的相关情况，使外国民众了解真相，避免外界的误解和猜测，避免中国形象受损。

从总体上来说，美国媒体没有改变对中国形象构建的一般模式。北京形象负面否定倾向明显，正面声音微弱。总体上有

---

① 童兵主编：《中西新闻比较论纲》，新华出版社 1999 年版，第 131 页。

待改善，不容乐观。而要改变这一意识形态偏见和刻板印象，构建更有魅力的地区城市形象，不仅本地媒体、政府宣传部门要抢占地区新闻发布先机，成为信息来源主要渠道，赢得话语权，还要利用各级外宣平台、海外华人华侨及海外媒体积聚的力量，争取更多的话语权和表达平台，提高中国媒体的权威性和真实性。

要让美国主流媒体接受中国不是一件容易的事情，他们对中国的很多问题理解得不甚全面、客观、真实，所以在今后的对外传播中我们要苦练内功提高传播实力，转变观念，以大国心态来包容地看待美国主流媒体对中国的批评报道，全景展现中国，关注出现的问题，同时积极地解决问题，未雨绸缪，外媒就无法对中国进行更多的指摘。相信在不久的将来，我们一定能够营造出一个和中国综合实力相匹配的对外传播环境。

针对三种报纸不同的报道倾向，如《纽约时报》更偏重于负面报道，而《华盛顿邮报》和《基督教科学箴言报》虽然负面报道总量也很大，但中性的报道多于负面报道，我们应该对不同报刊采取不同策略。

总之，从客观性的角度看，三家报纸经常在叙述新闻事件时流露明显的主观情感、态度或评判，对北京的负面报道较多。

四、北京代表中国方面的比较

在报道台湾问题、中美关系以及重大国际问题时，美国报刊通常会用北京来指代中国，在这一点上，《纽约时报》、《华盛顿邮报》、《基督教科学箴言》这三大报刊是一致的，在这方面具有相似性、共性。对以北京指代中国的比例依次增高的具体分析为:《纽约时报》在检索出的471篇报道中，用北京指代中国的有122篇，占总篇数的25%；《华盛顿邮报》在检索出的398篇报道中，用北京指代中国的有147篇，占总篇数的37%；《基督教科学箴言报》在检索出的280篇报道中，用北京指代中国的有174篇，约占总篇数的62%。可见，以北京指代中国报道比例中，《基督教科学箴言报》最高。这表明《华盛顿邮报》比《纽约时报》,《基督教科学箴言报》比《华盛顿邮报》更看重北京的代表中国的作用。

五、三种报纸的报道重点比较

通过对这三家报纸的文本分析，我们可以看出有些问题已经引起它们的注意，并给予了高度关注，而有一些问题是各个报纸所单独偏好的。这三家报纸报道的重点有所不同，各自偏重一些主题，各自关注一些问题，表现了这三种主流报纸的共性和特色。三家报纸都报道了北京的空气污染问题，并给予了高度关注，由此可以看出环境治理等问题是美国主流报刊的报道方向。这是这三份报纸的共性。《纽约时报》和《华盛顿邮报》因所处的地点，具有地域特色。如《华盛顿邮报》比较偏重华盛顿与北京的关系，如讨论了增加北京和华盛顿之间的直航等问题。

六、报道手法比较

首先，重大事件的发生会使美国主流媒体对北京的关注度增加。

从这三大主流媒体的报道看，有一个显著的规律，就是每当北京发生重大事件、举办重大国际赛事等时，这三大主流媒体对北京的报道量便随之激增。2000—2012 年间，北京发生 SARS 疫情、举办了奥运会，《纽约时报》、《华盛顿邮报》、《基督教科学箴言报》都给予了充分的关注，并进行了密集的报道。

例如相比较其他时期，由于北京举办了 2008 年奥运会，这三种报纸对北京的报道篇数大增，《纽约时报》、《华盛顿邮报》、《基督教科学箴言报》2008 年对北京的报道量是 2000—2012 年间最多的。因为奥运会带给人类的绝不仅仅是精彩绝伦的体育赛事，在比赛与成绩的背后，它处处彰显着极为丰富而深刻的人文理念与社会价值。奥运会对于提升举办城市乃至举办国的综合实力，对于增强民族凝聚力、树立良好的国际地位所发挥的作用是任何其他大型国际活动所无法比拟的。回顾现代奥林匹克运动的发展史，我们看到：1988 年韩国首尔奥运会成为了韩国社会发展进程的里程碑，成为了一个时代的标志；2000 年澳大利亚悉尼奥运会最大的成功是通过奥运会将悉尼的美好形象淋漓尽致地展现在世人面前；2004 年雅典奥运会更让我们解读到希腊人民对自身民族文化无与伦比的自豪与自信。必须看到，北京奥运会的确大大提升了中国在国际社会的声誉。《纽约时报》在其对奥运会的总结性报道中赞扬北京奥运会精彩纷呈的开幕式和闭幕式“只有在中国才能创造出来”，认为在很多方面这次运动会“表现了正在崛起的中国经济和政治实力及其作为一个体育大国的形象——以 51 块金牌的成绩名列金牌榜首，取代了美国的位置”。即便是对中国常持批评态度的美国有线电视新闻网（CNN）也承认，北京奥运会“重新界定了这个共产党国家的国际形象”。CNN 的报道援引国际奥委会主席罗格的话说：“通过本届奥运会，世界增进了对中国的了解，中国也增进了对世界的了解。”“这是一届无与伦比的奥运会。”CNN 称赞北京奥运会的服务设施超过了以往任何一届，而且东道主中国在金牌榜上遥遥领先。[①] 全球知名调查机构尼尔森公司的调查结果揭示了北京奥运会给北京带来的形象收益。尼尔森公司表示，70% 的全球受访者认为北京比他们预期的“更为现代和高科技”；43% 的境外观众在开幕式后表示，北京的环境比他们预期的干净，而绿化成果也超出了他们的想象；而在闭幕式后则有 56% 的境外观众认为北京的环境超出了他们的预期。[②] 中国学者柯惠新的调查也证明了北京奥运会对中国形象的积极影响。该项调查包括奥运会前后分别进行的网络调查（调查对象主要为美国、英国、新加坡公众）和奥运会前夕及举办期间分别进行的面访调查（调查对象为来京和在京的外国人），主要考察了北京奥运会前后外国人眼中的“中国形象”，包括中国国家形象、北京形象以及中国籍与会者最为关心的“中国人形象”。调查结果显示，北京奥运会显著提升了外国被访者心目中的中国国家形象、北京形象和中国人形象。[③]

对北京报道的增加必然会大大提高北京的国际影响力。可见，重大事件的发生会吸引世界的注意，如果在重大事件中充分展示了风采的话，就能够增加这个城市的影响力，并能提升政府形象。

其次，美国主流媒体更加注重中国学者、专家的声音。

① CNN，“Grand Spectacle Closes Beijing's Olympics”，August 25，2008.

② 参见尼尔森公司：http：//www. mediach. com/mqt/？ uid－4－action－viewspace－itemid－40，访问日期：2009 年 3 月 21 日。

③ 《奥运从何处提升了中国形象》，http：//news. xinhuanet. com/world/2009－01/17/content_ 10672117. htm，访问日期：2009 年 3 月 21 日。

通过对2000年以来主流媒体对北京的报道的考察，发现在涉及中国的很多重大报道中出现了不少来自中国的声音。在一些报道中，《纽约时报》、《华盛顿邮报》、《基督教科学箴言报》引用了中国学者、专家和科技界、商界及民间人士的言论，中国人的意见更多地被列入了参考的范围。《纽约时报》在报道某些涉及中国的重大问题时，较以往更多地采用了来自中国的信息源，中国的专家、学者、普通人以及美国的中国问题专家的意见被直接或间接援引进涉华报道中，报道的公正性和平衡性得到增强。

第二节　美国三大报纸中的北京形象

从总体上来说，这三大报纸报道的政治方面的内容可以概括为这样一句话：改革开放30多年来，北京逐渐发展为世界舞台上的一个重要城市，在经济、社会、科技等方面都取得了较大的进步，但北京在这些领域同样存在着一系列的问题。

一、关于北京的经济形象

《纽约时报》、《华盛顿邮报》和《基督教科学箴言报》报道了中国的知识产权问题，也报道了北京的经济发展和改革的深入。关于北京经济的报道量不大，这与北京的中国政治、文化中心的定位是一致的。

二、关于北京的社会形象

这三份报纸报道中的北京社会形象并不令人鼓舞。改革开放以来，中国为经济的快速增长所付出的最大代价也许就是对环境的影响。这个问题不仅已引起了北京市民的关注，也引起了国际媒体的注意。三大主流媒体都密集地报道了北京的环境污染问题。现在，中国的环境污染问题已经得到了党和政府的高度重视，已采取有力措施改善包括北京在内的全国的环境状况。

2005年8月，北京市政府外办和信息办联合举办首届“我眼中的北京”征文大赛。参赛选手以在北京高校的外国留学生为主。他们就北京的各个方面发表了自己的意见，大到城市建设，小到衣食住行等。这项活动不仅调动了外国人对北京的热情和关注，也为北京相关决策机构提供了一种全新的信息渠道。在调查外国留学生对北京城市的整体印象时，结果显示，52%的留学生认为北京的城市环境“不太好”，41%的留学生认为“一般”，而认为北京城市环境“很好”的，仅仅占7%。对于“北京的城市环境最不好的地方是什么”的回答中，大多数留学生认为是“空气和水质的污染”、“交通设施与交通秩序”、“卫生问题”，可以看出这三项是北京城市的最大不足。[①]

从城市形象的角度来说，西方主流报刊上反映出来的北京社会问题的多少、大小和危害程度，以及中国政府解决这些“社会问题”的态度、方法和效果，都是能够影响受众心目中的北京形象和中国国家形象的。

① 吕超：《东方帝者：西方文化视野中的北京形象》，山东书画出版社2008年版，第257—258页。

（一）环境监管形象

据联合国开发署2002年报告称，中国每年空气污染导致1500万人患支气管病。每年有200万人死于癌症，北京市肺癌发病率就已跃居恶性肿瘤之首，其中大气污染最重的石景山区，肺癌死亡率比全市平均值高30%。

环境监管形象危机全国（大陆）省份排名①

（2011.1.1－2011.12.31）

排名	省份（直辖市、自治区）	扣分
1	江苏	4
2	河北 黑龙江 河南 江西 山东	3
7	辽宁 广东 山西	2
10	北京 福建 青海 上海 云南 新疆	1

① 唐钧主编：《形象危机应对研究报告》，社会科学文献出版社2012年版，第373—374页。

此外，大气环境监管不力，一些工厂在政府宣布关闭、停产后，未关停或又死灰复燃。

（二）食品安全监管形象

“民以食为天”，食品安全关系到每个人的身体健康和生命安全，关系到一个国家的经济发展、政治稳定和社会和谐，加强监管是政府为保证食品安全广泛采用的有效治理工具和手段。然而，当前食品安全形势依然严峻，初级农产品源头污染仍然较重，食品生产加工领域假冒伪劣问题突出，食品流通环节经营秩序不规范，食品卫生安全事故时有发生，这对政府形象造成了极大冲击。如2011年4月22日，北京部分影院爆米花桶被曝含致癌荧光增白剂（新华网）；2011年10月17日，北京黑窝点用化工药物“美白”猪蹄，日售千斤（人民网），等等。

由于食品安全关系到老百姓的切身利益，所以食品安全已由单纯的质量问题上升为一个社会问题。把好食品准入关口，从源头上遏制食品安全问题，要求政府建立从农田到餐桌的全过程零风险监管体系，实现无缝隙监管。

食品安全监管形象危机全国（大陆）排名①

（2012.1.1－2012.5.1）

排名	省份（直辖市、自治区）	扣分
1	江苏 河北	2

① 唐钧主编：《形象危机应对研究报告》，社会科学文献出版社2012年版，第354页。

续表

排名	省份（直辖市、自治区）	扣分
3	北京 天津 浙江	1

（三）公民素养形象

市民个体的形象是城市形象的重要组成部分，是影响国家形象的重要变量。“礼”是中国自古以来“礼仪之邦”形象的高度概括。狭义地讲，“礼”要求北京人讲究文明礼貌，宽以待人，严于律己，尊老爱幼。广义地讲，《论语》所谓“礼之用，和为贵”[①]，与我们今天所提倡的“和谐社会”一以贯之。

2011年度公民素养形象危机全国（大陆）排名

排名	省份（直辖市、自治区）	扣分
1	北京	2
2	广东 河南 湖北 江西 上海 浙江	1

① 《论语·学而》。

（四）市民公德指数

市民在公德方面的缺失是一个值得关注的问题，尤其突出地表现在了公共观念和纪律习惯方面。那些不文明行为大多是这两个方面的问题表现，诸如加塞、拥挤、穿行、闯红灯，以及随地吐痰、乱丢垃圾等。这就是一种公共观念、他人意识缺失的表现，加塞、拥挤为的是快，为己之快；随地吐痰、乱扔垃圾为的是方便，为己方便。观察研究表明，这些不文明行为并不全都是文化教育不足的人员所为，你可以在高等学校、医院工作区、行政机关、商场、机场、车站等任何一个公共场所中看到这样一些不文明行为。因此，我们有理由说，随着时间的推移，这些缺乏公德的不文明现象，逐渐转变成为市民的一种行为习惯，不知不觉地成为民众现实生活品性的一部分。

2005 年全国（大陆）各项指数公布（满分为 1）①

分类	得分
公共卫生	0.83
公共参与	0.63
公共秩序	0.80
公共观赏	0.70
公共交往	0.72

① 廖菲主编：《公共行为与公共文明：北京市民公共行为实证研究》，中国戏剧出版社 2007 年版，第 10 页。

从上表可以看出，公共卫生、公共秩序这两个反映文明水平最为基本的方面的得分较高，高于公共交往、公共观赏方面得分。北京公共参与方面得分最低。

公共卫生和公共秩序领域文明行为的标准在市民心中是比较明确的，也是普遍掌握的，因此，得分情况集中在较高水平。而在公共交往领域，特别是公共观赏领域，对一些文明与不文明行为之间的标准不很明确。公共观赏方面的问题更是随着社会进步越来越突出。树立正确的文明观赏行为是非常必要的和紧迫的，它直接关系到北京人，甚至中国人在国际交往中的形象。美国主流报刊就报道了北京市民随地吐痰、观看比赛时不安静等不良行为。我们应该树立一个文明的社会形象、和谐的社会形象。和谐理念是中华文明对世界文明的重要贡献。和谐意味着人与自然和谐相处，引导广大观众既热情观赛、又能看懂比赛，恰如其分地给参加竞赛的各方运动员加油喝彩，展现文明礼貌的良好风范。

根据中国人民大学人文奥运研究中心2005年开展的对北京市民公共行为的实地调查，在公共观赏方面，吐痰现象高居不良行为之首。在旅游景点地区，吐痰现象是最主要的不良行为，占全部不良行为的32%。其中70%的是随地吐痰，25.7%是吐到垃圾箱里，只有4.3%的人是吐在纸里，包好扔掉。[①] 人们随地吐痰这种不良行为虽然依然是北京不文明行为的最主要表现之一，但是，这些行为在这几年中得到了

① 廖菲主编：《公共行为与公共文明：北京市民公共行为实证研究》，中国戏剧出版社2007年版，第58页。

一定程度的限制或减少。这给我们的启示是：在倡导公共文明活动中，一方面要宣传普及文明行为的标准，树立明确的文明规范，特别是新领域的行为标准，不仅仅让市民具有文明意识，而且还需要让市民注意到行为的效果。[①]

因此，我们应采取的对策是：

培养良好的公共意识，养成维护秩序与公共卫生的习惯，这是塑造优雅、和谐的城市环境与空间的基本保障。在中国和平崛起之际，培养社会公德，倡导自知、自觉与自律，发挥公民的社会责任感，是构建人与人、人与社会、人与环境和谐的基础。

完善各种设施，加强执法力度，这是形成与维护良好秩序的有效保障，也是构建和谐社会，使北京市发展成为国际化大都市的硬件前提。为此，北京市政府还需做出很多方面的努力。加强并完善基础设施建设，设施设计要凸显人性化特性。各项设施不仅发挥其自身服务于人的属性与功能，更要能有利于秩序的形成。建议对市民开展教育与处罚并重的举措，教育是人性化的教育，而处罚是人性化的处罚。加大执法力度，持之以恒地发挥监督作用，不搞突击性的执法。完善各项设施的同时，还需要日常严格的执法来加以维护。

社会要发展，必然要解决社会发展中的重大问题，从某种程度上讲，社会是在解决“社会问题”中发展的。每个社会都存在着各种各样的社会问题，没有“社会问题”的社会

① 廖菲主编：《公共行为与公共文明：北京市民公共行为实证研究》，中国戏剧出版社 2007 年版，第 10—11 页。

是没有的。解决“社会问题”的态度和方法反映了一个政府的执政能力，是国家形象形成的最直接的途径。“社会问题”解决得好，得到国际社会的认同，自然会形成好的形象；“社会问题”解决得不好，政府形象、执政能力就会大打折扣。

综合上述分析，北京目前社会形象在这三大美国主流报刊中比较负面的因素是复杂的，既有国际因素也有自身因素。因此，北京一方面要大力解决社会问题；另一方面要和外国记者进行有效沟通，让他们充分认识到北京面临问题的艰巨性与解决问题的决心和行动，尽量避免他们对中国进行带有偏见性的报道。

三、关于北京的文化形象

从这三份报纸的报道中我们可以看到一个体育和娱乐业日益兴旺、传统文化丰富多彩、名胜古迹独具魅力的北京。

2001 年 7 月，在成功申办奥运会之后，北京一大批重要的里程碑性项目纷纷上马。如奥林匹克森林公园、国家体育馆、国家游泳中心等。因此，我们可以说，新世纪的北京将是古老与现代、四合院与摩天大厦、文化古城与现代化都市结合在一起的东方大都会。在全球化的背景下，中国城市的现代化进程呈现出趋同的现象，部分丧失了中国城市的风格和个性。作为首都，北京必须呈现出自己的风格：保留独特的布局。在 2005 年 8 月，北京市政府外办和信息办联合举办的首届“我眼中的北京”征文大赛中，当问及北京对传统文化的保护问题时，65% 的留学生认为北京的传统文化保护一般，22% 的留学生认为保存得非常不好，只有 13% 的学生认为保存得非常好。在最后的自由问题时，请留学生用只言片语勾勒出他们眼中的北京文化。调查结果显示，有29%的留学生认为北京与其他城市相比，有很多的“传统建筑”，代表了“传统文化”，并表现出一种独特风味——“京味儿”；19%的留学生认为北京的最大特点是有很多名胜古迹，还有10%的学生认为北京有一种首都气派，它的文化有一种自尊、自信和自我认同的特点。① 目前北京市十分重视保护现有的历史文化遗产，并正在调整城市发展战略，实施“大北京”区域性规划。所有这些都显示出，北京的明天必将更加美好。

综上所述，要塑造繁荣发展进步的城市形象，就要不断推进社会建设和生态文明建设，致力于全面的进步；要塑造改革、创新进取的城市形象，坚持与时俱进，开拓创新，不断进取。塑造良好的城市形象，并不是简单地只讲成就，还要以科学的态度对待城市发展中存在的问题和不足。实践证明，实事求是地认识、积极有效地解决发展中存在的问题，有助于树立良好的城市形象。

第三节　中国主流媒体关于北京形象的报道

在总结美国主流媒体对北京报道的同时，我们应该看到，

① 吕超：《东方帝者：西方文化视野中的北京形象》，山东书画出版社2008年版，第257—258页。

国外媒体对北京的报道之所以经常出现负面报道，既有主观因素，也有客观因素，而如将其对北京报道与中国主流媒体对北京的报道进行比较，则更有意义。

这里我们选取了《人民日报》、《光明日报》作为中国主流媒体的样本。之所以选择这两个报纸作为样本，与其在中国新闻界的地位和作用是分不开的。

《人民日报》是中国共产党中央委员会机关报，1948 年 6 月 15 日在河北省平山县创刊，与新华社及中央电视台并列为中国共产党和中国政府官方三大传媒机构。1949 年 3 月 15 日，《人民日报》报社迁入北京。同年 8 月 1 日，《人民日报》转为中国共产党中央委员会机关报，是当今中国最具权威性和影响力、发行量第一大的综合性报纸，每天发行量曾高达 300 万份，被联合国教科文组织及世界报业协会评定为世界十大主要报刊之一，是国际上最具有国际影响力的报纸之一。

《光明日报》属于光明日报报业集团，是中共中央机关报之一，是由中共中央宣传部直接领导的大型、全国性的官方新闻媒体之一，创刊于 1949 年 6 月 16 日。最初是由中国民主同盟主办，毛泽东、周恩来、朱德等都曾为《光明日报》创刊题词。《光明日报》以知识分子作为读者对象，曾广受知识界好评，除在北京印刷外，还在上海、广州、西安、沈阳、武汉等十几个城市印刷，拥有美国、英国、德国、法国、意大利、瑞士、巴基斯坦等 22 个驻外记者站，48 个国内记者站。2010 年 4 月 27 日《光明日报》入围“文化遗产保护媒体宣传奖”，其报道内容堪称中国社会变化的晴雨表。

《人民日报》与《光明日报》对北京的报道十分广泛，

这里我们不拟做更多的数据分析和样本采集，而是有针对性地与美国三大主流报纸对北京的报道进行对比分析，以利读者更客观地认识美国主流报刊对北京的报道。其中，我们更多地利用了《人民日报》的社论，因为这一般更代表了中国官方的态度。

一、关于北京的空气污染问题

对此问题《人民日报》与《光明日报》多有报道。2015年1月26日《人民日报》记者朱竞若、余荣华的一篇热点解读——《北京治霾，1%里找差距》指出："去年北京PM2.5年均浓度实际下降4%，相比2014年政府工作报告提出下降5%左右的目标，还有1%的差距。""尽管困难重重，北京仍将今年的PM2.5下降目标确定为5%左右。"该报道指出：2014年，首都治霾工作可圈可点，治理工程全部提前、超额完成，大气污染排放量大幅下降，实际成绩非"1%之差"可以概括。以PM2.5为例，按天计算的话，2014年PM2.5一级（优）天数是93天，比2013年增加了22天，增幅高达31%；PM2.5导致的重污染天数为45天，比2013年减少了13天，降幅为22%，并在周边区域协助下，收获了"APEC蓝"。这篇报道同时指出："随着《北京市大气污染防治条例》的实施生效，对污染行为的惩处力度空前。报告显示，去年北京全市环保部门共检查各类污染源单位10万余家（次），立案查处环境违法行为2921起，处罚金额首次突破亿元，同比增长3倍。此外，由城管执法部门查处的施工扬尘、露天烧烤、露天焚烧等大气污染类案件也有1万余件，处罚金额4099万元。""2014年全年北京共压减燃煤280万吨左右，近年来全市用煤总量首次降至2000万吨以内。公共交通新增轨道运营里程62公里，共计达到527公里；新增机动车数量由24万辆压缩到15万辆，其中2万辆是新能源车；老旧机动车淘汰47.6万辆，相当于每11辆车就有一辆进行了更新。工业调整退出了392家污染企业，全面禁止建设钢铁、水泥等高耗能、高污染项目。对扬尘控制不力的26家施工单位暂停北京投标资格……”报道还分析了PM2.5浓度难以完成5%下降目标的原因，指出，2014年北京PM2.5数次重污染具有持续时间长、峰值浓度高等特点，“一个重污染日的浓度往往相当于10个以上一级天浓度的总和”，拉高了全年平均浓度。这篇报道还透露，北京市政府表示，2015年，北京将在五个方面着力，诸多硬手段崭露头角。一是法治，将完善环保执法与刑事司法的衔接机制，污染环境将担刑责，《条例》的相关条款目前执行力度还不够大。二是减排，这是治霾根本手段，2015年全市燃煤总量将压减到1500万吨左右。三是管理，网格化管理进入治污领域，开征施工扬尘排污费，推广道路清扫保洁新工艺。四是应急，空气重污染应急预案将修订，更加注重实效。五是联防，共同编制区域治污中长期规划，完善检测预警、应急联动、联合执法等“联动”机制。[①] 这篇报道基本代表了中国政府对北京市空气污染的态度。

2014年7月17日《光明日报》一篇署名许海清的文章以北京为例，探讨了雾霾问题。这篇题为《大城市雾霾形成

① 朱竞若、余荣华：《北京治霾，1%里找差距》，《人民日报》2015年1月26日。

原因再探“积累说”更为科学》的文章认为：近年来，雾霾天气在我国不少地区频繁出现，尤其是在北京等大城市，雾霾天气在冬季几乎成为常态。同时，雾霾的成因也成为人们议论的热点话题。目前，关于雾霾的成因，有“气象条件说”、“汽车尾气说”、“燃煤说”、“工业污染说”、“综合说”等几种。这几个说法均难以自圆其说。作者提出“积累说”，指出：“如今北京反复出现雾霾，表面看有不利气候条件这一外部因素的影响，但深层次的原因，是我国快速工业化、城镇化过程中所积累环境问题的集中显现。高耗能、高排放、重污染、产能过剩、布局不合理、能源消耗过量，以煤为主的能源结构持续强化，城市机动车保有量快速增长、污染排放量大幅增加，建筑工地遍地开花，污染控制力度不够，主要大气污染排放总量远远超过环境容量。正是由于北京及周边地区环境脆弱，无力支撑大量企业污染物排放，而冬季燃煤供暖和元宵节烟火燃放，又成‘临门一脚’，当压死骆驼的最后一根稻草落下时，大自然开始了对我们的惩罚，雾霾天数逐年增加，雾霾程度逐年恶化。如果不尽快转变经济发展方式、调整产业结构、改变落后的生产生活方式，减少雾霾、改善空气质量的目的将难以实现。”①

关于北京市大气污染的原因，《人民日报》的另一篇报道则提出了解决汽车尾气的方法。该报道称：截至 11 月底，北京市 2014 年已淘汰老旧机动车 42.6 万辆，提前超额完成国家下达的 39.1 万辆任务，并基本解决了黄标车问题。经核算，

① 《大城市雾霾形成原因再探“积累说”更为科学》，光明网，http：//news.gmw.cn/2014-07/17/content_12004327_3.htm，访问日期：2015 年 4 月 20 日。

淘汰42.6万辆老旧机动车，每年可减少一氧化碳（CO）、氮氧化物（NOX）、碳氢化合物（HC）和颗粒物排放共13.5万吨，具有重要的环境效益。为推动老旧车淘汰，2014年北京市政府已拨付财政补助资金9.75亿元，为22.7万辆老旧车车主发放了补助。老旧车淘汰是机动车减排的重要一环。截至2014年，北京市现有“国二”及以下标准车97.1万辆（其中国一及以下汽柴油车39.1万辆，国二汽柴油车58万辆），占全市560万辆机动车保有量的17.3%，占机动车直接排放总量的30%左右。因此，“国一”、“国二”车和重型柴油车将是北京市机动车下一步污染治理的主要对象。针对“机动车固然有污染，但燃煤、工业生产等的污染更厉害，为什么总是拿机动车开刀”的疑问，北京市环保局相关负责人表示，机动车排放总量大，是造成空气污染的重要因素，在北京市本地PM2.5来源中，机动车排放污染占比达31.1%，且均为低空排放，行驶中的机动车还起到了“搅拌器”的作用，造成了道路扬尘，危害公众健康。正视机动车污染能够有针对性地解决实际问题。其实，多年来，北京市治理大气污染一直都是多管齐下、协同减排，不只是抓机动车尾气排放，也抓燃煤、工业、扬尘、挥发性有机物等排放，包括露天烧烤、餐饮业油烟、乱烧树叶垃圾等也都在整治范围内，这些措施都是对应不同污染来源所采取的。该负责人表示，北京市从1998年开始大规模开展大气污染防治，落后产能退出、燃煤一再压减、机动车不断提高排放标准等，使多项污染物排放持续下降。到了现阶段，污染形态发生了变化，污染来源已涉及到我们生产生活的方方面面，大气污染治理已经到了“不以善小而不为”的阶段。未来，按照清洁空气行动计划的要求，除了做好压减燃煤、工业污染减排、城市精细化管理，还要继续针对机动车污染，从控制总量、提高油品和车辆排放标准、经济政策导向、发展新能源车、大力发展公共交通等多方面措施，综合开展机动车污染防治，降低机动车污染排放强度，以实现清洁空气目标。[①]

从《人民日报》、《光明日报》关于北京市大气污染的报道来看，一是北京市的大气污染问题的确十分严重，这是北京城市病造成的严重后果，在未来的若干年内，这一问题也很难得到根本解决。二是北京市政府在治理大气污染的问题上是高度重视的，政府在这个问题上不是不作为，而是始终采取着积极的态度。三是国内媒体在治理北京市大气污染问题上起到了一定的监督作用，其另一方面作用是在这个问题上，媒体的建言献策作用十分明显。

二、关于北京的交通拥堵问题

《人民日报》与《光明日报》同样做过多次报道。2014 年《人民日报》记者王昊男的报道《北京治拥堵 瞄上大数据》一文指出：缓解交通拥堵，北京新招频出，面对车辆倍增的管理，北京启动高峰勤务机制，利用大数据优化警力配置，“据统计，截至目前，北京市机动车保有量已达 561. 3 万辆，与 1999 年的 114. 3 万辆相比，大约是当年的 5 倍。而北京交管部门交警的数量 15 年来却不增反降，1999 年约 5900 名，目前为 5800 名左右。”为此，“在特殊时间节点和平时的早晚高峰，北京公安交管部门都会通过大数据分析，提前研判交通情况，在及时向社会发布信息的同时，预先部署警力，优化警力配置，

① 余荣华：《北京治污为何拿机动车开刀》，《人民日报》2014 年 12 月 25 日。

确保高峰期间警力投入最大化。”面对事故多发，北京市交警配发定位系统，重点地区一分钟到事故现场。“出警速度有了保证，北京万车死亡率已降至10年最低。”为保障公交优先，北京市提出:“精细化控制信号灯，延长公交车绿灯通行时间。”北京市已在354处路口和4000余辆公交车上安装了这一系统。“系统控制范围内公交车辆平均运行时间早高峰缩短了9.18%，晚高峰缩短了6.94%。”[①] 这篇报道虽然只是对大数据对治理北京市交通拥堵方面的作用进行了报道，但其中可以看出，北京市为治理交通拥堵这个“城市病”所做出的不懈努力。

在《人民日报》、《光明日报》的许多文章和报道中，也对北京市的交通拥堵问题提出了许多建议。2014年1月2日《人民日报》的一篇报道提出，“拼车”出行可合理分摊费用。[②] 同年4月4日该报的一篇报道则探讨了“定制工交”这样一个较新的话题。[③] 该文称：自2013年9月开通首批定制公交以来，“北京已开通线路82条，日发车100多个班次，日运送乘客3000人次。”该文援引北京公交集团总经理王春杰的话表示，“定制公交的开行不是以盈利为目的。”定制公交是为了缓解城市道路交通拥堵，减少自驾车出行给环境造成的污染，满足人民群众舒适快捷的多样化公交出行需求。7月12日该报的另一篇文章关注了利用公共自行车实现绿色出行的问题。[④]

2010年10月13日《光明日报》一篇题为《国际大都市

---

① 《北京治拥堵 瞄上大数据》，《人民日报》2014年11月4日。

② 魏薇：《“拼车”出行可合理分摊费用》，《人民日报》2014年1月2日。

③ 余荣华：《定制公交 有喜有忧》，《人民日报》2014年4月4日。

④ 贺勇：《公共自行车，如何轻松骑?》，《人民日报》2014年7月12日。

的交通拥堵》的报道，列举了世界主要城市的交通拥堵问题，文章最后说："当中国城市对发达国家大城市交通公害大惑不解，甚至还为自己的城市不曾有此等公害而暗自庆幸的时候，城市交通拥堵开始在中国几乎所有的大城市呈现。交通拥堵高峰来到了蓬勃发展的中国城市，其中最严重的要属北京、上海、广州等特大城市。"①

交通拥堵并不是北京市的标签，作为现代城市病的一种，它出现在几乎所有世界主要城市，也成为中国诸多大城市的"新常态"，中国主流媒体一方面始终关注着这一问题，并不断在寻找治病的妙方，在一定程度上起到了北京市政府"智库"的作用。另一方面，在舆论监督上，中国主流媒体的作用显然还没有充分发挥，这一点对解决北京市的交通拥堵问题是不可小觑的。

三、关于北京的医疗卫生问题

这里我们有针对性地引用了《人民日报》对非典型性肺炎的一篇报道，以与美国主流报刊的相关报道进行对照。2012 年 9 月 11 日《人民日报》记者白剑锋的一篇回顾性报道题为《抗击非典　人民利益高于一切》。该报道采访了时任卫生部党组书记兼常务副部长的高强。其中透露，2003 年 4 月 20 日下午 3 点，国务院新闻办举行关于"非典"疫情的新闻发布会。此前，高强向国务院领导请示新闻发布会"口径"。国务院领导明确"授意"：坚持公开透明的原则，承认工作中的不足，

① 《国际大都市的交通拥堵》，光明网，http：//www. gmw. cn/content/2010 - 10/13/content_ 1304031. htm，访问日期：2015 年 4 月 20 日。

敢于承担责任，给群众以信心，显示政府的决心。在新闻发布会上，高强说:“5天以前，卫生部公布北京确诊病人是37人，现在是339人，增加了302人。但这302人绝不是在这5天内出现的病人，而可能是10天以前、20天以前已经发病了，住在某一个医院里，但是并没有发现。现在把过去没有发现的病例找出来，如实地向大家报告，这是中国疫情统计制度的一个进步。”此前，外国媒体报道，中国政府公布的“非典”疫情数字远远少于实际，是在故意隐瞒疫情。高强认为，政府并没有故意隐瞒疫情，而是由于北京的医疗机构分属地方、部委和军队等不同的系统，信息渠道不畅，“非典”疫情暴发之初，没有一个部门能够掌握全面的情况。高强回忆，4月20日下午两点多，他在前往国务院新闻办的路上，北京市还在向他报告最新变化的疫情数字。从第二天起，原来五天公布一次疫情的惯例，改为每天公布一次。该报道指出：“2003年4月24日，全国防治非典型肺炎指挥部成立，这是抗击非典的一个重要转折点。在党中央、国务院的坚强领导下，一场抗击非典的人民战争波澜壮阔地展开。”“非典初期，疫情之所以蔓延，主要是因为防控工作只停留在医疗卫生系统内部，没有组织群众群防群控，从而使工作陷入被动。当全民参与抗击非典形成了巨大洪流，抗击非典工作就迅速由被动转为主动，这充分显示了人民群众推动历史前进的力量。”“到了5月下旬，北京的疫情数字急剧下降。从6月2日以后，北京就没有再出现新发病例。”[①] 这个报道比较有针对性，采访的也是当时中国防治“非典”疫情的最高指挥者之一，其可信性也比较高。

---

① 《抗击非典　人民利益高于一切》,《人民日报》2012年9月11日。

回到疫情爆发的2003年，当非典疫情得到控制后，《人民日报》发表了一篇纪实报道。这篇题为《决战在没有硝烟的战场——北京全面抗击非典型肺炎纪实》的纪实报道对北京全面抗击非典型肺炎做了结论性的报道，该文写道："历史将永远记住2003年北京的春天。记住这个春天，是因为突如其来的非典疫情，曾为这座城市带来危难、恐慌和悲壮；更因为抗击非典的斗争，在这座城市凝聚了党心、民心、军心，锤炼了万众一心、众志成城，团结互助、和衷共济，迎难而上、敢于胜利的伟大民族精神。"文章在全景式地介绍首都人民抗击"非典"的过程时，对当时的一些内幕情况做了报道——"4月17日，中共中央政治局常委会召开会议，专门听取有关部门和北京市关于非典型肺炎防治工作的汇报，并对进一步做好这项工作进行了研究和部署。会议批准成立北京防治非典型肺炎联合工作小组，全面统筹北京地区非典型肺炎防治工作，这一决定为北京抗击非典斗争起到了关键性的作用。4月20日，中央从全国和北京市的大局出发，果断对卫生部和北京市政府主要负责人的职务做出调整。在以胡锦涛同志为总书记的党中央的坚强领导下，北京市及时调整思路，完善措施，整合资源，扭转了初期的被动局面。设在正义路2号北京市委院内的北京防治非典型肺炎联合工作小组，是北京抗击非典的前沿指挥所。中共中央政治局委员、北京市市委书记刘淇担任组长，中央和国务院有关部委、解放军和武警部队负责人参加。下设各小组的组长全部由市委副书记、副市长担任。联合工作小组迅速启动危机处理和社会动员机制，从领导体制、医疗救治、科技攻关到群防群控、物质保障、市场供应等各方面，全面整合，有效运转。"文章还对政府应对这次疫情做了反思——"突如其来的非典疫情，留给人们的思索是多方面的。北京也在反思、总结和改进，努力将坏事向好的方向导引。预警系统、监控系统、疫情报告体系、社区防控体系的建设将明显加快，长期的公共卫生体系将逐步健全，突发事件和危机处理的能力得到显著加强，公共信息披露机制不断完善，政府协调能力和行政工作效率大大提高……”文章最后满怀信心地展望道：“北京，在经历了这场史无前例的抗击非典斗争之后，一定会更加开放，更加坚强，更加成熟，更加美丽。”①

由于“非典”疫情是美国主流媒体在报道北京医疗卫生时最集中、最突出的报道内容，这里我们只对《人民日报》的相关内容进行了有针对性的截取，从中可以看出，“非典”爆发初期政府反应的相对滞后并不是一个需要回避的问题，中国政府、北京市政府、中国媒体都对此予以了正面回应。同时，当北京市政府开始做出应急反应后，北京，乃至中国政府应对“非典”的高效、务实，也是得到了美国主流媒体的承认的，而在“非典”过后总结应对这一疫情的问题上，中国媒体显然更胜一筹。

四、关于北京申办和主办奥运会的问题

对于这一问题《人民日报》与《光明日报》的报道是海量的，这里引用的是2008年9月29日时任中国国家主席胡锦涛在北京奥运会、残奥会总结表彰大会上的讲话作为与美国主流报刊关于北京奥运会报道的对比参照。在讲

① 《决战在没有硝烟的战场——北京全面抗击非典型肺炎纪实》，《人民日报》2003年5月31日。

话中，胡锦涛指出："经过7年多不懈努力，我们终于取得北京奥运会、残奥会的巨大成功，广泛弘扬了团结、友谊、和平的奥林匹克精神，大力促进了世界各国人民的相互了解和友谊，让同一个世界、同一个梦想的口号响彻寰球。""在党中央、国务院坚强领导下，北京奥组委和国家体育总局、中国残疾人联合会等各机构科学统筹，北京市和上海、天津、青岛、沈阳、秦皇岛、香港等协办城市精心组织，全国其他各部门各地区积极参与，各民主党派、工商联、无党派人士，各人民团体，广大香港同胞、澳门同胞、台湾同胞和海外华侨华人热情支持，在北京奥运会、残奥会体育竞赛、火炬传递、开闭幕式、赛事组织、场馆运行、工程建设、安全保卫、新闻宣传、媒体服务、外事活动、城市运行、食品安全、环境改善、群众参与、志愿服务等方面做了大量工作，为北京奥运会、残奥会成功举办作出了突出贡献。"胡锦涛总结了北京奥运会的四个特点："第一，坚持贯彻绿色奥运、科技奥运、人文奥运理念。这是北京奥运会、残奥会最鲜明的特色，是北京奥运会、残奥会成功举办的关键，也是贯彻落实科学发展观的具体体现。北京奥运会、残奥会是庞大的系统工程，只有坚持正确理念，才能有效统领千头万绪的工作，才能更好地体现奥林匹克精神、时代发展精神、我们伟大的民族精神，才能真正把筹办奥运会与推动经济社会又好又快发展结合起来。绿色奥运，就是要推进生态文明建设，加强生态环境保护，努力使天更蓝、地更绿、水更清，让生态文明观念深入人心，促进人与自然、人与社会和谐。科技奥运，就是要推进科技进步和创新，既注重将创新科技成果应用于北京奥运会、残奥会各个领域，又通过北京奥运会、残奥会推进各方面自主创新，充分体现现代科技的力量。人文奥运，就是要坚持以人为本，提高人民文明素质和健康素质，普及奥林匹克精神，全面开展迎奥运、讲文明、树新风活动，尊重和维护人类文明多样性和发展模式多样化，致力于实现不同文明共同进步。第二，坚持发挥举国体制作用。第三，坚持依靠广大人民群众。第四，坚持开展国际交流合作。”在总结和发扬北京奥运会、残奥会体制创新方面的宝贵经验方面，胡锦涛提出，“我们要认真总结和发扬北京奥运会、残奥会场馆运行方面的宝贵经验，进一步加强维护和管理，提高使用效率，使奥运场馆在举办大型国际活动、开展全民健身运动、发展体育旅游产业等方面持续发挥作用，不断让北京奥运会、残奥会的物质成果惠及广大人民群众。我们要认真总结和发扬北京奥运会、残奥会安全保卫方面的宝贵经验，进一步坚持打防结合、预防为主、专群结合、依靠群众的方针，健全社会治安防控体系，加强社会治安综合治理，深入开展平安创建活动，维护社会稳定，保障国家安全。我们要认真总结和发扬北京奥运会、残奥会宣传报道方面的宝贵经验，进一步牢牢把握正确导向，健全新闻报道机制，加大媒体服务力度，加强舆论引导，改进对外宣传，繁荣文艺创作，努力展示民主进步、文明开放的国家形象，营造客观友善、于我有利的国际舆论环境，不断增强中华文化的国际影响力。我们要认真总结和发扬北京奥运会、残奥会外事工作方面的宝贵经验，进一步高举和平、发展、合作旗帜，恪守维护世界和平、促进共同发展的外交政策宗旨，增强同世界各国人民的相互了解和友谊，发展同世界各国的友好合作关系，不断推进人类和平与发展的崇高事业。我们要认真总结和发扬北京奥运会、残奥会城市运行方面的宝贵经验，进一步推进生态文明建设，加强城市交通、食品安全、环境改善等方面的工作，着力建设资源节约型、环境友好型社会，不断为人民群众创造安居乐业的良好环境。我们要认真总结和发扬北京奥运会、残奥会志愿服务方面的宝贵经验，进一步开展群众性精神文明创建活动，完善社会志愿服务体系，以相互关爱、服务社会为主题，深入开展城乡社会志愿服务活动，不断发挥志愿服务在促进社会和谐方面的重要作用。我们要认真总结和发扬北京奥运会、残奥会群众参与方面的宝贵经验，进一步调动广大人民群众的积极性、主动性、创造性，尊重人民主体地位，发挥人民首创精神，不断为党和国家事业发展凝聚攻无不克、战无不胜的强大力量。我们要认真总结和发扬北京残奥会成功举办的宝贵经验，进一步弘扬人道主义精神，尊重和保障人权，推动全社会关心关爱残疾人、维护残疾人权益，不断推动残疾人事业全面发展。”① 几个“认真总结”的确也成为后来北京乃至中国发展的重要经验。

针对美国主流媒体对北京申奥和主办奥运会期间的一些负面报道，我们也可以《人民日报》的相关报道做一对比。这里我们不拟对美国主流媒体带着有色眼镜对北京奥运会的负面报道进行驳斥，其中包括人权、政治等话题。

① 《在北京奥运会、残奥会总结表彰大会上的讲话》，《人民日报》2008 年 9 月 30 日。

我们也不准备对空气污染、交通等问题做对比研究，其原因在于本书已有相关内容涉及，这里不再重复。这里只对《人民日报》对北京奥运会的一些建议性报道进行摘取，以与美国主流媒体的批评性报道进行对比。北京申奥成功后，2001 年 9 月 21 日，《人民日报》记者王淑军发表了《教育能为北京奥运做什么》的文章。文章提出，第一，“消除语言障碍学校教育担重任”。文章认为，语言是人与人之间沟通的桥梁，语言无障碍是任何国际性活动成功的最起码保证。大运会的翻译工作主要由志愿者承担，共提供了 43 种语言的翻译服务，许多小语种也招募了合适的志愿者。志愿者的工作总体上是出色的，但由于缺少对国外运动员所在国的了解，事先的专业培训不充分等，交流中还是出现了语言障碍的一些问题。第二，“建设人文北京市民素质教育常抓不懈”。文章指出，“人文奥运”是 2008 年奥运会的目标之一，对于北京，这固然体现在城市环境等硬件上，更体现在承载并展现着现代人文精神的北京市民身上。至于北京人的素养，奥运会开幕之初，就有外国记者惊讶于北京街头乱闯红灯、横穿马路等现象。有的领导还总结了北京人随地吐痰、加塞儿、说脏话、出租车“宰客”和拒载等 12 个小毛病，说是“小毛病”，却反映了部分北京人素质建设的大问题。北京市有关部门曾做过一次民意调查，结果显示北京市民对自身素质也不满意，对自身知识水平、举止和语言文明三项的评价偏低，五级分制内均低于 2.9。而在被问及改变这种情况的有效办法时，近半数北京市民表示“提高教育水平，促进全面素质的提高”。第三，文章提出，建设人文北京，提高市民素质，如何来实施呢？媒体应承担重要的责任，做好思想动员和引导工作：要充分介入，加大宣传力度，激发千万市民的参与热情并转为行动，造成强劲的舆论声势、文明风气和氛围。奥运会期间，北京海淀区委开展的对市民的社会化教育值得借鉴。《海淀报》、海淀有线台针对奥运会开辟专栏或专题，引导、激发市民的参与热情；区文明办印发《争做文明北京人》等手册，倡导文明言行；全区600多所市民文明学校与各正规学校联动，通过主题讲座、展览、演讲比赛等，进行文化、文明知识教育；组织近200多名社区群众成立文明监督员队伍，维护公共秩序，劝止不文明行为；组织包括学生在内的团员青年开展“海淀青年展风采”教育活动，组成志愿者服务队，做语言陪同、导游、导购服务。社区、学校是“块”，区委领导、媒体宣传是“条”，条块结合，协调配合，全区上下掀起了人人宣传、文明参与大运会的热潮。[①]

《人民日报》发表的瑞典人傅瑞东的一篇文章则指出：“住过多座城市，但论变化，没一座赶得上现今一日千里、热火朝天的北京。北京干净多了，河流变深，湖泊变清，街道变宽。古老园林青春焕发，新建园林处处开花。大小寺庙修复一新，新扩机场现代一流。北京人的日子也是芝麻开花节节高。这一切没得说。但与此同时，北京失去的也不少。老城区拆迁风风火火，原来还是一片房屋，几天工夫就消失得无影无踪。这些价值连城、铭刻人心的建筑转眼间再也找不到了。”作者表示，四合院、胡同是“北京的灵魂，没有

① 王淑军：《教育能为北京奥运做什么》，《人民日报》2001年9月21日。

它们，北京也就不成其为北京了”。文章还对欧洲曾经犯过的类似错误进行了回顾，并认为“北京老城已被拆了不少，但是如果能从今日做起，把尚在的古建予以保留修复，不再拆毁，则古建的数量仍很可观，仍可让世界眼红。令人遗憾的是，根据现今规划，要对城区进行大规模改造，届时只有很小很小一段老城得以留存下来。这留一块，那留一座，这不是个办法。地区要有连贯性，胡同的曲里拐弯正是其引人入胜之处，故要讲整体性”。作者指出，老墙之内的城区部分仅占现北京规划市区总面积的5.9%，对这区区的5.9%还要拆，还要占，盖高楼，扩马路，难道真的有这个必要，非这么做不可吗？2008年奥运会之际，北京将吸引世界各地的无数游客，届时光靠一个故宫和周围那点地方怎能容得下。如果老北京就剩下这一点点，那么这个城市似乎跟其他现代大都市毫无二致，没有自己的个性，没有独特的韵味。游客们会问一座名扬四海、气象万千的城市怎会如此这般。[①] 作者的态度是诚恳的，许多建议现在看起来的确十分重要。

2015年北京又开始申办2022年冬奥会，《人民日报》对此也多有报道，其中对北京冬奥申委主席、北京市市长王安顺的专访较有针对性。这篇题为《满足群众需求 契合区域发展》[②] 的报道采用了问答的形式。其中，王安顺提到：“北京2008年奥运会为中国和世界留下了宝贵的奥运遗产。此次申办冬奥会，将从促进区域发展、调整产业结构、改善生态环境，传播奥林匹克精神，推动中国北方地区3亿人参与冰雪

① 《留恋老北京》，《人民日报》2002年4月2日。

② 朱竞若、李中文、余荣华：《满足群众需求 契合区域发展——北京冬奥申委主席、北京市市长王安顺谈申办冬奥会》，《人民日报》2015年3月15日。

运动等方面，向世界展示新的成果。”北京和张家口联合申办冬奥会“将会极大地促进这一区域的产业结构调整，加快交通等基础设施建设，提升城市建设和管理水平，推进大气污染治理和环境保护；不仅有利于发展冰雪运动产业，也可以增加就业、改善民生”。当记者问到北京的空气质量能否保障冬奥会的顺利进行？王回答说：良好的空气质量对冬奥会很重要，对每个人的日常生活更至关重要。目前，我们正全力治理大气污染，在“减煤、控车、治污、降尘”等方面下大力气，仅 2013 年至 2017 年，市财政就将直接投资 481 亿元，带动社会总投资 7600 亿元。“下一步，我们要重点改善能源结构，进一步压减燃煤，加强交通污染治理，推广使用新能源汽车，加大污染企业退出力度，加强工地精细化管理，完善区域联防联控机制，动员全社会共同参与污染防控。”“我想说的是，坚持不懈治理污染，是政府责任，即使不申办冬奥会也将全力推进。申办工作将加快治理进程，人民群众受益更多。我们有信心，通过治理和保障措施，确保赛时空气质量达到世界卫生组织的标准。”如果将王安顺的这次答记者问与之前美国主流报刊关于北京奥运会的报道进行对比研究，可以看出，中国报刊对北京奥运会的经验教训是做了充分的总结的，与美国主流媒体对北京奥运会的个别报道形成了鲜明的对比。

除了以上问题外，有关北京市的教育、食品安全、科技进步、知识产权保护等问题，虽然不是美国主流媒体的主要报道内容，但下面也将对相关内容做对比分析。

五、关于北京的教育问题

2015 年 4 月 23 日《人民日报》一篇署名董洪亮的文章以《别为孩子入学太纠结》为题报道了北京市的教育问题。文章说：近日，一些北京的家长朋友开始关注孩子入学问题，“跨区有没有希望?”“怎样才能进入理想学校?”“去年开始的划片就近入学、电脑随机派位政策，今年有何调整?”又到小学、初中入学的前夕，许多家长特别是大中城市的家长在为孩子读哪所学校而纠结。为孩子上学而纠结是人之常情。我们天天在外奔波、忙碌，还不是为了孩子的未来——有的家长这样认为。尽自己一切力量把孩子送入好学校，一些人甚至强调“不能让孩子输在人生起跑线上”。这种责任意识的确可以理解。几年前，一位教育部门主要负责人说，如果我们的学校质量差距小些，相信多数家长宁可让孩子每天早上多睡一小时，也不会选择那些离家远的学校。这说明，小学、初中的办学水平，还存在一定差距。家长的纠结源于现实。不过，这几年各个大城市在努力消除区域内小学之间、初中之间的差距，促进义务教育均衡发展。小学初中对口直升、九年一贯制、学区制、强校弱校结成办学联盟、集团化办学等等探索，在各地取得了明显效果。在此基础上，2014 年，国家要求 19 个大城市保障义务教育阶段学校新生划片就近入学；2015 年 3 月底，教育部召开专题座谈会，督促 24 个大城市 100% 的小学、90% 的初中划片入学。实际情况怎样？北京市教委统计表明，2014 年全市小学就近入学比例为 93.7%，民办学校、寄宿制学校等其他入学比例为 6.3%。初中就近入学比例为 76.82%，特长生入学比例为 6.75%，民办学校、寄宿制学校等其他入学比例为 16.43%。民间机构二十一世纪教育研究院就 2014 年北京义务教育入学满意度对家长进行了调查，结果是，家长们的感知较好，参与调查的学者用“打了一个翻身仗”评价新的入学措施整体实施情况。其调查方式包括常规监测、实地走访以及网络民意调查等。应该说，北京能够做到就近入学，其他城市没有理由做不到。择校是为了孩子更好地成长、成才。进入所谓好学校，并不一定就能更好地成长。最近，一位同事向笔者诉苦：他儿子小学、中学都在北京一流的学校，但是，高考分数只能读三本。我们都明白，在人生的马拉松征程里，重点大学的毕业生也未必都能跑赢普通大学的毕业生。因此，我们也许应该投入更多的时间、精力关注孩子成长成才的以下这些方面——其一，强健的体魄；其二，良好的生活及学习习惯；其三，学会做人；其四，掌握一门艺术技巧。这些不是在所谓的好学校里就一定学得到的，在人的一生中，这些很可能比在所谓的好学校里学到的书本知识更重要。还有一项数据能够宽慰家长们纠结的心。《中国青年报》社会调查中心不久前对 2058 人进行的一项调查显示，70.4% 的受访者认同合适的教育才是最好的，说明社会对所谓名校不再过度追捧。参与调查的受访者中，一线、二线、三线、四线城市及以下所占比例分别为 36.7%、41.1%、17.2%、4.9%。现实告诉我们，学校差距在缩小，人们的教育观念也在变。家长大可不必为孩子择校过度纠结。① 从这篇文章看，北京市的教育问题的确比较突出，但政府为此做出的努力也是巨大的。

① 《别为孩子入学太纠结》，《人民日报》2015 年 4 月 23 日。

《光明日报》在有关教育问题上应该更具有权威性。在有关北京的教育问题上,《光明日报》的报道是比较多的。如2013年10月12日《北京:教育改革打出组合拳》一文报道说,“减负、均衡、公平”是北京教育改革的总体思路。北京在对中高考进行改革的基础上,还将配套出台一系列改革措施,对中小学课程设置、教育教学方法等进行变革,打出一套减负增效的组合拳,切实为家长减轻精神负担和经济负担,真正还给孩子幸福健康的童年。北京在此次改革中,通过中高考招生计划指标的合理再调配,将更大比例的优质高中招生计划数和一批本科计划指标投放、分配给普通初中和生态涵养区、城市发展新区,从而加大学生在普通初中和本地接受基础教育的吸引力。在中考考试与命题方面,本次改革方案着力对中考学科设置、分值比重、命题内容进行了调整。其中,对初中语文学科的要求是,突出学科的基础性重要地位,注重同其他课程、同生活实践的联系;注重对中华民族优秀文化传统的考查;对初中数学学科的要求是,让学生利用数学概念、原理和方法解释现实世界中的现象,解决解释生活学习中遇到、观察到的简单数学问题;对初中物理学科的要求是,考查基础知识和基本技能,通过真实的生产、生活情境,考查学生实验探究能力、观察研究自然现象的能力、利用学科知识解决实际问题的能力;对初中化学学科的要求是,以学生在日常生活中所接触的化学物质和现象为基本内容,考查学生分析化学问题、解释生活中简单化学现象的能力。在高考考试与命题方面,本次改革方案以科学、公平、准确、规范为目标,依据普通高中课程标准和高等学校人才培养需求,坚持素质教育导向。其中,对高中语文学科的要求是，加强对中华民族优秀传统文化的考查，充分体现语文的基础性和作为母语学科的重要地位，注重考查内容与社会生活实践的联系，发挥语文学习促进学生逻辑思维能力发展的重要作用，鼓励学生独立思考和个性发展；对高中数学学科的要求是，注重基本的数学能力、数学素养和学习潜能的考查，注意数学应用，考查学生分析、解决综合问题的能力；对文科综合的要求是，注重考查学生运用所学的基础知识、基本原理、基本观点和基本方法从不同角度发现问题、分析问题和解决问题的能力，重视发展学生参与社会生活的能力，促进正确的情感、态度和价值观形成；对理科综合的要求是，从学生已有的经验和将要经历的社会生活实际出发，通过生产、生活中的一些真实情境和实验观察、自然体验，考查学生联系实际深化、应用知识的策略和学科素养。除了考试分值的变化外，本次北京教改的另一大亮点，是关于中高考招生与组考方式的重大变化。在中考阶段，改变体现在四个方面：一是增加优质高中学位供给，满足更广大学生进入优质高中的需求；二是在首都功能核心区、城市功能拓展区等北京远郊区县内，实施优质高中校招生计划30%—50%(2014年至2016年逐年增长)，按照公平、公开原则直接在一般初中校招生，让一般初中校的学生有机会、有通道进入优质高中，以促进义务教育均衡发展；三是全面减少特长生入学比例，改变单纯为进入优质学校而培养“特长”的现象，引导学生在自己感兴趣的领域发展特长；四是中考时长由原来的两天半缩短为两天，将物理、化学两门考试安排在同一个半天。在高考阶段，改变体现在两大方面，一是调整了志愿设计及投档方式，本科志愿填报实行本科批次平行志愿组填报方式，即对本科一批、二批、三批的志愿设置由原来的4所学校扩大到5所学校；而高考本科志愿仍在考前填报。二是在北京市规划的生态涵养区和城市发展新区等远郊区县，设本科专项招生计划，提高这些地区升入本科一批高校的学生人数，从而加大学生在本地接受基础教育的吸引力，不断提高当地教育教学质量。文章最后分析认为："这意味着，高分考生进入重点大学机会将大大提高，寒门学子上大学的机会也将大大提高。"①

《光明日报》的另一篇报道指出：2015年，"服务学生"将成为"北京教育新地图"的主题。北京市的思路是，进一步扩大优质教育资源的覆盖面，构建起贯通学段的立体通道，让学生不出片区，在家门口的好学校完成9年乃至12年的学业，为学生成长提供优质的"无缝培养链"。文章提出，"就近入学，已成北京义务教育新常态"，2014年，北京市义务教育阶段出台入学取消共建生、压缩推优和特长生比例、采用入学服务系统、严格划片入学等政策，构成了"史上最严"入学新政。北京市教委统计表明，2014年全市小学就近入学比例为92.26%，初中就近入学比例为77.64%，比上年均有所提高。同时，对20所热点小学、31所热点初中监控的数据也显示，就近入学政策得到了进一步落实。2015年北京市义务教育阶段学生入学政策的基本思路是总体保持稳定，坚持和延续2014年已有政策，进一步强化就近入学，堵住无序择校漏洞。通过公开、公平、公正的方式就近入学，正成

① 《北京：教育改革打出组合拳》，http：//news.gmw.cn/2013－10/22/content_9242112_2.htm，访问日期：2015年4月20日。

为北京家长的新选择。文章指出，“建设好每一所老百姓家门口的学校”，2015 年“北京教育新地图”的首要特点，是坚持“存量盘活，增量推进”，持续通过学区制、集团或集群办学、合作办学、政府购买服务等多种模式，校际横向联合，扩大重组优质教育资源，建设好每一所老百姓家门口的学校。在市级统筹下，北京市各区县将立足区情，因地制宜，走特色化综合改革之路。其中，远郊区县计划通过内升外引、名校办分校、打造教育联盟等形式，继续提升区域教育质量。在核心城区，各区县也出台了一系列有时间表、路线图的改革方案。北京市将大力推动九年一贯制的改革，伴随对口直升学校数量的不断增加，教育资源分配不均、择校热等问题将逐渐得到化解。当优质资源直接融入、催生出一大批新型优质校之时，热炒“学区房”的现象自然会逐步降温。文章强调，基础教育资源重组并非“削峰填谷”，2014 年，北京市基础教育实施的系列综合改革，已使众多学生和家长切实享受到了改革的“红利”。北京市各区县通过九年一贯对口直升、名优小学办初中、优质中学办小学乃至十二年一体化人才培养等一系列改革举措，逐渐打通了基础教育学段“壁垒”。此前也有一种观点认为北京市推出的基础教育综合改革系列举措是“削峰填谷”，导致高端优质教育资源被毁了。对此，改革亲历者、东城区史家小学校长王欢称，在各个校区来回奔波已成为她的工作常态。推行改革不仅让普通校的老师得到了进一步提升的机会，也为优质小学的老师提供了更大的平台。[①]

应该说，在社会各界的热切期盼中，北京市中高考改革方案面世。改革方案所体现的“减负、均衡、公平”的精神，深受舆论好评。在人们的社会生活中，“教育”永远是最能引起共鸣的话题之一。一方面，教育事关千家万户，事关民族的未来，拥有最广泛的参与性，其重要意义不言而喻；另一方面，我国在现阶段尚难以摆脱应试教育的羁绊，学业负担过重，择校热持续不减……人们对教育改革的呼声越来越迫切。北京的新一轮教育改革方案，针对的问题都是社会上反响比较强烈、众多家长深受其害、专业人士批评比较多的。

六、关于北京的食品安全问题

应该说与其他城市相比，北京市这个问题并不严重，但《人民日报》和《光明日报》同样做了报道。如 2012 年 12 月 17 日的《人民日报》的一篇《北京：食品安全标准将由卫生部门制定》文章指出：今后，首都食品安全标准将由卫生部门制定。制定北京食品安全标准，过去归市政府食品安全监督协调办公室负责。按照《北京市卫生局主要职责内设机构和人员编制规定》，这一职能划入市卫生局。市卫生局要增设“食品安全标准处”，负责组织实施国家食品安全标准，组织拟订、发布本市食品安全标准，此外，要对食品生产企业制定的食品安全企业标准进行备案。另一篇全国人大

① 《2015 北京教育新地图：让孩子在家门口至少上好九年学》，光明网，http：//news. gmw. cn/2015 －02/11/content_ 14806246. htm，访问日期：2015 年 4 月 20 日。

代表、北京市海淀区人民法院副院长宋鱼水的文章说：学生，重要消费群体之一，商机无限。如今，一眼望去，大凡在中小学校周边，各式各样的小卖部、零食摊和小吃店随处可见。放学后，学生们通常成群结队地来到小吃摊前、零食铺外，迫不及待地购买食品饮料。可是，与之相伴而生的是食品安全问题。从目前来看，由于政府监管力度的加强，食品安全问题在校园内已基本得到控制，威胁更多地来自校外。同时，经过观察，部分学生自行回家，没有家长来接。问及购买原因，他们都说“饿了”。在被问到有没有考虑过食品的卫生安全时，学生们往往无言以对。由于缺乏对校外食品卫生安全的警惕，食物中毒的隐患也就难免缠绕在学生周围了。宋鱼水建议：一是相关政府部门加强对学校周边小摊小店的整治与排查，研究对策，出台严惩措施；同时，追查“三无”食品的来源，务必斩除“三无”食品的利益链条。二是学校后勤部门应主动增加商品的品种和数量，保证质量，尽量满足在校学生的需求。三是加强舆论宣传，利用新闻媒体、校园电视台，使同学及家长了解校园周边的食品安全问题。①

七、关于北京古建筑保护

北京四合院是一种合院式的住宅。合院住宅在中国有久远的传承历史，从西周的院落遗址到汉代的画像砖，从唐代的敦煌壁画到宋代的《清明上河图》都可以看到它们的身影。明清时期中国南北方的许多地区都发展出各具特色的合院住宅，与北京四合院共同组成辉煌灿烂的民居体系。如果

① 宋鱼水：《严查学校周边食品安全》，《人民日报》2013 年 1 月 9 日。

市场地处长安街延长线，紧邻国际CBD商圈，地理位置显赫，交通便捷，是与长城、故宫相齐名的中国最具世界影响力的国际旅游购物市场。它成立于1980年，一开始只是零零落落的几家商铺，散落在一片使馆和外交公寓中间，当时附近住户不多，消费市场未被看好。谁能想到，十年以后，它已是海外游客争相前往观摩购物的“民间贸易中心”。甚至有经济学家称之为“用改革开放的剪刀裁剪出来的21世纪的清明上河图”。“登长城、游故宫、吃烤鸭、逛秀水”，北京秀水街，与长城、故宫、烤鸭这些“北京象征”一起，成为很多海内外游客到北京旅游的一个地标。但就是这样一个市场，由于充斥着假货，而常常为外国媒体所诟病。那么中国媒体是如何看待秀水街的呢？2006年8月23日《光明日报》以《北京：音像市场暗访一日》为题报道了北京音像制品的盗版情况。其中谈道：从7月15日起席卷全国的“反盗版百日行动”，于8月16日开始从重在“自查自纠”的“公示期”进入了“集中整治阶段”。8月19日，是进入这一阶段后的第一个公共假日。以往，公众假期往往是销售盗版音像制品活动最为猖獗的日子。因此，这一天对于“反盗版百日行动”来说，有着特殊的意义。为此，记者利用一整天的时间，在北京市内对一些有代表性的销售音像制品地区进行了一次暗访。“在一个多小时的时间里，记者先后暗访了永安里的一家音像店、秀水街内的一家音像店和地铁四惠东站旁的一家音像店。由于正值午后，这三家店内的顾客都不是很多。在这里，记者没有发现盗版音像制品。”记者最后指出：“盗版与反盗版，将是一场长期的战斗，同时也必然是一场邪不压正的较量。”[①] 2007 年 6 月 26 日《人民日报》一篇篇幅不大的图片新闻较能说明问题。这篇题为《黯然退场》的消息称：6 月 25 日下午，北京秀水街市场三层丝绸区，一户商户正在收拾自己的商品准备离开。当日，这里 90 个涉假侵权的摊位被劝退，此举旨在保护知识产权、弘扬民族品牌、创建特色商业街，以迎接 2008 年奥运会。清理的摊位也将重新设计改造，分别建成“老字号”丝绸一条街和精品丝绸专区。[②]

关于宠物饲养问题，《人民日报》的报道与美国主流媒体的报道观点和立场都大相径庭。养宠物，是中国在改革开放以后逐渐兴起的热潮，但由于管理不善，仅 2006 年上半年，北京市民就有近 7 万人被猫狗抓伤，这一年《人民日报》曾以《犬患成“公害”整治须长效》为题做过热点解读。2013 年 11 月 21 日，《人民日报》专门报道了北京市关于宠物饲养的立法规定。该报道称：北京市人大常委会对《北京市动物防疫条例（草案）》进行初次审议。草案明确提出对犬只实施狂犬病强制免疫，不打狂犬病疫苗可罚 1000 元。同时，在“宠物禁乘公交”的规定中，导盲犬获特殊照顾，被允许乘坐。该文说，北京市面临着动物疫病风险日趋复杂、防控能力有待提高，人畜共患传染病防控压力加大的形势。相关部门统计，目前北京市有登记犬只约 100 万只，未登记犬只据估算也达百万只。条例草案规定，犬只接受狂犬病强制免疫接种的，将取得狂犬病免疫证明、标识。犬只

---

① 《北京：音像市场暗访一日》，光明网，http：//www. gmw. cn/01gmrb/2006 - 08/23/content_ 468475. htm，访问日期：2015 年 4 月 20 日。

② 《黯然退场》，《人民日报》2007 年 6 月 26 日。

饲养者不得携带未佩戴狂犬病免疫标识的犬只在户外活动。此外，草案新增了罚则：未对犬只进行免疫接种，且逾期不改的，可处以1000元以下罚款。同时，未对犬只进行免疫接种，给他人造成人身、财产损失的，犬只饲养者依法承担相应的民事责任；构成犯罪的，依法追究刑责。为加强防疫，条例草案规定，禁止在有形市场现场销售活畜禽，宠物市场除外；禁止携带活畜禽和宠物乘坐公共电汽车、轨道交通车辆、道路客运车辆等公共交通工具。在条例草案征求公众意见阶段，关于导盲犬乘车问题的呼声很高。草案中明确规定，携带训练合格的导盲犬等工作犬乘坐公共交通工具不受此限制。[①] 这是北京首个经立法后评估程序转化的立法项目。

关于北京市大学生就业问题，这里拟对《人民日报》关于“蚁族”和“北漂”两词的报道进行对比分析。2012年2月25日，《人民日报》一篇题为《五十座“唐家岭”的变迁》[②] 的“人民观察”对北京市城乡结合部五十个重点村建设进行了报道，其中谈道：唐家岭，北京著名的城中村，位于海淀北部，本地人口5000，集聚流动人口5万，“蚁族”现象闻名国内外。环绕着首都，三环、四环、五环间，20年间逐步聚集起这样的“唐家岭”。打开2010年的卫星图，可以看到这一北京的特别生态。流动人口的无序集聚，火烧连营的安全隐患，叠床架屋的笼居困境，刑事高发的特殊状态，社会学家称之为“城市病灶”。另一篇《人民日报》的文章则直接将“蚁族”与大学生就业联系起来。文章指出：认识

① 《北京犬只拟实施强制免疫》，《人民日报》2013年11月21日。

② 朱竞若、余荣华：《五十座“唐家岭”的变迁》，《人民日报》2012年2月25日。

一个农民工朋友，北京城扩到五环六环，却难解他的租房之难；认识一个大学生朋友，守着京城递了“N”份简历，都没得到回应。在他们身上，能看到城市现代化中“人的难题”，能体会“最难就业季”难在哪里。[①]

《人民日报》一篇涉及到北漂的报道则分析认为大学生的就业观念已成为制约毕业生顺利就业的主要瓶颈。文章认为，大学生“有业不就”一是外地毕业生不甘心回省就业。毕业后两年择业期使得部分毕业生存在侥幸心理，认为户口档案留在学校就是“北京户口”，不愿将户口档案签回生源地，外地生源宁愿“北漂”也不到京外就业。二是北京生源毕业生不急于就业。北京生源毕业生在京就业不受户口和档案的限制，认为两年的择业期内就业就可以，就业期望值较高，或者盲目地选择继续升学，很多毕业生因此错过了就业的最好时机。三是毕业生不愿到基层就业，不愿到农村就业，不愿到私企就业。很多生源是北京郊区或者西部省区的学生，毕业后的第一选择都是留在北京城八区或者到大中城市。学生对于基层的情况就业前景不了解，基层的环境和相关就业政策也不能够吸引他们。[②]

以上只是从内容上对《人民日报》、《光明日报》关于北京的一些社会报道进行了摘取。这些摘取并不是随机的，而是针对美国主流报刊对相关问题的报道进行选择性摘选的。选择这些报道的主要目的是可以让读者通过对比分析更深刻地了解和认识相关问题。

---

① 张铁：《多交几个基层朋友》，《人民日报》2013 年 7 月 10 日。

② 尹晓宇、罗美多：《“一把钥匙开一把锁”》，《人民日报》2007 年 6 月 23 日。

综上可以看出，在有关北京的报道中，尽管《人民日报》、《光明日报》等中国媒体的报道多是正面的，与美国主流媒体对北京以负面报道为主恰恰相反，但中国媒体的报道基本是秉承着公正、客观的原则，在许多问题上也能够一针见血地指出北京市社会发展中出现的种种问题。同时，中美两国媒体聚焦的北京市诸多社会问题和社会现象说明，美国主流媒体在报道北京社会问题时，总的态度是公正的、客观的。

第四节　政策建议

国家发展是构建良好国家形象的现实基础，这是毋庸置疑的。但是这不等于说一个国家在不断发展和进步时，其国家形象就一定会得到国际媒体同步的正面肯定和评价，城市形象也是如此。要提高北京的城市影响力，需要做好如下工作。

一、大力促进北京与世界其他城市的交流与合作，积极承办大型国际活动，提高城市影响力

如发展旅游、创建友好城市、展示民俗文化等，这对于增进世界各国公众对北京的了解是必要的。加强与国际友好城市的交流与合作对于北京来说是非常重要的。友好城市作为对外交流与合作的重要渠道，有助于打开北京面向世界的窗口。通过友好城市这一友谊的桥梁，让世界了解北京，让

北京走向世界。首先，要向其他城市学习，相互交流，取长补短，促进发展。其次，通过国际舞台，宣传北京取得的城市成就，发出强有力的中国声音、北京声音。再次，承办大型国际活动，提升自身的世界城市形象。这方面的主要依据是北京举办了奥运会，有效地提升了北京的国际影响力，改善了北京的城市形象。

二、发挥本国媒体作用，及时、准确地报道一些敏感问题，增加中国媒体的真实性、权威性，避免外界的猜测与误解，争取国际媒体话语权

环境污染、交通堵塞和其他社会问题都是北京现实中真实存在的一面，回避或者掩饰这些事实只会有损中国在其他问题上的信誉，坦然面对这些问题远远好过忽视它们。

在国际传播过程中，当一个城市发生重大事件时，如果当地的媒体能够在第一时间内发布准确的信息，就可以把握主动权，引导舆论朝着有利于本国城市形象的方向发展。中国发生的事情，中国媒体争取第一时间报道，争取国际媒体话语权。中国媒体在某些问题上的延误，会导致国外民众依赖国外媒体。获得了新闻解释权，就意味着争夺到了对新闻事件的解读视角，就抢占了先机。而有些外国媒体出于各种原因并不能客观报道这些事件，这样就会加深国外民众对这些事件的误解。我们应该积极改变报道策略，中国主流媒体如中央电视台、新华网等应第一时间做出及时、真实、有效的报道，从而提高中国主流媒体在国际上的影响力和权威性。

城市形象的建设迫切需要中国媒体的话语权，主动宣传和表达往往能够掌握舆论的主动权。例如，在对待北京一些

不好的现象时，不能被传统的对待负面信息的抵触思维所束缚，而应当采取主动的传播态度，对事实所处的环境、原因、发展过程和特殊背景做出充分的解释，从而化被动为主动。例如2002年12月广东发现非典型肺炎疫情由于各种原因没有及时加以报道，引起各种流言和谣言的广泛传播，在一定程度上造成社会恐慌。由于没有通畅的信息渠道，部分国外媒体的新闻报道中掺杂着臆测因素，形成了部分程度的信息失真。[①]

对重大国际事件进行报道，实际上就掌握了对此事件的全球新闻议程设置的主动权。在信息全球化的时代，任何一家媒体如果能够首先和持续对重大国际事件进行报道，实际上就掌握了对此事件的全球新闻议程设置的主动权，甚至能影响到有关国家的政治议程的外交政策。在国际传播上掌握了话语权的主动，就意味着在国家形象的塑造上掌握了主动。[②]

世界上没有绝对的公正客观的报道，对外宣传部门有责任、有义务向世界传播北京的声音，提供给外国人了解北京的第一手信息。我们要把握时机适时地、客观地报道北京发生的事件，不论事情的性质如何，要让国际社会看到我们的观点和立场，看到我们解决问题的积极态度，提供给国际社会尽量多的正面信息、直接信息，避免其他不必要的没有根据的胡乱猜测，扭曲北京形象。

---

① 何辉、刘朋：《新传媒环境中国家形象的构建与传播》，外文出版社2008年版，第166—167页。

② 何辉、刘朋：《新传媒环境中国家形象的构建与传播》，外文出版社2008年版，第134页。

奥运期间的报道是规模宏大的报道，以奥运开幕式为例，单是“历史的足迹”中燃放的29个焰火脚印就需要众多的拍摄机位，而这同时需要对城市版图的把握，除此之外，对北京历史、文化的介绍，对开幕式中中国文化元素的介绍，都需要本国媒体做出权威、全面的解释，在这种情况下，中央电视台在直播中占有了绝对的优势，唯有央视的电视信号才能最全面地覆盖所有的精彩画面和所有的文化内涵，对央视的转播就成为世界主流媒体的必由途径。在此期间发挥央视的核心作用，就成为提高中国主流媒体国际传播力的有益举措。因此，在全球性媒体中，要积极发挥本国媒体的优势，以提供对全球性传播事件的解释水平，为更多的世界受众服务。

北京的国际形象最终还是世界说了算，我们不能把我们自己的意志强加给其他人。我们要做的就是构建一套体系，系统地对外宣传我们自己的文化、政治、经济生活，使外国人能看到北京好的一面，也能看到中国不好的一面，最终形成他们自己对中国的理解方式。

三、加强媒体之间的交流与沟通，扩大西方媒体记者的采访自由

中国与西方的价值观的确存在某种根深蒂固，甚至不可调和的矛盾，保持经常性的对话将是防止误解的重要途径。由于不同的生活经历、文化基础、意识形态和心理认知结构等，外国人（尤其是西方人）在一些方面很难理解中国。淡化意识形态色彩，变传统的宣传为客观、公正的新闻传播是我国媒体提升国家形象的首要策略。

我们可以采取与外国媒体联合制作节目的方式，鼓励资深新闻工作者主动参与对方的节目。利用对方的主流发布渠道，稀释于我不利的节目比例，提高中性报道的比重，最终达到影响和引导国际舆论的目标。[①] 2010 年 7 月 1 日，中国新华新闻电视网（CNC）英语台正式开播，24 小时滚动播出英文新闻，为国际受众提供了一种新的信息源。

我们也可以尝试建立一些协会、非政府组织来加强与国外媒体记者的交流，这种交流一定是要融洽的、软性的渗透。扩大西方记者的采访自由有利于提升中国的国际形象。中国的国际公关面临着一个难以逾越的屏障——官方身份大大削弱了中国媒体的可信度和影响力。目前我国大多数对外传播媒体报道手法单一，倾向性和立场过于直白，使受众产生距离感。而《纽约时报》、《华盛顿邮报》、《基督教科学箴言报》等美国主流媒体在引用新华社的报道时，又总要贴上“官方新闻机构”或“官方控制的新闻机构”等标签，更强化了受众的不信任感。大量“去政治化”、“去官方色彩”的报道和记录片将有助于提升受众接受信息的兴趣，优化传播效果。正如约瑟夫·奈所言：“传递信息，兜售正面形象仅仅是公共外交的一个方面，其更为重要的内容是：建立长期的关系，能对政策制定产生一定的影响。”[②]

要相信人民大众的声音最终是有利于国家的声音。让西方记者深入中国社会的基层，采访普通民众，感受中国的文

① 何辉、刘朋：《新传媒环境中国家形象的构建与传播》，外文出版社 2008 年版，第 145 页。

② Joseph S. Nye Jr. , “Public Diplomacy & Soft Power ”, *The Annals of American Academy of Political & Social Science*, 2008. 转引自郑华：《中国公共外交发展进程中的困惑及其应对》，《国际观察》2012 年第 2 期，第 68 页。

化底蕴，了解中国的民意和人心所向，这最终将加强中国政府的合法性和权威性。中国社会的事实最终将说服西方记者并通过他们说服西方受众。此外，扩大国外记者的采访自由也是尊重人权、提倡言论自由的国际潮流之所向。

四、针对负面报道比例大的情况，北京市政府应该进一步改善传播策略，宣传正面形象，传递正能量，让外国公众了解美丽北京

一个民主的政府不能只听好话，而应该能够包容不同的声音。百花齐放、百家争鸣，这是一个国家的活力与创造力之所在，也是开放的民主社会的基本特征与必要条件。因此，我们没有必要对不同的声音过于紧张，无论这种声音是出自国内媒体还是国际媒体。我们完全可以把不同的声音当作是民主社会保持清醒头脑的必要的“噪音”。同时，我们的媒体要加大宣传，我们应该向国际社会反复传递的一个信息就是北京在很多领域已经取得了历史性的进步，这是活生生的事实，但同时也要认识到我们也有很多需要解决的问题。

五、采取灵活的宣传策略，增强对外传播能力

中国对外传播的媒体官方色彩浓厚，传播技巧不成熟，不利于传播信息产生良好的效果；中国对外传播的声音一致，不利于信息的国际传播。在对外传播媒体中，我们可以适当地改变话语方式，这种适当的轻松的表达方式会给外国受众带来清新的感觉。同时在表达主体上我们可以多元化，一些企业，甚至是老百姓都可以成为重要的发声源，西方受众也会对这种注重个体表达的方式更加认同。

向世界说明北京，必须尊重国际传播规律，必须掌握跨文化传播技巧。既要知道该说什么，也要清楚该怎么说。要善于超越差异，异中求同，把握自身利益和国际社会共同利益的交汇点，寻找人类思想情感的共鸣点，占领道义上的制高点。掌握国际舆论的话语权，归根到底是掌握议程设置的主导权。

应该采取灵活的宣传策略，避免直接的说教形式，淡化政治色彩，从提供政治经济文化各方面信息的角度，遵从国际受众的接受习惯和心理需求，选择有中国特色并符合中国国家利益的传播内容，用西方的形式出现，来逐渐引导对方对中国国家形象的认识。[①] 我们要考虑国外受众的喜好，采取有针对性的传播策略、传播内容。

六、开展政府公关，树立人性化政府形象

要树立官员务实形象，切实解决群众切身利益问题，以争取群众的满意度。当前典型的做法是通过举办接待日和接访活动，倾听民意，解决群众实际问题。通过各种喜闻乐见的形式和“零距离”接触，能够强化亲民爱民形象，增加群众对政府的信任度，巩固群众基础。

北京市政府的任何有益努力，如政府采取改善北京空气污染的措施、为了战胜 SARS 而采取的行动等被这三家美国主流报刊所注意，并给予了积极的报道。如《纽约时报》2003 年 4 月 27 日的《SARS 传染病：北京匆忙新建医院以应

① 何辉、刘朋：《新传媒环境中国家形象的构建与传播》，外文出版社 2008 年版，第 184 页。

对日益增加的 SARS 病人》一文指出：“中国首都北京报告的 SARS 病例迅速增加。一部分建筑军人在北京郊区正在加紧修建一个医院，那个医院将很快能容纳至少 1000 个 SARS 患者。该项目的负责人表示，我们被命令尽快竣工，不惜任何代价。这个新的医院的修建是政府与 SARS 进行坚决的斗争的又一个范例。”

七、加强对生态环境等方面的监管

从对这三种报纸对北京的报道分析可以看出，在美国主流媒体眼中，北京是一个“空气质量差、生态环境遭到破坏并已影响到人们日常生活”的城市，这些已经阻碍了人们对北京国际形象的正面认知。

如今，经济发展与生态环境关系如何，以及如何正确处理两者关系已经放在决策者面前。人与环境的作用是相互的，人可以改变环境，环境同样可以改变人。因此，构建和谐美好的环境，是现阶段北京城市建设的关键，要做到令行禁止，防止一些高污染企业阳奉阴违，在检查过后死灰复燃。

提高全社会的环保意识，转变“重污染治理，轻生态保护”的错误观念。一方面，积极开展多种形式的环保宣传活动，使环保意识深入人心；另一方面，制定和完善相关法律，进一步规范社会成员的行为，为改善生态环境以及人与自然和谐发展提供法律保障。

城市的进步和社会的全面发展是提升城市形象的物质基础，也是良好形象赖以存在的最可靠的现实基础，没有这一基本前提，空洞的宣传和信息传播就是无源之水、无本之木。北京的社会、经济和文化的发展水平是城市形象“源像”形成的决定性因素，它从根本上决定了形象构建的最终结果。只有从根本上使我们的社会更和谐稳定，人民生活水平更高，文化更繁荣多彩，城市形象的构建才会得到坚实的物质基础。

“知辱则勇，见贤思齐”，他山之石，可以攻玉。诚如鲁迅先生所言，“看了这些，而自省、分析、明白哪儿点说的对，变革，挣扎，自做功夫”，才能对我国的城市建设，特别是首都北京的发展规划，有着明镜自鉴的作用。了解美国主流媒体对北京形象的认知及合理意见，可以有的放矢地改善自我形象。只有如此，北京才可在成为国际大都市的同时，不失近百年来东方城市富丽、绵长的摄人魅力。

北京如何向其他世界城市学习和借鉴，如何在世界城市建设中走出自己独特的发展道路，展现出自己的魅力，是北京面临的重大课题。今日的北京，已经将自己放在了世界的坐标中重新审视、规划自己，一个越来越成熟的国际化大都市正在不断地成长着。在政府的倡导下，北京人民将用爱心去关注环境的变化，用热情传播环保的理念，用良知阻止破坏环境的行为，用勇气调整不恰当的生活方式和消费模式，用行动带动家庭、推动社会……北京正以它开放的胸怀、独特的魅力吸引着各国人民，同时，它也以越来越矫健的姿态走向世界。一个充满绿色气息和青春活力的新北京，将不会让人们等太久。

参考文献

一、中文文献

［法］阿芒·马特拉著，陈卫星译：《世界传播与文化霸权》，中央编译出版社，2005 年版。

蔡帼芬主编：《国际传播与对外宣传》，北京广播学院出版社，2000 年版。

蔡帼芬、徐琴媛、刘笑盈主编：《全球化视野中的国际传播》，五洲传播出版社，2003 年版。

陈宇：《国家形象》，九州出版社，2008 年版。

崔述强等:《奥运影响下的北京经济社会》，同心出版社，2009 年版。

戴建中：《北京社会发展报告 2009—2010》，社会科学文献出版社，2010 年版。

戴建中：《北京社会发展报告 2011—2012》，社会科学文献出版社，2012 年版。

《当代中国的北京》编辑部编：《当代北京大事记（1949—2003 年）》，当代中国出版社，2003 年版。

丁世华：《当代北京居住史话》，当代中国出版社，2009

年版。

丁向阳：《2005 北京市社会发展蓝皮书》，中国大百科全书出版社，2005 年版。

丁向阳：《2006 北京市社会发展蓝皮书》，中国大百科全书出版社，2006 年版。

段鹏：《国家形象建构中的传播策略》，中国传媒大学出版社，2007 年版。

［荷］梵·迪克著，曾庆香译：《作为话语的新闻》，华夏出版社，2003 年版。

范冰冰：《国际传播与国家形象》，人民文学出版社，2008 年版。

辜晓进：《走进美国大报》，南方日报出版社，2004 年版。

管文虎主编：《国家形象论》，电子科技大学出版社，2000 年版。

［美］哈罗德·伊萨克斯著，于殿利、陆日宇译：《美国的中国形象》，时事出版社，1999 年版。

韩召颖：《美国政治与对外政策》，天津人民出版社，2007 年版。

何辉、刘朋：《新传媒环境中国家形象的构建与传播》，外文出版社，2008 年版。

何英：《美国媒体与中国形象》，南方日报出版社，2005 年版。

［美］何天爵著，鞠方安译：《真正的中国佬》，中华书局，2006 年版。

［德］赫尔穆特·施密特、弗朗克·西伦著，梅兆荣、

曹其宁、刘昌业译：《理解中国：对话德国前总理施密特》，海南出版社，2009 年版。

侯仁之：《北京城的生命印记》，生活·读书·新知三联书店，2009 年版。

胡晓明：《国家形象》，人民出版社，2011 年版。

贾珺：《北京四合院》，清华大学出版社，2009 年版。

［英］雷蒙·道森：《中国变色龙——西方视野里的中国形象》，时事出版社，1999 年版。

［英］雷蒙·道森著，常绍民、明毅译：《中国变色龙——对于欧洲中国文明观的分析》，中华书局，2006 年版。

霍增龙、周大海编著：《魅力北京》，旅游教育出版社，2002 年版。

［美］杰里尔·A. 罗赛蒂：《美国对外政策的政治学》，世界知识出版社，1997 年版。

李京文等：《北京经济社会重大问题研究报告（2006—2007）》，中国财政经济出版社，2008 年版。

李良荣：《新闻学概论》，复旦大学出版社，2001 年版。

李良荣：《当代世界新闻事业》，中国人民大学出版社，2002 年版。

李希光：《中国有多坏？》，江苏人民出版社，1999 年版。

李希光、刘康等：《妖魔化中国的背后》，中国社会科学出版社，1996 年版。

李希光、周庆安主编：《软力量与全球传播》，清华大学出版社，2005 年版。

李正国：《国家形象构建》，中国传媒大学出版社，2006 年版。

廖菲主编:《公共行为与公共文明:北京市民公共行为实证研究》,中国戏剧出版社,2007年版。

刘保全:《北京胡同》,中国旅游出版社,2008年版。

刘继南等:《国际传播与国家形象——国际关系的新视角》,北京广播学院出版社,2002年版。

刘继南、何辉等:《镜像中国——世界主流媒体中的中国形象》,中国传媒大学出版社,2006年版。

刘继南、何辉等:《中国形象:中国国家形象的国际传播现状与对策》,中国传媒大学出版社,2006年版。

刘骏:《2008年北京市经济社会形势分析与预测》,中国财政经济出版社,2008年版。

刘建飞:《美国与反共主义——论美国对社会主义国家的意识形态外交》,中国社会科学出版社,2001年版。

刘林利:《日本大众媒体中的中国形象》,中国传媒大学出版社,2007年版。

刘明:《当代中国国家形象定位与传播》,外文出版社,2007年版。

刘勇:《大追寻:美国媒体前沿报告》,上海远东出版社,2002年版。

吕超:《东方帝者:西方文化视野中的北京形象》,山东书画出版社,2008年版。

陆钢、郭学堂:《中国威胁谁?》,学林出版社,2004年版。

马欣、曹立君:《北京的牌楼牌坊》,北京美术摄影出版社,2005年版。

[澳]马克林著,张勇先、吴迪译:《我看中国:1949年

以来中国在西方的形象》，中国人民大学出版社，2013 年版。

［英］马丁·沃克著，苏潼均、诠申译：《报纸的力量——世界十二家大报》，新华出版社，1987 年版。

［美］M. G. 马森著，杨德山等译：《西方的中华帝国观》，时事出版社，1999 年版。

［美］M. G. 马森著，杨德山译：《西方的中国及中国人观念》，中华书局，2006 年版。

［美］马克斯维尔·麦库姆斯著，郭镇之、徐培喜译：《议程设置：大众媒介与舆论》，北京大学出版社，2008 年版。

［英］麦高温著，朱涛、倪静译：《中国人生活的明与暗》，中华书局，2006 年版。

明安香：《美国：超级传媒帝国》，社会科学文献出版社，2005 年版。

梅松主编：《走近北京——北京 100 讲》，首都师范大学出版社，2008 年版。

［美］明恩溥著，陈午晴、唐军译：《中国乡村生活》，中华书局，2006 年版。

［美］明恩溥：《中国人的气质》，中华书局，2006 年版。

潘志高：《〈纽约时报〉上的中国形象：政治、历史及文化成因》，河南大学出版社，2003 年版。

［美］乔舒亚·库珀·雷默等著，沈晓雷等译：《中国形象：外国学者眼中的中国》，社会科学文献出版社，2006 年版。

［美］史景迁著，廖世奇、彭小樵译：《文化类同与文化

利用——世界文化总体对话中的中国形象》，北京大学出版社，1990年版。

沈千帆：《北京市流动人口的社会融入研究》，北京大学出版社，2011年版。

孙有中：《解码中国形象：〈纽约时报〉和〈泰晤士报〉中国报道比较（1993—2002）》，世界知识出版社，2009年版。

唐钧主编：《形象危机应对研究报告（2012）》，社会科学文献出版社，2012年版。

童兵主编：《中西新闻比较论纲》，新华出版社，1999年版。

童兵：《理论新闻传播学导论》，中国人民大学出版社，2000年版。

翁立：《北京的胡同》，北京燕山出版社，1992年版。

［美］沃纳·赛佛林、小詹姆斯·坦卡德著，郭镇之等译：《传播理论：起源、方法与应用》，华夏出版社，1999年版。

王岳川：《发现东方——西方中心主义走向终结与中国形象的文化重建》，北京国书馆出版社，2003年版。

徐耀魁：《世界传媒概览》，重庆出版社，2000年版。

［英］约·罗伯茨编著，蒋重跃、刘林译：《十九世纪西方人眼中的中国》，时事出版社，1999年版。

姚翠友：《北京市经济社会发展分析》，首都经济贸易大学出版社，2012年版。

张国良主编：《20世纪传播学经典文选》，复旦大学出版社，2003年版。

张工：《2012北京市社会发展》，中国人口出版社，2012年版。

张昆：《国家形象传播》，复旦大学出版社，2005年版。

张仁忠：《北京史》，北京大学出版社，2009年版。

张威：《比较新闻学：方法与考证》，南方日报出版社，2003年版。

张维迎主编：《中国改革开放30年》，上海人民出版社，2008年版。

赵启正：《向世界说明中国》，新世界出版社，2005年版。

赵学功：《当代美国外交》，社会科学文献出版社，2001年版。

周宁：《永远的乌托邦——西方的中国形象》，湖北教育出版社，2000年版。

周明伟主编：《国家形象传播研究论丛》，外文出版社，2008年版。

陈晨：《〈华盛顿邮报〉关注中国"两会"及其报道趋向》，《新闻传播》2013年第7期。

陈宗权：《布什政府眼中的中国形象》，《国际论坛》2007年第3期。

洪涓、刘甦、孙黛琳、付建文：《北京与伦敦文化创意产业发展比较研究》，《城市问题》2013年第6期。

凌端强：《奥运文化创意产业的开发价值与发展策略探析》，《特区经济》2007年第8期。

刘朝霞：《〈纽约时报〉和〈人民日报〉2008年北京奥运会报道的比较——框架理论的视角》，《首都体育学院学报》2011 年第 4 期。

刘昉：《〈基督教科学箴言报〉在涉华经济报道的文本分析——以 2008 年第一季度为例》，《学术探讨》2008 年第 6 期。

罗娟丽：《美国媒体对中国人权问题报道的立场分析——以美国四大精英报刊为例》，《法制与社会》2012 年 12 月（下）。

孙辉：《新闻媒体对美国外交政策的影响》，《国际论坛》2001 年第 6 期。

［美］逊伍·纳姆：《〈华盛顿邮报〉述评》，《郑州大学学报》（哲学社会科学版）1986 年第 3 期。

汪宁、马洪喜：《美国主流媒体视野中的中国政选解读——以〈纽约时报〉2012 年对中共十八大的报道为例》，《国际关系研究》2013 年第 4 期。

郗蒙：《浅析美国媒体在中共“十八大”后的涉华报道特点——以〈纽约时报〉为例》，《现代国际关系》2013 年第 4 期。

杨雪燕、张娟：《90 年代美国大报上的中国形象》，《外交学院学报》2003 年第 1 期。

张颖：《奥巴马政府时期〈纽约时报〉对中国国家形象认知与塑造的文本分析》，《国际关系学院学报》2011 年第 5 期。

翟峥：《中美两国在对方主要媒体中的写照——对〈人民日报〉和〈纽约时报〉1998 年报道的对比分析》，《美国研究》2002 年第 3 期。

二、英文文献

The New York Times, 2000 - 2012.

The Washington Post, 2000 - 2012.

Christian Science Monitor, 2000 - 2012.

Alexander, Cynthia Jand & Leslie Apal, eds, *Digital Democracy: Policy and Politics in the Wired World*, Toronto: Oxford University Press, 1998.

Alleyne, Mark D, *International Power and International Communication*, New York: Macmillan Press; StMartin's Press, 1995.

Atwan, Robert et al eds, *American Mass Media*, New York: Random House, 1986.

Bell, Allan and Peter Garrett, *Approaches to Media Discourse*, Oxford, Malden, Mass: Blackwell, 1998.

Berger, Peter and Thomas Luckman, *The Social Construction of Reality: A Treatise in the Sociology of Science*, Harmodsworth: Penguin, 1991.

Chesebro, James Wand & Dale A Bertelsen, *Analyzing Media: Communication Technologies as Symbolic and Cognitive Systems*, New York, Guilford Press, 1996.

Cohen, Bernard C, *The Press and Foreign Policy*, Princeton, New Jersey: Princeton University Press, 1963.

Cook, Philip Set al, *American Media*, Washington, DC: Wilson Center Press, 1989.

Crowley, David and David Mitchell eds, *Communication Theory Today*, Cambridge: Polity Press, 1994.

Czitrom, Daniel J, *Media and the American Mind: From Morse to Mclulan*, University of North Carolina Press, 1997.

Denton, Frank and Howard Kurtz, *Reinventing the Newspaper: Essays*, New York, NY: Twentieth Century Fund Press: Essays; Distributed by Brookings Institution, 1993.

Durdin, Tillman, *The New York Times Reports from Red China*, New York: Quadrangle Books, 1971.

Emery, Michael C, *The Press and America*, *Englewood Cliff*, NJ: Prentice - Hall, 1988.

Fischer, Heinz - Dietrich, *Outstanding International Press Reporting*, Berlin: W. de Gruyter, 1984.

Flournoy, Don M, *CNN World Report*, London: JLibbey, 1992.

Friedland, Lewis A, *Covering the World*, New York, NY: Twentieth Century Fund Press; Distributed by the Brookings Institution, 1992.

Ginneken, Jaap van, *Understanding Global News: A Critial Introduction*, London, Thousand Oaks: 1997.

Graber, Doris A (ed), *Media Power in Politics*, Washington DC: Congressional QuarterlyInc, 2006.

Hart, Andrew, *Understanding the Media: A Praetical Guide*, London, 1991.

Hartley, J, *Understanding News*, London and New York: Routledge, 1989.

Hess, Stephen, *International News & Foreign Correspondents*, Washington, DC: Brookings Institution, 1995.

Johnson, Carla Brooks, *Global News Access The Impact of New*